파 스 텔 뮤 직 에 세 이 북

조금씩, 가까이, 너에게

파 스 텔 뮤 직 에 세 이 북

조금씩, 가까이, 너에게

펴낸날 초판 1쇄 2012년 10월 10일

지은이 파스텔뮤직

펴낸이 임호준
이사 이동혁
편집장 김소중
책임 편집 윤세미 | **편집** 윤은숙 장재순 나정애 김영혜 권지숙 이민주
디자인 이지선 왕윤경 | **마케팅** 강진수 이유빈 김주호
경영지원 김의준 나은혜 박석호 | **e-비즈** 표형원 공명식 최승진

사진 목진우
인쇄 자유프린팅

펴낸곳 북클라우드 | **발행처** ㈜헬스조선 | **출판등록** 제2-4324호 2006년 1월 12일
주소 서울특별시 중구 태평로1가 61 | **전화** (02) 724-7636 | **팩스** (02) 722-9339

ISBN 978-89-93357-88-2 13600

파 스 텔 뮤 직 에 세 이 북

조금씩, 가까이, 너에게

파스텔뮤직 지음

북클라우드

파스텔뮤직 식구들은 올해 출간될 책을 쓰기 위해 실로 오랜만에, 지난 음반부터 최근의 음반까지 모두 꺼내놓고 들을 수 있는 기회가 생겼다. 지난 하나 하나의 음반, 그리고 시간마다 누군가의 얼굴이 스치는 것을 보니 세월이 많이도 흘렀음을 느낀다. 지난 시간 동안 내어놓은 음반을 쌓아두면 성인의 키를 훌쩍 넘을 것 같다. 갓 군에서 제대하여 파스텔뮤직에 입사한 스무 살 즈음의 누군가, 말하는 눈망울마다 진심과 눈물이 맺혀 있던 누군가들은 이제 서른이 되었다.
그렇다. 10년이라는 시간이 훌쩍 흘러버린 것이다.
수많은 사람들이 거쳐갔고 많은 뮤지션과 만나고 또 헤어지기도 했다.

파스텔뮤직의 10년에 대한 이야기를 하려고 정리하다보니 해야 할 이야기가 모두 뮤지션에게 집중된다는 사실을 깨닫는다. 그들과의 추억들을 나열하는 것만으로도 지면이 모자란다.
결국 레이블을 있게 한 것은 온전히 음악이자, 뮤지션이다.
그리고 그들이 바로 우리의 모습이었음을 깨닫는다. 이들에게 감사한다.

걷는 길, 가는 곳마다 여전히 당신들의 노래가 흐른다.
홍대의 어두컴컴한 지하에서 노래를 들려주던 이들이 그토록 많았음을 새삼 깨닫는다.

그 안에서 만난 수많은 사람들. 특히 손관호 실장님과 구윤성님, 김효진님, 김주미님, 배유나님, 명현우님, 진관욱님, 팝스갤러리 박PD님, 늑대작가, 그리고 애청자들에게 감사의 마음을 전한다. 이 책이 나오기까지 오랜 시간 기다리고 또 설득해준 편집자 윤세미씨도 잊을 수 없다. 그리고 이 안에 미처 다 담지 못한 뮤지션과 인연들에게도 감사의 마음을 전한다.

이 책은 그들과의 만남, 그리고 파스텔뮤직의 성장에 관한 이야기이다. 가벼운 마음으로 음악을 듣듯 읽어주면 좋겠다.

2012년의 끝자락에서
파스텔뮤직

타루 파니핑크 짙은 Lucia
박경환 희영 캐스커

속옷밴드 에피톤 프로젝트
소규모 아카시아 밴드

DISC 1

조금씩, 시작된 우리의 음악

DISC 2

가까이, 읊조리는 나의 노래

PLUS

너에게, 전하고 싶은 이야기

DISC 1

조금씩, 시작된 우리의 음악

인디 레이블 파스텔뮤직
10년 동안 끊임없이 달려온 그 끝에서

Track 01

그래서 그런지 현 실 이 낯 설 었 어

청춘의 순간은 짧고, 그렇기에 돌이켜봤을 때 아름답다. 뿌연 안개에 싸인 듯 한순간도 정확하지 못한 청춘들은 지금 이 순간에도 태어났다가 소멸된다. 파랗거나 빨갛지 않고 푸르스름하거나 불그스름한, 딱히 명명할 수 없는 감정과 감정의 사이. 그 사이에서 길을 잃고 헤매는 것만이 젊음이 누릴 수 있는 유일한 특권이다.

#1 셋방살이

2002년과 2003년 사이.
파스텔뮤직은 목동의 마스터플랜 사무실에 딸려 있는 작은 공간에서 세를 얻어 시작된다. 셋방살이랄까. 세 평 남짓한 그 공간에 책상 몇 개와 소파, 직원은 단 세 명. 시작은 작고 초라했다. 마스터플랜 사무실의 문을 열고 들어가면 왼쪽 구석에 하나의 문이 더 나 있었다. 그 문을 열면 왼쪽으론 수입 CD를 진열하던 CD장이 있고, 가운데엔 2인용 소파가 마주보고 있고, 오른쪽에는 업무를 보던 책상 세 개가 덜렁 놓여 있었다. 그것들 사이사이에 수많은 CD와 책이 쌓여 있음은 물론이다.
이메일을 쓰고 CD를 받아 포장하고 숍에서 주문을 받고 CD를 보내는 일이 전부였지만, 그때만 해도 많은 사람들이 음반을 사던 때였으므로 일에 자부심을 가질 수 있었다. 앨리엇 스미스, 너바나 등의 앨범을 유통하던 인디 레이블 킬락스타즈, 미국의 터치앤고 등의 타이틀을 수입해 배포하기 시작하면서 규모를 늘려나가고, 최초의 해외 음반 라이선스를 기획하게 된다. 그 앨범이 바로 미국의 혼성그룹 레이첼스의 [에곤 쉴레를 위한 음악Music For Egon Schiele]이다.

Rachel's _Music for Egon Schiele (2003년 5월)

21세기 최고의 챔버 클래시컬 앙상블 '레이첼스'의 가장 대표적인 걸작으로 평가받은 앨범이다. 비올라, 바이올린, 첼로, 피아노의 구성으로 이루어진 모던 챔버 앙상블로, 이들의 음악은 클래시컬한 실내악을 기본으로 록과의 융합을 추구하고 있다. 2012년 8월, 레이첼스의 '브레인' 격인 제이슨 노블이 세상을 떠났다. 파스텔뮤직에게는 무엇보다 뜻 깊은 앨범이기에 고인에 대한 깊은 애도를 표한다.

이 앨범은 1996년 발표된 그들의 두 번째 작품으로, 천재적인 화가 에곤 쉴레를 위해서 헌정된 발레에 레이첼스가 극음악을 담당하게 되면서 탄생했다. 세 명의 실내악 트리오가 만들어낸 멜로디는 여전히 고풍스럽고 매력적이라 발매된 이후부터 지금까지 많은 사랑을 받고 있다.
이 앨범은 그간 나오던 앨범들과 구성부터가 달랐다. 종이 커버 안에 에곤 쉴레의 그림이 담긴 엽서만 10여 장이 들어 있는 스페셜한 앨범이었다. 앨범 제작비부터 홍보비까지 많은 부분이 부담스러운데다 음악조차 클래식에 가까웠기 때문에 애초부터 대중적인 성공을 장담하기는 어려웠다. 하지만 주위 사람들의 이런 우려에도 불구하고 앨범은 어느 정도 성공을 거두었다. 거기에 클래식 전문 공연기획사였던 코다클래식에서

Maximilian Hecker _Infinite Love Songs (2003년 10월)

풍부한 감성과 다면적인 울림의 소유자 막시밀리언 해커의 첫 앨범. 매력적인 목소리와 피아노 연주 음악, 그리고 수려한 외모로 국내 여성 팬들의 많은 사랑을 받았다. 따스한 햇살과 싱그러운 애수를 동시에 지닌 감성적인 음악으로 많은 사랑을 받았던 이 앨범은 국내 CF와 영화, 드라마를 통해 더욱 큰 인지도를 얻었다. 또한 2001년 당시 뉴욕타임즈의 '그 해의 TOP10' 순위에 오르기도 했다.

Maximilian Hecker _Rose (2003년 10월)

[Infinite Love Songs]와 함께 동시에 발매된 그의 국내 데뷔작으로, 어쿠스틱 사운드의 온기와 기타 팝의 조화가 잘 이루어진 앨범으로 평가받고 있다. 20대 초반이었던 그가 가진 특유의 감수성이 잘 묻어난 이 앨범은 국내에서도 많은 사랑을 받았다. 내한 공연 또한 모두 성공적으로 이뤄졌으며 이후 발매된 앨범 [Lady Sleep] 역시 각종 공중파를 장악하며 브레이크 없는 성공가도를 달리게 된다.

그들을 초청해 내한 공연까지 한 덕분에 어느 정도의 인지도를 확보하며 이름을 알릴 수 있었다.

이 앨범의 성공은 다음 라이선스를 기획할 수 있는 초석이 됐었다. 만약 그때 사람들이 레이첼스의 음악을 외면했다면 지금의 파스텔뮤직은 존재하지 않을지도 모를 일이다.

이후의 타이틀은 독일의 젊은 싱어송라이터인 막시밀리언 헤커의 두 장의 앨범이었다. 막시밀리언 헤커 역시 앨범 발매와 더불어 독일문화원의 주최로 치러진 내한 공연과 더불어 큰 성공을 거두게 되면서 초기 파스텔뮤직은 해외 인디 음악을 적극 발굴하고 소개하는 레이블로 성장해 나가고 있었다.

막시밀리언 헤커의 연이은 국내 앨범 성공은 국내에 전혀 알려지지 않았던 영국의 인디락 트리오인 아르코의 음반 발매로 이어졌다. 이처럼 하나의 앨범이 일정 이상 판매고를 올리지 않으면 다음의 앨범을 기획할 수 있을지 미지수였기 때문에, 그 당시 파스텔뮤직의 초기 멤버들은 자신들이 할 수 있는 모든 것을 다 했으리라.

Arco _Coming to Terms + 4EPs (2003년 11월)

영국의 3인조 밴드 Arco의 정규앨범과 4장의 EP의 합본이자 국내 첫 데뷔 앨범. 아득한 멜로디와 서정적인 무드로 빛나는, 소통의 부재와 타자와의 단절에 관한 절망을 노래하는 앨범이다.

그리고 우리는 과감하게 홍대로 이사하기로 한다.

수입 음반을 시작으로 라이선스를 받은 팝 음반 타이틀이 사람들에게 알려지기 시작하자, 우리는 마스터플랜 사무실의 셋방살이를 탈출해 홍대로 이사하게 되었다. 이 결심이 가능해진 데는 위에서 설명한 계기가 있었기 때문이다. 독특한 음악을 선보인 레이첼스의 라이선스 음반 성공, 막시밀리언 헤커의 첫 내한 공연 성공, 그리고 높은 앨범 판매고, 그 뒤를 이어 영국의 이름 없는 밴드 아르코를 라이선스하기까지. 앞선 타이틀을 제대로 소개하고 집중했던 것이 이후 앨범의 결과에 영향을 미쳤던 거라고 해야 할까.

수입 음반과 해외 라이선스 음반을 위주로 소개하던 그곳에서 처음으로 한국 밴드를 소개하기도 한다. 지금은 전설이 된 '우리는 속옷도 생겼고 여자도늘었다네'라는 팀이었다. 목동에서 처음 그들을 만났고 홍대로 이사하면서 좀 더 끈끈한 유대감을 형성하게 된다. 파스텔뮤직도 국내 밴드를 한국에 소개하는 일은 처음이었고 그들도 회사와 함께하는 것은 처음이었지만, 홍대로의 이사는 많은 것들을 변하게 했다.

하지만 그렇다고 해서 사정이 나아진 것은 아니었다. 홍대로 이사한 후에도 여전히 인쇄비, 음반 임가공비, 월세에 허덕이고 있었다. '음반은 정성'이라는 우리의 모토(사실은 미신이었을지도 모른다) 때문에 파스텔뮤직의 인쇄비는 같은 양의 CD를 찍더라도 늘 다른 곳의 세 배 이상이었다. 하지만 당장 돈이 없더라도 우리가 추구하는 '꼭 사고 싶은 음반'을 포기할 수는 없었다. 그 외의 모든 것을 아껴야만 했기 때문에 늘 가난했던 우리는 그때부터 돈을 최대한 아끼면서 레이블을 운영하는 것만이 레이블로서 성공하는 방법이라고 생각했던 것 같다. 그런 면에서 인디음악은 돈에서 자유로운 것이 아니라 한없이 의존적이다. 너무나 가난해서 승복하거나 할복하거나 둘 중 하나를 택하게 되기 때문이다. 꼭 사고 싶은 음반을 만들겠다고 선택하면서 '음반에 투자하는 부분은 아끼지 않을 것', '사람이 할 수 있는 일은 외주에 돈을 들이지 않고 내부에서 해결할 것' 같은 룰 아닌 룰이 생겨났다. 어쨌건 지금이야 거의 찾아보기 힘들지만 그 당시에는 종이로 만든 소프트케이스인 디지팩을 찍기도 했다. 디지팩으로 된 음반은 당시에 음반사의 사장님들이 그리 좋아하지 않으셨는데, 이유는 쥬얼 케이스야 깨지면 케이스만 교체해주면 되지만, 종이로만 가공한 디지팩은 모양이 망가지기 쉽다는 이유였다. 하지만 팬의 입장에서는 내가 좋아하는 음악이 좀 더 예쁜 패키지에 담겨있는 것을 마다할 이유가 있겠는가.

#2 수입 CD상

우리는 이상한 기대감에 휩싸여 있었던 것 같다. 파스텔뮤직의 원년 멤버인 한상철은 여전히 음반 포장과 음반 배송에 매달리며 자기의 밴드 음악과 여러 가지 글을 쓰며 LP 장사에 열을 올리고 있었고, 매일 밤 우리는 '퇴근'이란 말이 무색할 정도로 그 안에서 일어나는 일에 빠져 있었다.

당시의 음반 시장은 온라인 음원이 활성화되기 이전이라 음반 판매고가 지금보다 훨씬 더 높았던 시절이었다. 팝이나 인디 록, 인디 팝의 마니아들이 여전히 좋은 음반을 소유하려는 욕구가 있었기 때문인데, 파스텔뮤직 역시 미국의 주요한 인디 레이블인 마지레코드나 서브팝을 비롯, 유럽권의 도미노나 시에스타 등의 음반들을 수입해서 판매하는 일이 꽤 주요했다. 그 당시의 인기 있는 타이틀은 앨리엇 스미스라든가, 초기 너바나의 앨범 같은 것들이었다. 당시에는 음악 마니아라면 유명한 뮤지션 혹은 전설이라 불리우는 뮤지션의 리즈 시절이나 초창기 앨범을 소유하는 것이 당연한 일로 여겨졌다. 마니아들은 꽤나 많았고 그들은 수입 음반 배포일을 기다리며 자기들만의 수집 음반을 늘려가곤 했던 것이다. 그 많던 CD 오타쿠들은 어디로 사라져버린 걸까.

해외 오더를 통해 들어오던 음반은 한 번에 1천 장에서 2천 장 정도를 웃도는 수준이었다. 수입 음반이 들어오면 깨진 CD는 없는지 포장은 잘되어 있는지, 오더한 수량이 제대로 들어왔는지부터 점검하게 된다.

특히 유럽권의 음반들은 환경 보호라는 명목 하에 비닐 포장이 안 된 채 들어오는 경우가 많아서 반드시 한국에서 비닐 포장과 스티커 부착 과정을 거쳐야만 했다.
방산시장에서 CD 크기의 윗부분이 터진 비닐을 사다 놓고 아무 문제가 없다고 판단되는 CD를 비닐에 넣은 뒤 접착기로 예쁘게 재단해 헤어드라이어로 살짝 말려주면 포장은 일단 끝. 그리고 난 후, 간단한 세 줄 정도의 음반 설명글을 스티커 용지에 출력해서 음반의 앞쪽에 부착한다. '스티커 글'이라고 불리는 이 글은 지금도 해외에서 수입해 오는 음반에는 모두 붙어 있을 것이다. 새로운 음반이나 뮤지션을 접하더라도 쉽게 정보를 알아차릴 수 있게 짧은 글로 '이 음반을 사시오. 안 그러면 후회할 것이오'라고 말을 건네는 것이다.
이 '스티커 글'의 담당자는 현재 한국에서 가장 많은 음반의 해설지를 쓴 사람이자 '국가대표 피구소년'이나 '파스텔뮤직 문예부'라는 이상한 이름을 달고 자기를 소개하는 사람, 밴드 불싸조의 리더인 한상철이다. 유난스럽고 특이한 음반과 LP 오타쿠인 그는 아직도 CD플레이어로 음악을 듣는다. 최근에는 자신의 신보를 카세트테이프로 발매한 이력도 있다. 그의 음악을 들으려면 창고에 처박아둔 카세트 플레이어를 꺼내거나 이젠 구하기도 어려운 카세트 플레이어를 사야만 하는 것이다. 이는 음악을 듣는 태도에 대한 그의 우회적인 생각일는지도 모르겠다. 그만큼 이 시대의 음악 듣기는 깃털처럼 가벼우니까. 아마 이런 사람들이 있었기 때문에 우리가 소개하는 음반에 더욱 힘이 실렸는지도 모르겠다.

음반이 들어오는 날, 사무실 안의 분위기는 이상하리만치 활기가 넘치곤 했다. 모두가 기다리기라도 했던 것처럼 모여앉아 포장에 열을 올렸다. 그리고 그때 우리에게는 직원보다 포장하고 술 한잔 같이 하려고 오는 친구들이 훨씬 더 많았다. 한 번 시작하면 언제 끝날지도 모르는, 비닐 포장지에 음반을 우겨넣고 헤어드라이어로 압축시키는 그 과정은 정말로 단순하기만 해서 어느 때엔 대화도 없이 몇 시간씩 가내수공업에 매달리기도 했다. 우리가 수입한 음반을 한구석에 재생시켜둔 채 낡고 비좁은 사무실에 무척 어울리는 일을 시간 가는 줄 모르고 하는 것이다. 으슥한 밤이 되면 떡볶이나 캔맥주가 등장하는 건 당연지사. 천막집에서 이사 와서 기껏 슬래브 지붕 아래 비를 피하는 것이나 다름없었지만 마음만큼은 대저택 부럽지 않은 그런 시절이었다.

그것은 아마 '정착'이라는 과정이었던 것 같다.
친구들이 많아진다는 것, 우리를 지지하는 사람들이 늘어난다는 것.
이렇게 지속되기만 하는 삶이란….

#3 홍대 라이프, 사실은 알코올 라이프

그러면서 우리는 점점 홍대에서 자리를 잡게 된다.
홍대 라이프는 새로운 행성에서의 삶이 시작된 것처럼 엄청난 에너지와 파장이 있었다.
밴드가 홍대에서 연주를 한다는 것.
그리고 정말로 멋진 밴드가 우리와 함께라는 것,
그 멋진 밴드는 바로 '우리는 속옷도 생겼고 여자도 늘었다네(이하, 속옷밴드)'다.

2000년에 결성된 이 이상한 밴드의 이름은 얼핏 보면 꽤나 큰 의미를 가지고 있는 것처럼 보이지만 '여자'와 '속옷'이라는 단어가 들어가는, 거기에 염상섭의 소설『만세전』의 페이지를 열어 우연히 발견한 '양옥집도 생겼고 기왓장도 늘었다네'라는 구절에 위의 단어를 조합해 만들어진 것이다. 이들은 수많은 공연을 했고 인터넷을 통해 '멕시코행 고속열차'의 라이브 부트렉으로 서서히 주목받기 시작했다. 이들은 두 장의 앨범을 남겼는데 그마저도 지금은 구할 수가 없다.

속옷밴드의 공연이 있는 날에는 과장을 좀 섞어서 알코올 냄새가 홍대 전역에 진동했다. 장윤영과 정승호는 적당한 만큼, 박현민과 조월은 그래도 인사 정도는 할 수 있을 만큼 취해 있었다. 하지만 정지완은 인사를 건네기도 힘들 정도로 인사불성이 되어 있곤 했다. 신기한 건 그 상태로 무대에 올라가도 공연에는 문제가 없었다는 것이다.

공연을 끝내고 밤새 술을 마신 후에야 그들은 기억한다.
"아, 이쯤에서 내가 틀린 것도 같군."
아마 그들의 연주는 몸에 새겨져 있었던 건 아니었을까.

공연이 시작되면 네 명의 멤버는 벽을 바라본 채 의자에 앉아 연주를 했고 오로지 드러머만 정면의 관객을 향한다. 대부분 세팅이 완벽한 공연장이 아닌 클럽에서 연주를 했기 때문에 제대로 된 조명이라든가 PA시설이 있을 리 만무했다.
빠른 비트의 하드한 연주를 할 때면 마치 이들은 춤을 추는 것 같기도 했다. 드러머의 리드에 맞춰 면벽한 네 사람의 기이한 몸짓이 이상하리만치 사람을 취하게 하곤 했다. 보컬이나 흔한 멘트도 거의 없이 세 대의 기타와 한 대의 베이스, 한 세트의 드럼이 전하는 그 경이로운 경험은 마치 난생 처음 TV를 본 1960년대의 한국인 같았달까. 소수에게만 허락된 속옷밴드형 피하주사 효과는 마약 같았다. 맨 정신에 공연을 보고 있다가도 공연의 중반쯤에는 너도 나도 그들처럼 고개를 휘저으면서 연주에 몸을 맡기고 있는 것이다. 그래서인지 속옷밴드의 라이브는 한 번 맛들이면 빠져나오기가 힘겹다는 후기를 종종 접하곤 한다.

그렇다. 우리 역시 그랬다.
일하는 사람이기도 했지만 동시에 그들의 광팬이었다.

2006년 봄날. 클럽 '빵'에서의 마지막 공연 날이 떠오른다.
홍대로 이사한 클럽 빵이 터져나갈 것처럼 사람들이 찾아 들었다. 이들의 연주에 맞춰 사람들은 고개를 휘저으며 그 공간을 채우고 있던 한 밴드의 마지막 날을 몸에 새기고 있었다. 이들은 홀연 해체를 선언하고 드러머를 제외한 네 명의 멤버가 해외로 새로운 삶을 꾸리러 떠났다. 그들이 떠나갈 즈음에는 파스텔에도 새로운 뮤지션들이 하나 둘 들어오게 된다.

그리고 2012년 초입.
전원이 돌아와 컴백 라이브를 갖는다. 물론 전석이 금세 매진되었다.
딱 6년만이었다.
마치 영화 같지 않은가.
이 멋진 사람들이 우리의 시작이었다니….

#4 경계의 음악

우리의 음악을 사랑하는 팬들은 대부분 학생이거나 연차가 얼마 안 된 직장인이거나 그저 음악을 좋아하는 아무개들이다. 아무래도 인디 음악 자체가 대중음악보다 노출이 덜 된다는 점에서 찾아듣기 비교적 어렵고, 공연과 페스티벌 등을 통해 접하는 기회가 많기 때문일 것이다. 그런 물리적인 면을 제외한다면 음악에 담긴 메시지가 그들에게 어필하는 게 아닐까, 지레 짐작해본다.

그렇다면 그 메시지란 무엇일까. 음악이 함유하고 있는 메시지를 한마디로 정의내리긴 어렵다. 삶의 면면에 스민 찰나의 느낌이나 장면을 통해 전하고자 하는 메시지를 에둘러 멜로디에 녹여내는 것이야말로 이 시대의 음악이 가진 하나의 특징이라 할 수 있을 것이다. 뮤지션과 음악, 그리고 그 음악을 듣는 사람들은 그러한 특징의 공통분모에 있다. 물론 레이블 역시 마찬가지다.

주류가 아닌 비주류, 가운데가 아닌 경계의 음악을 다루는 인디 레이블은 모든 면에 있어서 상대적으로 약자의 느낌을 벗어날 수 없다. 자본력이 어마어마한 것도 아니고 아이돌처럼 팬이 많거나 시장 가치가 뛰어난 것도 아니다. 그럼에도 불구하고 인디 음악을 계속해나간다는 건 그만큼 비주류의 경계에서 서성대는 청춘이 많아지고 있다는 뜻이기도 하다. 가운데가 아닌 가장자리에 있기 때문에 다양한 음악이 존재하고, 그것들 하나하나에 귀 기울이고 또 들려줘야만 하는 가치를 지니고 있기에 선불리 무시할 수 없는 것이다.

청춘의 순간은 짧고 그렇기에 돌이켜봤을 때 아름답다. 뿌연 안개에 싸인 듯 한순간도 정확하지 못한 청춘들은 지금 이 순간에도 태어났다가 소멸된다. 파랗거나 빨갛지 않고 푸르스름하거나 불그스름한, 딱히 명명할 수 없는 감정과 감정의 사이. 그 사이에서 길을 잃고 헤매는 것만이 젊음이 누릴 수 있는 유일한 특권이다.
십 년 동안 우리는 경계에서 어슬렁거리는 청춘들과 어떠한 교감을 시도해왔을까. 시도는 성공했을까, 혹은 실패했을까. 그러한 시간의 흐름 속에서 스치는 이야기들을 지금부터 해보고자 한다.

허밍 어반 스테레오의 센세이션.
푸른새벽의 조용하지만 깊은 파장.
미스티블루의 프레자일한 감성.
재주소년의 귀환, 그리고 새로운 시작.
영원할 것 같은 잔향, 소규모 아카시아 밴드….

♬ 추천곡

멕시코행 고속열차 우리는 속옷도 생겼고 여자도 늘었다네
(우리는 속옷도 생겼고 여자도 늘었다네. 2006)

Flower Four Maximilian Hecker (Infinite Love Songs. 2003)

Track 02

첫눈에 우리가 우리를 알아보는 일에 관하여

그들 대부분은 혜성과 같이 등장한 신인이 아니라, 방구석에서 여러 해 동안 자기만의 음악과 싸우던 중고 신인들이었다. 이런 평범한 존재들을 밖으로 끄집어내고 알리는 일. 그들을 알아보는 것이 우리의 일 아니겠는가.

#1 가장 보통의 존재

수많은 바람은 그저 우릴 멀어지게 할 뿐인걸
우리는 낯설게 느껴지는 비밀들을 밀어냈어

아아 아무도 모르지 너와 내가 나누어 가진
그 기억들 너무 소중한 날들

아무런 약속도 이런 날엔 하지 않는 게 좋겠지
이 순간 모든 게 아이처럼 잠이 든 것만 같은데

너의 숨소리에 맞춰 난 춤을 추다가
노래를 부르다 잠시 생각에 잠겨

우리 처음 만난 날
시간의 등에 키스를 했지
우리 처음 만난 날
행복은 단꿈을 꾸었지

-한희정 '우리 처음 만난 날'

유난히 '설렘'이라는 단어와 연이 많았던 우리에게 '처음'이라는 단어가 주는 느낌은 '특별함' 바로 그것이다. 그렇기에 처음 파스텔뮤직을 있게 한 많은 팀들과의 첫 만남을 상기할 수밖에 없다. 초겨울의 마른 만남, 한여름의 알코올 냄새 같은….

우리를 우리이게 했던 이들과는 첫 만남부터 서로가 서로를 알아봤다.

우리가 만났던 뮤지션들은 두 부류 정도로 나뉜다. 홍대에서 공연을 하며 나름 뮤지션 생활(?)에 익숙해져 있는 부류거나, 사람들 앞에 오랫동안 서지 못했지만 방 안에서 자기만의 곡을 만들어왔던 부류.
전자의 경우는 쉬웠지만 후자의 경우는 레이블 측에서 마냥 받아들이기 쉽지 않은 경우가 대부분이다. 메이저 시스템처럼 그들을 키워낼 프로세스가 갖추어진 것도 아니고, 곡만 좋으면 빵빵한 홍보력을 동원해 여기저기서 틀어줄 수 있는 것도 아니기 때문이다. 하지만 우리는 후자의 뮤지션을 영입해 돌연한 바람을 일으키는 것을 조금 더 선호했다. 그들 대부분은 혜성과 같이 등장한 신인이 아니라, 방구석에서 여러 해 동안 자기만의 음악과 싸우던 중고 신인들이었다. 이런 평범한 존재들을 밖으로 끄집어내고 알리는 일. 그들을 알아보는 것이 우리의 일이 아니겠는가.
그들은 그들의 생활반경이라든가 그간의 음악적 행적이 허약하기 짝이 없다는 오해를 받거나, 그들 스스로 그렇게 생각하는 일이 잦았다. 하지만 그 어떤 것도 제 스스로 이루어지기는 어려운 법. 만남이라는 시너지가 주는 파장은 말하지 않아도 알게 되리라.

이따금, 우리가 홍대의 고아원이라는 둥 어떤 검증도 없이 뮤지션을 받는 곳이라고 폄하하는 사람들도 있다는 걸 알고 있었다. 하지만 그들은 몰랐을 것이다. 예전의 그들이 지금의 그들이 되었다는 것을. 홍대에서 꾸준히 라이브를 해왔던 밴드라는 이유만으로 짧아지는 잣대와 방구석 중고 신인이라고 길어지기만 하는 잣대는 누구의 기준인지 묻고 싶다. 음악의 힘은 밴드 포맷이나 클럽에서의 활동 기간의 문제가 아니라 바로 공감대를 형성하는 데에서 나오는 것이라 믿고 있다. 그렇게 보면 우리의 평범하기 짝이 없던 중고 신인들은 그들 자신을 던져 넣은 음악으로 사람들과 소통하는 일이 어렵지 않았던 모양이다.

처음 만난 날은 어김없이 진탕 술을 마시고 다음날부터 형 동생이 됨은 물론이거니와, '귀가'라는 말이 허용되지 않았다. 어딘가로 몰려가 아침이 될 때까지 술을 마신 뒤 해장국까지 훌훌 말아먹고 나야만 끝이 나는 것이다.

뭐가 그리 아쉬웠는지 만나기만 하면 헤어지지 못해 안달이었던 시간.

그리고 튕겨지는 기타 소리, 누군가는 노래를 부르기도 하고, 누군가는 자기가 좋아하는 음악 이야기에 여념이 없는.

사실 그들은 그날의 갑작스러운 만남을 갖기 전까지는 음악을 전공하는 실용음악과 대학생이거나 전자 음악에 소질 있는 공대생이거나 전업 작곡가가 되기 위해 고군분투하는 작곡가이거나 노래를 잘하는 평범한 아무개였을 것이다. 하지만 이런 돌발적인 만남 뒤에 대부분은 지금까지 예상하지 못했던 방향으로 삶이 흐르게 되었다고 말한다.

언니네이발관의 이석원 씨가 쓴 책 『보통의 존재』가 그러하듯, 그들은 본래 보통의 존재로 태어나 그렇게 살아왔다. 그들이 빛나는 순간은 그들을 알아보고 지지해준 누군가를 만나면서부터 시작되었을 것이다. 아, 지금은 후회하고 있을까. 아니면 잘했다고 생각하고 있을까.

#2하얀 얼굴의 천사, 푸른새벽 그리고 한희정

2000년대 후반, 인디 음악을 듣던 팬들을 가장 설레게 했던 이름이 있다. 바로 푸른새벽. 'sorro(정상훈)'와 'dawny(한희정)'가 멤버로 있던 푸른새벽은 그 이름과도 걸맞은 시리고 푸르며 깨질 듯한 정서를 지닌 귀한 밴드였다. 지금 생각해도 그들을 만난 것은 운명적이었다.

푸른새벽을 만난 곳은 홍대 놀이터에서였다. '나오미&고로'라는 팀의 [Winter Songs for Nostalgia]라는 앨범을 위해 스페셜하게 제작할 시즌성 컴필레이션 곡 작업을 의뢰하기 위해서였다. 전화로 약속을 잡은 뒤 홍대 놀이터에서 얼굴을 보기로 하고 해 질 무렵에 그 사람들을 만나기로 했다. 푸른새벽의 음악을 좋아하고 있었기 때문에 그들이 어떤 사람인지 궁금한 마음에 그날은 오전부터 두근두근했다. 서교동 402-14번지 모퉁이의 작은 사무실을 나와서 걷는데, 하늘은 조금 흐렸다. 정확하게 기억은 안 나지만 우리는 커피 한잔 마실 생각도 하지 못한 채 가을이 끝나가는 거리에 서서 이야기를 나누었다.
그들은 푸른새벽 1집 커버의 일러스트처럼 얼굴이 하얗고 말랐다. '아, 무릇 뮤지션의 외형이란 이렇구나'라는 생각이 들었던. 영락없는 뮤지션 앞의 팬처럼 굴지 않기 위해 얼마나 애썼던가. '얼굴까지 어쩜 그리 예쁠 수 있지?'라는 생각을 만나는 내내 했던 거 같다(역시 그럼 그렇지. 한희정은 훗날 '홍대 여신'이라는 별명을 얻게 된다). 하지만 금방이라도 불면 날아갈 듯한 여린 몸매와 프레자일한 감성의 소유자일 것 같다거나 극도로 예민하며 시크할 것 같다는 편견은 만난 지 5분 만에 깨져버렸다.

두 사람의 깔깔거리는 웃음소리가 시원하게 첫 만남의 서먹함을 깨버린 것이다.

대화는 금세 진행되었고 '빵'이라는 노래를 시작으로 우리의 인연도 시작되었다. 그도 그럴 것이 푸른새벽을 자주 만나게 된 곳은 2000년에 그들이 한창 활동하던 이대 후문 쪽의 '빵'이라는 클럽이었다. 그곳은 수많은 인디 밴드가 첫 공연을 펼쳤던 곳이었다. 이제는 홍대 쪽으로 이사한 지 오래지만, 당시 이대 후문의 빵에 대한 추억을 가진 사람은 얼마나 많을지…. 드리운 담배 연기와 낮은 천장, 겨울이면 너무나 추운 동시에 따뜻한 조명이 내리쬐던 좁디좁은 클럽 빵…. 더불어 떠오르는 '스무 살'이라는 노래는 여전히 새롭게 스무 살이 되어 새롭게 태어나는 청춘들의 마음을 아프게 울린다.
그 뒤 [Submarine Sickness and Waveless]라는 1집과 2집의 중간 정도의 의미를 담은 앨범이 나오고, 2집 [보옴이 오면]이 나오기까지는 3년이 채 안 되는 시간이었다. 그동안 푸른새벽은 밴드 안에서의 큰 변화를 맞이하게 되었다. 팀 해체라는 결정이 바로 그것이다. 마지막 공연도 없이 2집을 남겨둔 채 그들은 푸르른 새벽이 이제 끝났다고 했다.

이상하게, 이들보다 먼저 누군가를 만났을 텐데 푸른새벽과 홍대 놀이터에서 처음 만나던 날은 어떤 이미지처럼 오래 남아 있다. 지금은 두 사람이 함께하는 무대를 볼 수 없게 되었지만 이들은 한때 홍대 음악의 큰 존재감이었다. 이들이 들려주었던 청춘의 음악은 우울했지만 오래 전부터 지금까지 많은 사람들에게 위안을 주었다. 언제나 그늘지고, 마음 한구석에 존재하는 응어리 같은 것을 더듬는 음악. 누군가들의 새벽을 함께 지새워주던 벽난로 같은 노래. 어느 날 푸른새벽의 음악이 더 이상 좋지 않다면 당신은 늙어버린 것인지도 모른다.

이제 dawny는 솔로 보컬리스트 '한희정'이라는 이름으로 활동하고 있다. 정규 앨범 한 장과 EP 두 장을 발표하고 두 번째 정규 앨범을 준비 중이다. sorro는 '투명물고기'라는 이름으로 개인 작업과 영화 음악 작업을 하고 있다.

흘러버린 시간이 무심하다 해도 그들의 음악은 아직 여기에 있다.

♬ 추천곡

우리 처음 만난 날 한희정 (너의 다큐멘트, 2008)
스무 살 푸른새벽 (Bluedawn, 2003)
보옴이 오면 푸른새벽 (보옴이 오면, 2006)

#3 밤의 노래. 캐스커

어느 날 밤이었을까.

짙은 안개의 춘천 어디쯤 됐을 것 같다.

아, 갑자기 내려가게 된 부산의 밤바다도 좋을 것이다.

고단한 여정의 하루를 지나 밤의 고속도로를 거쳐 서울로 와야 했던 길.

조금 심심하다면 casker's song.

역시 캐스커의 음악은 밤과 어울린다.

자박거리는 비트가 나지막이 깔린 낮의 피로들을 거둬내는 중이다.

하룻동안 일에, 사랑에, 내가 가진 모든 것을 놓치지 않으려 악다구니를 치진 않았는지. 아니면 오늘 좀 모자랐으니 내일은 조금 더 현명해지자는 가벼운 다짐이나, 가끔은 그냥 내려놓자는 체념의 말들도 담겨있다. 그렇다고 요즘 유행하는 노래들처럼 클리셰 덩어리도 아닌데 나도 모르는 한숨이 새어나올 때가 있다. 또는 '나 이대로 괜찮은 걸까, 정말 괜찮은 걸까' 묻게 되는 그런 날에도 아무렇지 않게 묻어나는 노래들이다.

여섯 시 오십 분의 서울 하늘, 조금씩 밝아져 가는 가로등,

조금씩 흘려지는 시간, 나도 모르게 조금 쓸쓸해져

여덟 시 오십 분의 지하철엔 무표정한 사람들이 떠다니고
집으로 돌아오는 걸음, 나도 모르게 조금 외로워져
익숙한 듯 낯설게 느껴져, 우리 기억이 고여있는 이 길
네가 있다면, 네가 곁에 있다면

조심스럽게 마음으로 외치는 말, 나에게로 와
기다리는 나에게로 와, 소리 없이 오는 저 파도처럼
홀로 걸어 온 막막한 이 길을 건너, 나에게로 와

-캐스커 '나의 하루 나의 밤'

그러다 심야가 가까워진 시각 FM 라디오를 켜고, 운이 좋다면 이들을 만날 수도 있다. 'FM 음악도시 성시경입니다'의 손님인 이들은 거의 1년째 평일 어느 날의 밤공기를 책임지고 있다. 낙낙한 준오의 목소리와 달달하면서 비단결 같은 융진의 목소리로 듣는 사연. 가끔 즐겁기도 하고 쓸쓸하기도 한, 슬쩍 에둘러 말하는 것이 이 사람들의 노래와 닮아 있는 것은 어떻고.

처음 만났을 때 캐스커는 이미 3집까지 발표한 베테랑 뮤지션이었다. 기억이 맞다면 우리에게 신인이 아닌 기성 뮤지션과 함께하게 된 일은 많지 않았다. 그런 이유로 첫 만남의 자리는 생각보다 가볍지만은 않았다.

조금은 어색하고 낯설기도 하고 쑥스럽기도 한, 이상하고 미묘한 기류들. 새로운 스태프들과 교감해야 한다는 것 혹은 새로운 계약을 맺어야 한다는 부담감은 여러 가지 고민을 동반하게 했을 것이다. 당연히 그 자리에서 많은 것들을 결정하지는 못했다. 융진은 언제나 그렇듯 말이 없었고 준오는 신중했다. 그러나 모든 만남의 과정이 아주 천천히 이루어지고 있었다. 그리고 몇 년이 지나 돌이켜보니 그게 바로 캐스커였던 것 같다.

긴 시간 동안 일정한 수준을 유지하며 지치지 않고 자기만의 음악을 할 수 있다는 것은 생각만큼 쉽지 않다. '뼈를 깎는다'는 상투적인 표현을 해도 모자라고 또 모자라다. 하지만 이들은 그 길을 묵묵히 걷고 있다. 그리고 감사하게도 항상 파스텔뮤직과 함께해주고 있다. 처음 만났던 것처럼 조심스럽지만 프로페셔널하고 진중하며 한편으로는 다정한. 동시에 매일 찾아오는 밤처럼 어김없이.

♬ **추천곡**

안녕 캐스커 (Tender, 2010)
네게 간다 캐스커 (Tender, 2010)
나의 하루 나의 밤(Feat. 정순용 of My Aunt Mary) 캐스커 (Tender, 2010)

#4 수줍은 댄디보이, 에피톤 프로젝트

에피톤 프로젝트(차세정)는 파스텔뮤직에 소속되기 전부터 온라인 상에서 자기 음원을 발표하고 어느 정도 인지도를 획득한 작곡가였다. '봄날, 벚꽃 그리고 너'라는 연주곡은 발표한 직후부터 지금까지 줄곧 사랑받는 그의 대표적인 음악인 동시에 에피톤 프로젝트와 파스텔뮤직을 이어준 곡이기도 하다. 유난스레 봄이나 벚꽃에 관한 기억이나 감상을 좋아했던 우리였기 때문에 그가 막 발표한 그 곡에 대한 느낌이 백 퍼센트를 넘어 이백 퍼센트까지 와 닿았다. 그래서일까? 이제 막 시작한 그와 만나서 가족이 되기까지의 시간은 그리 오래 걸리지 않았다.

세정은 처음 만났을 때부터 몇 년이 흐른 지금까지도, 익숙한 사무실에 오더라도 성큼 성큼 걸어오지 않고 문밖을 서성이다 들어오곤 한다. 한 자리에 머물기 위한 마음의 준비를 하는 듯, 그리고 들어와 쑥스러운 인사를 건네곤 하는 것이다. 여행을 다녀오는 길엔 언제나 두 손 가득 든 먹을거리를 수줍게 들이미는 것도 그의 특징.
언젠가는 누군가 사무실 테이블 위에 귤 초콜릿을 잔뜩 놓고 간 적이 있다. 왔다 간 흔적은 없었지만 우리 모두는 그가 다녀감을 짐작할 수 있었다. 아니나 다를까. [유실물보관소]라는 앨범에 수록된 '유채꽃'이란 곡의 작업을 위해서 제주도를 방문한 그가 사다 두고 간 것이었다. 매 여행마다 철철마다 사무실에 뭔가 부족하진 않은지 걱정하며 쑥스럽게 내미는 사람.

이따금, 그의 쑥스러움은 그의 음악을 듣는 순간순간 삐져나오곤 한다. '눈을 뜨면'이란 곡을 들으면 그가 어떤 사람인지 보인다. '조심히 건너'라는 입모양을, 그리고 그 순간을 정확히 기억하는 것이다. 이렇듯, 그는 생의 어느 한 지점을 뚝 잘라 그 부분을 선명하게 잘 짚어주는 사람이다.

살아있다 저기 저 신호등 건너
두 손 흔들며 옅게 보조개 짓던 미소까지
'조심히 건너' 내게 당부하던 입모양까지
오늘 우린 이렇게 살아서 숨을 쉰다

-에피톤 프로젝트 '눈을 뜨면'

♬ 추천곡

봄날, 벚꽃 그리고 너 에피톤 프로젝트 (긴 여행의 시작, 2009)
눈을 뜨면 에피톤 프로젝트 (긴 여행의 시작, 2009)
그대는 어디에 에피톤 프로젝트 (긴 여행의 시작, 2009)
유채꽃 에피톤 프로젝트 (유실물 보관소, 2010)

#5 반짝반짝 빛나는 작은 새, 타루

"아니 대체 잰 뭐지?"
타루에 대한 첫인상은 물음표.

전적으로 우연한 일은 없는 것 같다.
때는 바야흐로 소규모 아카시아 밴드의 공연 날.
2006년, 한국대중음악상의 신인상을 수상한 소규모 아카시아 밴드는 그 해 4월 삼성동의 백암아트홀에서 기념 공연을 갖게 된다. 축제 같았던 그날의 공연에는 소규모 아카시아 밴드의 친구들이 많이 찾아왔던 걸로 기억한다. 객석은 물론 공연이 시작되기 전 뮤지션의 대기실에도.
그곳에서 타루를 처음 만났다.

뭔가 나이를 알 수 없는데 아이 같기도 하고, 어른 같기도 하다.
핑크색 시폰 스커트를 입고, 짧은 단발머리를 한 작은 아이.
빛이 나는 새 같기도 하다.
그 빛은 아마 타루의 머리 위에 떠 있는 작은 별에서 나오는 것만 같았다.

이런 묘사 때문에 종종 사람들의 비웃음을 사지만 그날 내가 타루에게서 본 것은 머리 위에서 빛나던 별이었다. 그리고 직감적으로 '저 아이와 함께 일하게 될 거야'라고 확신했다. 그리고 그날 돌아오던 택시를 같이 타면서 그 확신은 더욱 굳어졌다.
홍대로 돌아오던 택시 안에서 먼저 물었다.

"넌 밴드 보컬이야? 데뷔는 했어?"

"아, 아니요. 팀 이름이 '더 멜로디'인데 아직 데뷔는 못했고 데모 작업 중이에요."

"그래? 음악은 어떤 스타일인데?"

"저 지금 데모 가지고 있는데 한번 들어보실래요?"

"좋지!"

타루가 건넨 이어폰을 귀에 꽂고 처음으로 들었던 곡은 더 멜로디의 'remember'.

그렇게 우리는 만났다.

all the memories remember oh u please remind me
oh I remember u oh I really miss it baby

저 수없이 많은 다른 사람 중에 어떻게 우리는 만났는지
설명할 수 있는 사람은 없어 그게 바로 알 수 없는 운명인 거야

-더 멜로디 'remember'

회사에서 가장 목소리가 큰 사람.
가장 밝고 가장 인사를 잘하는 사람.
누구에게든 편견이 없는 사람.
깨질 것처럼 여리고 애처로운 보이스를 가진 사람.

더 멜로디의 보컬로 활동하던 그녀는 멤버의 군입대 등의 문제로 곧 솔로로 전향하게 된다. 그녀는 유난히 튀는 음색으로 2007년부터 많은 사랑을 받았다. 지금은 새로운 둥지의 좋은 사람들을 만나 활발하게 활동 중이다. 마치 오래 품어온 딸을 시집보낸 것 같다. 그녀의 앞날에 행운을 바라고 있다.

♬ **추천곡**

Remember 더 멜로디 (The Melody. 2007)
Love Today 타루 (R.A.I.N.B.O.W. 2008)
여기서 끝내자 타루 (100 Percent Reality. 2011)

#6 데모 CD를 건네다. 파니핑크

레이블과 뮤지션이 처음 만나는 계기는 데모 CD에서 비롯된다. 이 CD를 만들기 위해 그들은 고민에 고민을 거듭하기도 했을 것이고, 부모님에게 받은 용돈이나 몇 달간 아르바이트를 해서 번 돈을 탈탈 털어 넣기도 했을 것이다. 그런데 정말 신기한 것은 데모 CD가 그것을 만든 사람들과 참 많이 닮아 있다는 것이다. 파니핑크의 데모 CD는 그 안에 담긴 음악을 듣고 이 두 사람과 꽤 닮아 있다는 것을 느낄 수 있었다.

파니핑크와의 인연은 소다의 솔로 프로젝트인 올드피쉬의 엄청난 팬이었던 어느 어린 팬에게 소개를 받으면서부터 시작됐다. 당시만 해도 팬들과 이야기를 나눌 기회도 많았고 SNS를 통해 안부를 주고받는 일도 워낙 많았는데, 그녀가 공연에서 본 이 팀을 우리에게 꼭 추천해주고 싶다는 것이었다.

한 학교의 선후배 세 사람으로 구성된 파니핑크는 유재하 음악경연대회에서 동상을 수상할 정도로 학내에서 촉망받던 젊은이들이었다. 그 중 한 사람이 개인 사정으로 팀을 그만둔 후에도 파니핑크의 정체성이나 성격은 변하지 않았는데, 보컬과 작곡, 작사를 맡고 있던 묘이는 이름처럼 고양이와 꽤 닮은 구석이 많은 여자아이였다. 그녀의 첫인상은 말수가 거의 없고 묻는 말에만 조용히 대답하는 새침데기의 전형 같았달까. 반면 수줍음 많아 보이는 청년 재목은 보이는 것과 달리 타고난 사교성과 인품으로 누구라도 외면하기 힘든 매력을 가진 남자아이였다.

첫만남 이후 그들의 데모 CD를 받기까지는 시간이 꽤 걸렸던 것으로 기억한다. 아마 이들은 자기들을 보여주기 위한 데모 CD를 구성하기까지 본인들의 성격대로 세심하고 꼼꼼하게 정리 또 정리해서 보냈던 탓에 시간이 걸렸던 것 같다. 이것에 대해 서로 이야기를 나눈 적은 없지만, 그런 데모 CD는 듣게 되면 백 퍼센트 알아차릴 수밖에 없다.

역시, 그들의 데모 CD는 '데모'라는 말을 붙이기 뭐할 정도로 꽉 찬 사운드와 완성도를 담고 있었다. 사실 데모 CD를 그렇게까지 만드는 팀을 만날 일이 드물기 때문에 이들의 음악을 거절할 이유가 없었다.

처음 데모 CD에서 보여준 모습 그대로를, 2집을 발매한 지금까지도 이들은 잊지 않고 보여주곤 한다. 또한 어떤 자리에서든 의리를 지키며 모든 사람을 챙기는 세심함은 물론, 종종 솔직하면서도 감동적인 멘트를 자기들의 음악처럼 툭 던지며 흔들어댄다고나 할까.

♬ 추천곡

바람의 노래를 들어라 파니핑크 (Mr. Romance, 2007)
권태 그 앞에선 우리 파니핑크 (7 moments(세상의 어쩔 수 없는 일곱 가지), 2010)
처음이자 마지막에 관하여 파니핑크 (7 moments(세상의 어쩔 수 없는 일곱 가지), 2010)

#7 일렉트로 천재 소년. 센티멘탈 시너리

음악이 게임이고 생활이고 즐거움이고 모든 삶의 원천인 천재 소년.
너무나 앳된 소년이 걸어 들어온다. 23살의 공대생. 처음 만났을 때였다.

그는 필요한 말 이외에는 말을 하지 않는다.
고개만 끄덕일 뿐이다.
그가 오는 날에는 고기를 먹는다.
채소를 싫어하거든.
그리곤 맥주 집으로 가지만 그는 콜라를 먹는다.
술을 못 하거든.
술을 한 잔도 마시지 못하고 말을 거의 하지 않지만 그는 가장 마지막까지 남아 있다.
누나나 형들 사이에 끼어 알 듯 말 듯 미소만 띄울 뿐이지.
하지만 그는 이미 모든 걸 알고 있는 것처럼 보인다.
파스텔뮤직의 카이저 소제.
비교적 어린 나이에 회사에 합류했기 때문에 꽤 시간이 흘러버렸음에도 마냥 막내 같기만 한 이 재미난 친구. 바로 센티멘탈 시너리다.

그가 처음 가지고 온 데모 CD에는 차가운 전자음에 주체하기 힘든 멜로디들이 흥건했다. 애초에 온라인 상에서 이미 음원을 발표하고 아무것도 알려진 바가 없었던 센티멘탈 시너리에 대해 세간에서는 '일본에서 활동하는 재야의 일렉트로닉 뮤지션이라더라', '한국에서 활동하는 숨은 고수라더라' 혹은 '동방신기의 모 보컬과 음색이 비슷하지 않느냐'라는 카더라 식의 소문만 무성했기 때문에 실제로 센티멘탈 시너리를 만나게 될 것이라고는 생각하지 못했던 것 같다. 그러다, 파스텔뮤직의 첫 번째 오디션을 위해 인터넷에 공지를 띄운 지 얼마 되지 않은 어느 날 우리는 데모 CD를 받게 된다. '센티멘탈 시너리'라는 이름, 그리고 그 옆의 간단한 메모에는 아래와 같은 글이 적혀 있었다.

'혼자서 즐기듯이 작업해오고 있었습니다. 이제는 혼자가 아닌 누군가와 함께하는 것도 좋을 것 같아서 데모 CD를 보냅니다.'

그리고는 전자 음악의 특성 때문에 라이브 오디션에 참석하지 못했지만 (당시 오디션을 통해 합격한 팀은 '짙은'이다) 우리끼리 하는 말인 '파스텔뮤직 특채 1호'로 합류해 지금까지도 함께하고 있다. 차가운 전자 음악을 추구하지만 그 안에 녹아든 멜로디와 서정성 그리고 다양한 음악의 면면들을 잘 가지고 노는 재주가 있는 청년, 늘 새로운 음악을 들려주고 그 시도를 멈추지 않는 이 청년, 여전히 사랑스럽다.

♬ 추천곡

Harp Song 센티멘탈 시너리 (Harp Song + Sentimentalism, 2009)
Tune of Stars(Feat.희영) 센티멘탈 시너리 (Soundscape, 2011)

Track 03

라디오 데이즈

오래 전의 그날들을 명명한다면 '라디오 데이즈'라고 할 수 있을 것 같다. 그날들이 좋은 기억뿐인 것을 보면 젊었던 파스텔은 나름 미인이었던 것일까. 당시 우리의 이름은 '파스텔 걸'. 우리의 팬은 '파스텔리언'. 이런 유치한 이름으로 댓글을 주고받고 직접 통장으로 공연비를 입금 받고, 공연 당일에는 그 이름의 주인공을 한 명씩 만나게 되는 것이다.

#1 내 노래가 라디오에서 나온다

"내 노래가 라디오에서 나온다!"
톰 행크스 감독, 주연의 영화 'That Thing You Do!'에 나오는 대사다. 밴드 원더스를 결성하고 처음 자기들의 노래가 라디오에서 나오던 날 영화 속의 멤버들은 폴짝폴짝 뛰면서 자기들의 노래가 전파를 탄 것을 기뻐한다.
그런데, 영화는 영화일 뿐일까?
아니다.
이런 장면을 실제로 볼 수 있다.
당신이 레이블에서 일을 하게 된다면 말이다.

처음 미스티 블루의 1집 음반을 가지고 각 방송국의 라디오국을 돌면서 예쁘장한 커버 아트가 눈을 끌게 한다는 이야기를 많이 들었다. 물론 더 중요한 건 '음악이 나오는가 아닌가'이지만, 정사각형의 사이즈가 아닌 DVD 사이즈에 매끈한 무광 코팅이 입혀진 여리여리한 소녀의 얼굴은

너의 별 이름은 시리우스 B (2005년 6월)

2005년 미스티 블루의 첫 데뷔작. 일러스트레이터 김지윤의 '선인장 여왕님'은 멤버들 모두를 단번에 매료시켜 재킷 이미지로 선택되었다. 상큼하면서도 왠지 모를 우울함을 전달하는 멜로디가 담긴 앨범이다.

당시 메이저 음악 위주의 라디오국에서는 참으로 생소한 이미지이긴 했던 모양이다. 지금이야 홍대의 대표 선수들의 음악이 일상다반사로 에어플레이되지만 그때만 해도 홍대 음악을 라디오에서 들으려면 적어도 자정 넘기고 새벽 두 시 정도가 되어야 했다. 그리고 그 기회마저도 흔하지는 않았던 것 같다. 되도록이면 라디오를 켜두고 무슨 노래가 나오는지 듣곤 했다. 그리고 이따금 우리가 라디오국으로 갖다준 음악이라도 나오는 날엔 자려고 누워 있는데도 기분이 좋아서 어찌할 바를 몰랐다.

처음으로 그들의 노래 '초콜릿'이 라디오에서 나오던 날.
미스티 블루의 멤버들은 저 영화처럼 외쳤다.
"우리 노래가 라디오에서 나온다!"
그리곤 그날도 하얗게 밤이 샐 때까지 술을 마셨을 것이다.

어느 날 아침 출근길, 라디오에서 들려오는 과거의 노래에 질끈 눈을 감으면 빛보다 빠른 속도로 과거의 그때로 회귀해버리고 마는 순간이 있다. 잊고 있던 향을 맡는 순간, 나를 고통에 빠뜨렸던 첫사랑의 기억이 스미는가 하면 언젠가 처음으로 떠나던 배낭여행의 설렘이 떠오르기도 한다. 마르셀 프루스트의 『잃어버린 시간을 찾아서』에 나오는 마들렌과 같은 역할이랄까. 그들이 만든 상큼 새큼 우울한 음악이 공중에 빛보다 빠르게 흩어졌다가 다시 누군가의 라디오를 통해 흘러나온다. 비오는 날은 습기를 머금고, 안개가 낀 날은 안개를 머금은 기분 좋은 기억들.

이런 근사한 일이 라디오를 통해서는 가능했던 것이다.

그 시절의 라디오 데이즈를 떠올린다는 것은 참으로 낭만적이다.

#2 우리의 음악을 전파에 태워 보내기까지

새로운 음반이 발매되고 홍보를 하게 되면 온라인 커뮤니티에서부터 홍대 전역에 이르기까지 플라이어를 돌리거나 포스터를 부착하고, 더 나아가서는 방송국에서의 홍보 같은 것을 시작하게 된다. 아무래도 가장 영향력이 있는 것은 TV나 라디오 같은 매체를 이용한 홍보이기 때문이다.

하지만 밴드의 음악이 좋다고만 해서 누군가 그것을 알아차리고 틀어주는가? 그렇다, 절대 그럴 리 없다. 방송국의 PD들이나 작가들은 언제나 바쁘다. 그들에게 우리 음반의 존재를 인식시켜야 한다.

그러기에 앞서 음반에 수록된 곡들에 혹여 문제의 소지는 없는지 방송 심의 과정도 거쳐야 한다. 방송 심의는 짧게는 4, 5일부터 길게는 2주까지도 걸린다. 대부분은 가사와 그 가사가 함의하는 바에 대해서 심의를 거치는데 종종 황당한 사례들을 여러분도 많이 보았으리라. 허밍 어반 스테레오의 웃지 못할 19금 판정부터, 박준혁의 노래 'Traum'에 '술잔'이라는 단어가 들어간다는 이유로 받은 방송 금지까지. 유독 인디 음악에만 더욱 혹독했던 방송 심의에 얽힌 에피소드들만 묶어도 책 한 권이 나올 정도다.

Baby Love 배 나와요
배 나왔어요 임신했나 봐
Baby Love 들리나요

들었죠 그쵸 I'm Fall in Love with You
Baby Love 예쁘네요
잘 어울려요 머리 예뻐요
Baby Love 눈치챘나요
들켜버렸네요 실은 별로예요

-허밍 어반 스테레오 'Baby Love'
('임신했나 봐'라는 가사가 선정적이라는 이유로 모 방송사에서 방송 금지 판정을 받았다.)

방송 심의가 완료되면 각 레이블의 홍보 담당자들은 자기들의 CD 앞에 간단한 홍보 문구가 적힌 스티커를 부착하거나, 보도자료를 함께 출력해서 각 방송사를 돌면서 CD를 돌린다. 회사마다 다르겠지만 모든 데스크마다 CD를 다 뿌리는 경우도 있고, 꼭 우리 음악을 틀어줄 PD나 작가를 직접 찾아가서 얼굴을 마주하고 음악에 대해 간단하게나마 설명한 후에 음반을 건네는 경우도 있다. 물론 우리 같은 레이블은 후자에 속했다.

이렇게 밴드의 음악이 방송에 나오기까지는 몇 가지의 과정이 필요했다. 2004년부터 2005년, 2006년을 거슬러 우리의 음악에 귀 기울여준 PD님들, 작가님들이 지금의 우리를 있게 한 밑거름이 되었다.

하지만 이런 일들이 처음부터 쉬웠던 것은 당.연.히 아니다.
더 솔직하게 고백하자면 정말 고역이었고 '내가 왜 이런 일을 해야 할까' 라는 자괴감에 빠지는 날이 더 많았다. 레이블 매니저들의 스트레스 아닌 스트레스들. 그 일을 즐길 수 있는 배짱 좋은 사람은 그다지 많지 않을 것이다.
맨 처음 생긴 핑크색의 헤드폰을 쓴 소녀의 로고가 선명하게 박힌 명함을 들고 찾아간 곳에서의 경험치들은, 당황스럽고 얼굴이 뜨거워지며 자괴감에 빠지기 딱 좋은 일임에 분명했다. 이미 드라마에서 간접 경험으로 방송국의 상황들을 보았겠지만 그곳은 정말 긴장감이 감돈다고 할까. '한 치의 실수도 용납하지 않는다. 이곳은 바로 프로들만의 세계니까!'라는 목소리가 라디오국을 감싸고 있는 것 같았다.

모두들 분주한 그곳에 생전 처음 보는 사람들이 듣도 보도 못한 이상한 이름의 뮤지션의 음반을 떡하니 내밀고 "방송에서 좀 틀어주세요!"라고 말한다면.
"이름이 뭐? 허밍어방구스테레오? 아니, 귀엽고 샤방하긴 한데 길군."
"인스턴트 로맨틱 플로어. 뭔가 기억하기 어려운 이름 같지만 음악은 간지날 것도 같은 이름이네요."
"소규모 아카시아 밴드? 대규모가 낫겠다. 근데 이름 참 이쁘네…."
"하하! 이름이 신기하죠? 음악을 들어보시면 더욱 매력적이랍니다"라는 말로 아무렇지 않게 받아치고, 이렇게 되면서부터는 조금씩 방송국에 대한 거부감도 조금씩 사라지게 되는 것이다. 이를테면 방송국에 가서 새로운 CD를 배포하는데도 "파스텔뮤직의 아무개인데요!"라고 하면 "네? 어디요?"라는 대답 대신 "아아, 파스텔!" "아아, 거기 그 레이블!" 이란 말을 듣기 시작한다고 할까.

당시에는 '유희열의 음악도시', '유열의 음악앨범', '배철수의 음악캠프' 등 내로라하는 음악 프로그램들이 많았는데, 방송국 녹음 부스 너머에서 헤드폰을 쓴 DJ나 작가들을 기다리며 내가 들고 간 음반과 보도자료를 펼쳐보곤 했다. 밖이라서 아무런 소리도 들리지 않을 테지만 DJ가 멘트를 할 때에는 나까지도 숨을 죽이고 노래 한 곡 한 곡에 대한 소개를 꼬박꼬박 듣게 되었다.
그리고 난 후에는 우리의 노래가 라디오의 전파를 타기 시작했고, 자연스럽게 손인사와 눈인사를 해주는 사람들이 늘어났다. 그때만큼 기뻤던 순간들이 있었나 떠올려본다. 이상하게 그것들의 환희는 다른 것보다 강렬했다. 그리고 그 이후로는 좀 더 가깝게 세상 밖으로의 소통을 시작하게 됐다.

전파를 타고 흘러나오는 우리의 노래들.
그리고 그 노래를 타고 도달하는 짜릿함!

#3 인디 주제에

잊으려면 정말 쉽게 잊혀지는 게 기억이다. 그런데도 어쩌다 한 번씩 떠오르는 못된 기억을 보면 그날 그 사람 참 너무했다 싶다. 방송국이나 신문사, 종종 잡지사를 들르게 되면 많이 바쁜 경우를 제외하고는 반갑게 맞아주는 사람들이 대부분인데, 한 매체에서 시간이 지나도 잊지 못할 안 좋은 경험을 하게 됐다.
그날은 오전 업무를 마치고 오후 내내 되도록 많은 인쇄 매체를 돌기로 한 날이라 정신이 없었다. '그곳'에 갈까 말까를 망설이다가 들르게 된 것도 왜 하필 그날이었는지. 매체의 기자들은 많지 않기 때문에 헷갈릴 리가 없는데 자주 들르지 않았던 곳인지라 그날따라 담당 기자 이름을 헷갈리는 실수를 저지르고 만 것이다. 그런데 참, 그분의 성향을 전혀 파악하지 못했던 탓에 거기서 못 잊을 수모를 겪게 된다.

"인디 주제에 매체 돌면서 이름도 모르네."

단 몇 분 정도였는데 그 이후 며칠 동안 밤에 누워도 잠이 안 왔다. 그 말이 머릿속에 콱 박혀서 내내 떠나지 않았다. 끔찍하게 아파서 머리가 하얗게 빈 것 같았다. '인디 주제에'라니. 알고 보니 그분은 이런 발언이 처음이 아니었단다. 다른 누군가도 그런 경험이 있었다고 한다. 차라리 "당신! 일하는 사람이 무슨 실수를 그리 합니까?"라고 했으면 그냥 얼굴 붉어지고 말 일인데, 인디 딱지 붙이고 음악하는 것은 죄였을까. 그 무슨 생트집이란 말인가.

결국 마인드 컨트롤을 거듭하고 그 매체를 두 번 다시 찾지 않는 것으로 그날을 서서히 잊어갔지만, 그날을 기점으로 좀 더 이를 악물게 되었다. 오히려 지금 와서 돌이켜보면 귀여운 기억이다.

하지만 지금은 당신이 그리도 무시하던 인디 음악의 시대랍니다.

#4 귀여워 귀여워 안방 습격 사건

이렇게 라디오에만 의존하던 우리에게도 방송 출연을 할 수 있는 기회가 찾아온다. 허밍 어반 스테레오가 3집을 막 발표한 2007년도 봄 무렵이었는데, 당시는 홍대를 근거지로 한 뮤지션들에게 좀처럼 공중파를 탈 수 있는 기회가 마련되지 않을 때였다. 2005년 밴드 카우치의 생방송 노출 사건으로 거의 암흑과 같은 시기를 보내고 있었기 때문이다.
하지만 당시 SBS '인기가요'의 담당 PD는 그동안 거의 매장되다시피 한 홍대 음악을 다시 한번 조명해보고 싶다는 강한 의지를 갖고 있었고, 홍대 음악이지만 세련되면서도 대중들이 좋아할 수 있는 음악을 소개하는 새로운 코너를 만들고 싶어 했다. 그리고 그 코너의 첫 번째 무대를 허밍 어반 스테레오가 꾸며주기 바랐다.

사실 그날의 무대는 그리 어마어마하게 멋진 무대는 아니었다. 이전의 카우치 사건에 대한 시청자들의 쇼크가 아직 다 사라지지 않은 때라 그것과 정반대의 최대한 귀여운 콘셉트로 무대를 꾸며야 했기 때문이다. 정말로 그래야만 했다. 그리고 그 무대의 콘셉트를 PD가 직접 짜줬다. 그 무대에는 DJ 한 명과 허밍 어반 스테레오의 이지린, 객원 보컬로는 요조가 오르게 된다. 'Baby Love'의 원곡 보컬인 허밍걸이 올라야 했었지만 그녀가 일본에 있던 탓에 요조가 대신 오르게 되었다. 이런 모든 상황을 각설하고, 그 무대의 콘셉트를 설명하자면 '거대한 인형 탈을 쓴 캐릭터'였으니….

이지린 군이나 요조에게는 그 무대가 달가울 리 없었다. 뮤지션이라면 누구나 그렇듯 멋있게 또 프로페셔널하게 나오고 싶을 테니 말이다. 더욱이 이지린 군은 당시나 지금이나 둘째가라면 서러워할 정도의 트렌디한 댄디보이로 유명했으니 그 무대를 오르기까지의 진통은 두말할 나위가 없다. 풀 라이브 세트라도 모자랄 판국에 인형 탈이 웬 말이냐. 진통의 시간이 끝나고, 무대에 서기로 한 이후부터는 이지린 군과 요조 모두 프로답게 무대를 마무리해주었다. 그 인형 탈과 허밍 어반 스테레오의 'Baby Love'란 귀여운 노래가 안방을 강타한 후, 매주 한 팀의 인디 뮤지션이 그 코너에 설 수 있게 되었다.

그러나 여전히 의문은 남는다.
과연 그 '거대한 인형 탈을 쓴 캐릭터'는 누가 맡았던 것인가?
그날 인형 탈의 주인공들을 소개하고자 한다. 첫 번째 주인공은 당시 갓 입사해 20대 초반의 신입 사원이었던 디자이너 김민정이다. 그녀는 이제 서른의 문턱을 넘어가고 있다. 두 번째 주인공은 온라인 유통을 오랫동안 도맡아 하며 파스텔뮤직의 기둥을 세운 김근우 팀장이다. 세 번째 주인공은 A&R과 마케팅에 유능했던 배유나 씨였다. 그녀는 현재 국내 유수의 대기업에 근무하고 있다.

사실 파릇파릇하고 혈기왕성했던 파스텔뮤직의 스태프들은 인형 탈이 아닌 그 무엇이라도 쓸 수 있었다. 그 누구보다 우리의 음악을 좋아했고 그렇기 때문에 대중들이 우리의 음악을 들을 수 있다면야 무엇이든 하겠노라는 사명감 비슷한 것이 있었기 때문이다. 가장 힘든 시기였지만 가장 좋은 시기를 음악에 내던진 청춘이었으므로. 그날의 안방 습격 사건은 잊을 수 없는 기억 중 하나다.

따뜻한 햇살이 비추던 일요일 새벽부터 고생한 뮤지션들과 스태프들.

아, 그런데 그날 우린 뭘 먹었더라?

원고를 끝낼 무렵, 허밍 어반 스테레오의 객원 보컬인 '허밍걸' 진화 양의 사망 소식을 접했습니다. 말로 다 표현 못할 신세를 졌습니다. 감사한 마음을 미처 다 표현하지 못했기 때문에 마음이 더 무거웠습니다. 삼가 고인의 명복을 빕니다.

#5 파스텔 걸&파스텔리언

음반이 나오면 위에 나열한 것처럼 라디오나 신문, 잡지, 인터넷 등 각 매체에 홍보를 하기도 하지만 또 빼놓을 수 없는 것이 바로 공연이다. 이 즐거운 이벤트에 대한 역사는 참으로 많고도 길지만 2006년 이전 정도를 말해볼까 한다.

회사에 하나 둘 가족이 늘어가면서 우리는 직접 공연을 기획하게 되었다. 이전까지는 클럽 빵이나 지금은 없어진 클럽 쌤 등의 기획 공연에 살짝 끼어서 하는 수준이었다면, 더 나아가 클럽이나 공연장을 직접 대관하고 공연의 기획이나 홍보도 직접 하게 된 것이다. 실상은 '기획'이라는 말이 무색할 수준의 소박하고 순진한 것들이었지만.
더군다나 티어라이너나 미스티 블루 등의 밴드는 라이브 경험이 많지 않았기 때문에 생각보다 많은 우여곡절을 겪어야 했다. 함께 연주할 밴드를 꾸려야 했고, 그들과 잘 맞는지 연습과 확인을 거듭해야 했으며, 무대 위에서의 울렁증을 극복해야만 했고, 그들이 만들어낸 음반을 듣고 감동한 사람들에게 '진짜' 음악을 들려줘야 했다.
솔직히 맨 처음은 그리 매끄럽지 않았다. 푸른새벽이나 소규모 아카시아 밴드와 같은 팀이야 라이브를 워낙 많이 하던 팀들이었지만 반대인 팀들도 많았기 때문이다. 다만 '처음'이라는 사실과 '라이브'라는 사실에 집중했다. 마치 생방송을 듣듯 우리는 뒤에서 숨을 죽이고 그 광경을 바라보곤 했다.
물론 공연 전 '몇 명이 올까' 숨죽이고 바라보던 순간도 잊을 수 없다.

각 뮤지션의 앨범과 닮은 웹 포스터(돈이 없었기 때문에 인쇄하는 것은 조금 더 큰 규모의 공연이어야만 가능했다)가 나오면 인터넷 음악 커뮤니티를 돌며 게재하는 것이 홍보의 전부였기 때문이었다.

인간이란 이토록 간사한 동물이겠지 싶은 게, "첫 공연이 50명이라니! 이번 공연 성공이야!"라고 외치던 시절을 어느새 잊어버린 것 같다. 지금이야 몇만 명 규모의 페스티벌이 한 해에만 몇 번씩 열리고 한 뮤지션의 단독 공연만 해도 몇백 명, 몇천 명이 되는 경우가 다반사. 밴드들의 라이브 수준도 일취월장했으니 그럴 만하지만. 짙은이나 캐스커, 한희정 등의 뮤지션은 정기적인 공연이 상시적으로 열리고 그때마다 몇백 명 이상의 관객들이 다녀가곤 한다. 에피톤 프로젝트의 경우 하루에 1천 명 이상의 관객이 몰리고 단일 공연이 3회 정도의 대규모 공연으로 열리고 있는 지금을 생각하면 격세지감이 아닐 수 없다.

오래 전의 그날들을 명명한다면 '라디오 데이즈'라고 할 수 있을 것 같다. 그날들이 좋은 기억뿐인 것을 보면 젊었던 파스텔은 나름 미인이었던 것일까. 당시 우리의 이름은 '파스텔 걸'. 우리의 팬은 '파스텔리언'. 이런 유치한 이름으로 댓글을 주고받고 직접 통장으로 공연비를 입금받고, 공연 당일에는 그 이름의 주인공을 한 명씩 만나게 되는 것이다. 10대의 소녀들부터 20대의 대학생, 30대의 회사원까지 다양한 부류의 사람들의 얼굴이나 이름을 대부분 기억하고 있었다. 만나면 반가운 인사도 하고, 먹을거리를 잔뜩 싸들고 와주는 사람도 있었다.

그렇다. 그들이 지금의 파스텔을 있게 한 원동력일 것이다. 이제 그들도 나이가 들고 새로운 삶 저편으로 터전을 옮겨갔겠지만….

다들 잘 있나요?

이제는 빛바랜 낙서가 되어버린 이야기
다시는 돌아갈 수 없는 radio days
향긋한 커피와 우윳빛 멜로디는
부드럽게 조용히 우릴 감싸고
내 눈물 안아주던 설레게 맑은 너의 눈
따스하던 그 눈빛

-미스티 블루, 'Radio days'

♬ **추천곡**

Reunion M83 (Hurry Up, We're Dreaming, 2011)
Why Do You Let Me Stay Here? She & Him (Volume One, 2008)
Ma Jeunesse Carla Bruni (Comme Si De Rien N'était, 2008)

Track 04

커피 그리고 드라마

이렇게 커피가 드라마를 타고 '대한민국은 커피공화국이다'라는 카피까지 심심치 않게 보게 될 무렵, 커피와 음악이라는 완전체에 가까운 조합은 홍대 전체의 분위기가 되었다. 홍대 문화에 대한 관심이 덩달아 상승하고 있었기 때문일 것이다. 커피나 TV가 지배하는 세상에서 짙은이나 소규모 아카시아 밴드의 성장이 눈에 띄게 드러났고, 어떤 일련의 감수성이 존재했고 관통했다.

#1 드라마 '커피프린스 1호점'

홍대 레이블의 시스템은 엔터테인먼트 시스템과는 전혀 다르다. 사실 시스템이랄 것도 없이 자기만의 방식으로 뮤지션의 특징과 개성을 녹여 무대포처럼 나아간다는 말이 한편으론 맞을 것이다. 이 시스템은 유통이라든지 홍보라든지 마케팅이라든지 각 레이블마다의 특성과 외부의 요소들이 적절히 뒤섞이면서 점점 구체성을 띠고 세상에 나가게 된다. 파스텔뮤직은 다른 레이블에 비해 밴드 음악이 적었고 싱어송라이터 베이스의 음악이 주를 이루었기 때문에 그간의 방식과는 조금 다른 방식을 취하게 된다. 밴드가 주가 되는 레이블이라면 공연이나 행사 등의 퍼포먼스 위주의 프로모션을 하겠지만, 1인 음악을 주로 하던 뮤지션들이 라이브를 할 경우는 세션 구성부터 연습 등 여러 가지 면에서 백 퍼센트의 모습을 보여주지 못할 경우가 많기 때문에 이외의 돌파구도 생각해야 한다.

그리하여 지금보다 더 적극적으로 우리 음악을 TV에서 들리게 해보자 맘먹는다. 물론 '뮤직뱅크' 등의 공중파 음악 프로그램에서 아이돌 가수와 어깨를 겨루며 라이브를 하게 만들 거라는 의미는 아니다. 우리 음악을 CF나 드라마, 예능 등의 배경음악으로 소개해보는 것이었다.
초기에는 CF의 배경음악을 담당하는 오디오 PD들에게 음반이 나올 때마다 음반을 소개하고 보내는 것부터 시작했다. 그러기 시작하고 얼마 후부터 매달 파스텔뮤직의 음반을 받아서 들어보던 오디오 PD들에게 이따금 연락이 오기 시작했다. 대부분은 'CD를 잘 받았고 음반이 너무 좋았다' 등의 안부 정도였다. 그러다가 일로 연관되는 경우도 하나 둘 생겨나기 시작했다. CF의 경우는 매출이나 뮤지션의 저작권료와 직접적인 연관이 있기 때문에 여간 반가운 일이 아닐 수 없었다. 하지만 이런 일은 1년에 몇 회 정도에 불과하기 때문에 드라마나 예능, 영화에서도 적절히 우리의 음악이 노출된다면 승산이 있겠다고 생각한 것이다.
각 방송사마다 배경음악을 담당하는 시스템을 살펴보고, 서서히 방송 쪽의 오디오 프리랜서들에게 음반을 전달하게 됐다. 그 뒤부터 드라마든 영화든 예능이든 엔딩 크레딧을 꼭 확인하는 버릇이 생겼다. 물론 외주 제작의 경우까지 파악하지는 못했지만 그게 어느 정도 효과가 있다는 것을 서서히 알게 되었다. 점차적으로 시청률이 높은 예능이나 시트콤 등에서도 종종 파스텔의 음악을 들을 수 있게 된 것이다. 물론 당시에는 그 음악이 무슨 음악인지조차 모르는 사람이 거의 대부분이었지만 이 모든 것이 사람이 하는 일이기 때문에 직접 전해주는 음반에 한 번쯤 더 손이 갔던 것은 아니었을까.

그러던 중 또 한 번의 기회가 찾아오게 된다. 바로 티어라이너가 이윤정 PD와의 인연으로 드라마 '커피프린스 1호점'의 음악감독을 맡게 된 것이다. 음악감독이 된 티어라이너는 회사 내의 여러 밴드들과 함께하면서 홍대의 음악을 세상 밖으로 꺼내는 데 중요한 역할을 하게 된다.
드라마 '커피프린스 1호점'에 대해 이야기하려면, 그보다 앞선 MBC의 8부작 드라마 '태릉선수촌'이 빠질 수 없다. 이 역시 이윤정PD의 작품으로, 티어라이너와는 이미 이 드라마로 호흡을 맞춘 상태였다. 섬세한 연출력뿐 아니라 배경음악 선곡도 까다롭기로 유명했던 이윤정PD는 기존의 드라마 시스템에서 음악감독을 해오던 사람에게 '커피프린스 1호점'의 음악을 맡기고 싶어 하지 않았다고 한다. 알려지지 않았더라도 드라마의 감성을 잘 알아차리고 자기와 호흡을 맞출 수 있는 리얼 뮤지션을 찾고 싶었던 것이다. 이윤정PD는 평소에 본인이 즐겨듣던 음악의 주인공을 직접 찾아나서 홍대로 나왔다. 그리고 한 사람 한 사람 얼굴을 보고 이야기하고 생각을 공유하다가 티어라이너와 마음이 맞아 함께 작업하기로 한 것.

이미 2002년에 드라마 폐인을 양산한 '네 멋대로 해라'가 있었지만 이윤정PD와 티어라이너, 두 사람의 조합은 아무래도 남다른 구석이 있었던 것 같다. 뭐랄까, 살짝 간지럽게 귀에 감기는 느낌.

'태릉선수촌'에서 이미 실력을 인정받은 이윤정 PD의 첫 미니시리즈를 앞두고 방송사에서는 기대감이 충만해 있었다고 한다. 한편, 음악에 대한 우려도 있을 수밖에 없었을 텐데 방송이나 드라마 음악에 대한 경험이 별로 없는 뮤지션이 음악감독을, 그것도 16부작짜리 미니시리즈를 맡는다고?

이것은 지금도 그렇지만 그 당시에는 굉장히 파격적인 결정이었다. 방송사 내부에서도 걱정이 많을 수밖에 없는 상황이었다. 심지어 맘에 드는 결과물이 나올 때까지 계속 작업물을 내놓아야만 하는 이윤정PD의 작업 스타일을 알고 있는 사람이라면 더욱.

그런 저런 걱정들은 미뤄두고 어쨌든 드라마는 시작되고 티어라이너는 레이블의 다른 뮤지션들과 어우러져 드라마 음악을 작업하게 된다.
결과는? 여러분들이 알고 있는 그대로다.

하지만 이 OST가 그야말로 비운과 슬픔의 OST가 된 사연을 아는 이는 드물다. 사실인즉슨, OST 투자사가 부도를 맞게 되면서 생각했던 것보다 심각한 문제가 발생했다. 결과적으로 그 드라마로 인해 티어라이너와 파스텔뮤직이 큰돈을 만졌거나 하는 일은 없었다…. 하지만 드라마의 성공 그리고 인지도의 상승 등 부차적으로 많은 것을 얻었을 것이라 스스로를 위로했다. 실제로도 그랬으리라.

우리는 뭔가 빨리 다른 것을 해야 할 것 같았다.
OST에 다 실리지 않은 주옥같은 삽입곡이 있었기 때문이다. 그리고 그 아픔 대신 발 빠르게 준비한 '커피프린스 1호점' 1.5집 [커피향 설레임]을 내놓았고 이 앨범 역시 많은 사랑을 받게 되었다.

커피프린스 1호점 : 커피향 설레임 (2007년 9월)

MBC '커피프린스'의 드라마 OST. 티어라이너와 더 멜로디(타루), 캐스커, 애즈 원, 요조, 허밍 어반 스테레오 등, 당시 파스텔뮤직의 신예 실력파 뮤지션들이 대거 참여한 앨범이다. 한국 드라마 OST의 새로운 지평을 여는 맛깔스러우면서도 달콤한 음악들로 구성되어 대중들의 많은 사랑을 받았다.

많은 음악 팬들이 홍대의 여러 음악을 듣게 된 계기가 '커피프린스 1호점'에서 비롯된다는 것은 그 누구라도 이의를 제기할 수가 없을 것이다. 이후에는 음악계 전체에서 어쿠스틱한 편성에 멜로디가 예쁘고 가사가 특징적인 인디 음악이 일련의 주류를 형성하게 된다. 워낙 발라드나 가요 중심으로 음악을 듣던 청취층에게도 인디 음악이 어느 정도의 보편성을 띠고 사랑받을 수 있게 됐다.

#2 커피, 페스티벌, TV, 홍대, 인디

심지어 '커피프린스 1호점'은 홍대의 지형에 커다란 영향을 끼쳤다. 2007년 이전과 이후를 나눠야 할 정도로 홍대 주변에 카페들이 우후죽순 생겨나기 시작했다. 그 규모란 것이 어떠하냐면 한 집 건너 한 집이 카페라고 해도 될 정도로 수많은 카페들이 생겨나는가 하면 지금까지도 현재 진행형이라고 할까. '우리 카페 한번 해볼까'식의 책이 속속 등장하는가 하면 자주 가던 식당이나 슈퍼, 술집, 옷가게가 어느 날 갑자기 카페로 바뀌는 것을 경험한 홍대인들은 아마도 이 현상을 잘 이해하리라(파스텔뮤직도 여기에 편승해 작은 카페를 오픈했으나, 여의치 않아 술집으로 전향했다는 슬픈 전설이 있다).

이렇게 커피가 드라마를 타고 '대한민국은 커피공화국이다'라는 카피까지 심심치 않게 보게 될 무렵, 커피와 음악이라는 완전체에 가까운 조합은 홍대 전체의 분위기가 되었다. 홍대 문화에 대한 관심이 덩달아 상승하고 있었기 때문일 것이다. 커피나 TV가 지배하는 세상에서 짙은이나 소규모 아카시아 밴드의 성장이 눈에 띄게 드러났고, 어떤 일련의 감수성이 존재했고 관통했다.

물론 거기에는 홍대 음악 씬의 구원투수 장기하의 역할을 빼놓을 수 없다. 한 식구는 아니지만 그 누가 그의 역할을 무시할쏘냐. 붕가붕가레코드는 우리보다 먼저 앞서 2009년 말에 책을 내어놓기도 했는데, 거기 보면 이런 현상들을 객관적으로 잘 설명해주고 있다. 다소 겹치겠지만 하나하나 공감되는 부분이라 다시 언급하려고 한다.

당시에 어떤 문화 트렌드를 지배한 것들의 키워드는 이를테면 커피, 페스티벌, TV, 홍대, 홍대 카페, 인디 문화, 장기하, 요조, 홍대 여신 등일 것이다. 방송국에서는 기존의 음악 프로그램과 다른 색깔의 음악 프로그램인 '윤도현의 러브레터', '이하나의 페퍼민트', '유희열의 스케치북'과 같은 음악 프로그램이 인디 음악을 조명해주기도 했고, EBS '스페이스 공감'과 같이 꼼꼼한 뮤지션 중심의 라이브 음악 방송은 사람들에게 인디 밴드 동영상 퍼다 나르기 등으로 그 역할을 톡톡히 하게 된다. 여기에 네이버나 싸이월드 등의 인터넷이 그러한 문화 트렌드의 확산에 일조했다.

심지어 9시 뉴스에서조차 인디 문화에 대한 조명이 활발하게 이루어지던 시기였으니 알만 하지 않는가. 이러한 분위기는 도심형 페스티벌인 '그랜드 민트 페스티벌'의 성공에 가속도를 붙이게 된다. 인디 문화의 잠재적인 문화 소비층이 스펀지처럼 유입되면서 이전에 없던 소비층이 홍대 음악을 대거 소비하게 되었다. 거기에 장기하라는 스타의 탄생까지! 특히 '달이 차오른다, 가자'에서 미미시스터즈와 함께하던 안무를 초등학생들이 '개그콘서트'의 한 장면을 따라하듯 했으니, 어느 정도의 붐이었는지 짐작할 만하다.

이런 것들은 일종의 트렌드가 되어 순식간에 번졌다. '홍대 카페 투어', '홍대 카페 음악'이라는 말이 생겨났다. 더불어 음악 페스티벌에 대한 관심도가 높아지면서 '지산 밸리 락 페스티벌'과 '그랜드 민트 페스티벌',

'펜타포트 락 페스티벌'은 매년 관객 수가 늘어나고 있는 추세며, 홍대 뮤지션들 역시 덩달아 바빠지기 시작했다. 그러면서 드라마나 영화, CF 등의 여러 매체에서 더 다양한 뮤지션들의 음악을 들을 수 있게 되는 등 그 형태는 좀 더 적극성을 띠게 된다.

#3 소규모 아카시아 밴드의 멋진 하루

커피와 음악이 홍대 전체의 분위기를 좌우하기 전부터 소규모 아카시아 밴드는 그것을 미리 알고 색다른 모습으로 라이브를 보여주기 위해 바쁘게 움직이고 있었다. 당시에는 밴드 중심의 뮤지션보다 어쿠스틱 기타를 둘러멘 소규모 편성의 팀들이 속속 생겨나고 있었는데, 소규모 아카시아 밴드는 그런 분위기에 앞서 기존의 홍대 클럽이 아닌 자기만의 독특한 개성이 묻어나는 공간을 찾아다니며 라이브를 하고 있었다. 그곳은 전시장이 되기도 했고, 갓 생겨난 홍대의 어느 카페가 되기도 했다. 하지만 기존의 공연장이나 클럽을 벗어나서 아무것도 갖추어지지 않은 곳에서 라이브를 한다는 것은 여간 신경 쓰이는 일이 아니었다. 그래도 이들은 그런 실험과 모험을 멈추지 않고 계속해나갔다. 소규모 아카시아 밴드가 가진 미니멀함이 하나의 고유한 장르를 형성했달까. 지금에 와서는 카페에서 라이브를 하는 것이 오히려 일반적인 모습이 되었지만.

이러한 실험은 [일곱날들]이라는 음반에서 절정에 달한다. 여행에서 접한 소리와 이들의 음악이 만나 이루어낸 실험적인 소품집으로, 많은 사랑을 받으며 아직까지도 회자되고 있다. '여행의 소리를 담아 음반을 만든다.' 이것을 생각할 수는 있지만 거기에 따르는 번거로움을 떠올리면 실행에 옮기는 이는 없을 것이다. 하지만 이것은 소규모 아카시아 밴드에게는 번거로움이 아니라 여행의 낭만인 동시에 멋진 것이 된다. 이것이 바로 소규모 아카시아 밴드의 힘이 아닐까.

또한 커피와 TV 시절에 소규모 아카시아 밴드만큼 CF, 드라마, 영화 등에 곡이 많이 쓰인 뮤지션도 없으리라. 많은 이들이 아는 대로 요조는 소규모 아카시아 밴드의 곡으로 세상 밖에 나왔다. 리더 민홍의 곡들은 그야말로 히트를 쳤다. 요조의 노래 외에 소규모 아카시아 밴드의 앨범에 실린 그들의 곡들이 삽입된 드라마, CF, 영화 등은 수없이 많아 언급하기조차 힘들 것 같다. 그 당시에는 홍대의 어느 곳에서든 이들의 곡이 흐르고 있었으니까.

하지만 이들은 본인 스스로가 인디 밴드의 정체성을 잃지 않으려 다른 영역에서 작가들과 연대하기를 즐기며 계속해서 자기를 잃지 않았다. 밴드나 회사가 이름을 알리고 유명세를 타게 되면 공연의 규모를 키우는 일이나 갖가지 자질구레한 행사에 힘을 빼는 일이 많아질 수밖에 없다. 하지만 이들은 그런 일을 과감히 포기하고 아직까지도 소규모 아카시아 밴드만의 진정성을 유지하고 있다. 그리고 2011년 4집으로 돌아와 모든 이들을 깜짝 놀라게 했다. 이들만이 할 수 있는 실험과 그들의 고유한 정서가 고스란히 녹아든 멋진 음반으로 말이다.

#4 짙은의 트리플 악셀

홍대 인디 문화에 관련한 키워드의 범람과 함께 찾아든 것은, 일군의 드라마들에서 인디 뮤지션들의 음악을 적극적으로 사용하게 된 일이다. 매체에서 심심찮게 들려오는 음악이 메인 테마가 되고 엔딩 크레딧의 타이틀 송이 된다.

파스텔뮤직 역시 음악 씬의 확장에 대한 암시로 받아들이고 여러 드라마 OST에 적극적으로 참여하게 된다. 드라마 '식객'이나 '뉴하트'의 음악에 연달아 참여하게 되었고, 덕분에 기존의 레이블에서 시도해보지 못했던 경험을 많이 할 수 있었다. 그 경험은 그동안의 홍대 뮤지션의 궤적에도 많은 변화를 불러일으켰다.

예를 들어 저작권의 인식에 대한 확장이 바로 그것이다. 어느 시기를 기점으로 저작권에 대한 인식은 확연히 달라지기 시작했다. 더군다나 드라마 음악에 직접 참여한다는 것은 뮤지션에게 직접적으로 그 인식을 심어주는 계기가 된다. 전통적인 뮤지션들에게 앨범에 붙이는 인지 정도로만 생각되었던 저작권은 방송, 전송, CF, 해외 저작권 등 더 많은 영역에서 수익을 거둬들일 수 있다는 것을 알려주었다. 더불어 드라마 음악에 참여한다는 것은 뮤지션 본인의 정규 앨범이라든지 싱글 앨범을 제작하는 방식과는 다른 경우가 많다. 예를 들면 외부 작곡가의 곡에 노래만 부른다든지 본인의 작곡, 작사에 외부 편곡자들이 편곡을 한다든지 자기 앨범 안에서는 어느 정도 배제할 수밖에 없었던 다채로운 실험이 가능해진 것이다. 회사 입장에서도 마케팅의 차원에서 그동안 해보지 못했던 부분들까지 확장이 가능했다.

그 즈음부터 파스텔뮤직뿐 아니라 다른 레이블의 뮤지션들도 각종 드라마의 배경음악에서 속속 등장하기 시작한다. 티어라이너가 그랬던 것처럼 다른 뮤지션들도 하나 둘 드라마 음악감독으로의 일을 시작하게 된 것이다.

그 다음 타자는 바로 짙은이었다. 2008년에 데뷔한 짙은이 드라마 '트리플' OST에 합류하게 된 때가 2009년이었다. 단독 음악감독은 아니고 티어라이너, 몽구스의 몬구, 스타리아이드의 Sub와 공동으로 참여하게 된 작품이었는데 이러한 선택 역시 16부작 미니시리즈에서는 과감했다. 이 역시 '커피프린스 1호점' 이윤정PD의 두 번째 미니시리즈였다.
'커피프린스 1호점'이 커피의 여왕과 그 주변의 즐거운 이야기였다면, '트리플'은 스케이트의 여왕과 그녀를 둘러싼 광고인들의 에피소드를 담고 있다. '커피프린스 1호점'의 엄청난 성공에 비해 시청률 면에서 고전을 면치 못해 비운의 드라마가 되었지만 역시 음악만큼은 꾸준히 사랑받고 있다. 한없이 감성적이면서 솔직한 어투로 마치 말을 건네는 듯한 성용욱의 보이스가 그 요인이었다.

본래는 2인조였던 짙은은 1집 앨범 발매 당시, 윤형로의 군 입대로 거의 1년 반 이상을 함께 활동하지 못한 상황이었다. '트리플' OST 역시 성용욱 혼자만 참여하게 되는데, 1집의 '나비섬'이라든가 'Secret' 등의 노래에서 보여주었던 모던 록의 정서와 또 다른 면을 보여주는 계기가 되었다. '이하나의 페퍼민트'나 '그랜드 민트 페스티벌'의 단골 출연자였던 그에게 '트리플'은 도약할 수 있는 하나의 기회가 된 것이다.

지금은 윤형로와 성용욱의 2인 체제에서 음악적 견해차를 서로 존중해 성용욱 1인 체제의 '짙은 시즌2'로 나아가는 중이다. 짙은은 파스텔뮤직 공식 오디션의 주인공이자, 현재 회사의 음악적 정체성을 가장 잘 대변해주는 뮤지션으로 많은 사랑을 받고 있다.

♬ **추천곡**

Because 짙은 (트리플 OST, 2009)
Feel Alright 짙은 (Wonderland, 2010)
나비섬 짙은 (짙은, 2008)

Track 05

서툴러서 아름다운

유명해지면 유명세를 내야 한다고들 한다. 인터넷이면 인터넷, 주변이라면 주변에서 갖은 몸살을 치르던 이 둘은 그만큼이나 유명해지면서 많은 것을 얻기도 했고 잃기도 했다. 그런 면에서 세상은 공평한 것 같다. 얻은 만큼의 대가를 치른다는 것.

#1 Sentimental Heart

거리를 나서기 전 필수품이 된 이어폰을 꺼내 귀에 꽂는다. 어느 때에는 징징거리는 일렉 기타 소리가, 어느 날에는 잔잔한 피아노 소리가, 어느 순간에는 아름다운 통기타 소리가 밀도 높은 감상으로 찾아든다. 우리의 일상은 음악이 재생되는 4분마다 달콤하면서도 때로는 담백하게, 마법처럼 연애처럼 영화처럼 변하곤 한다.

이 연약한 소년과 소녀들의 감성은 결국 지금의 노래가 되었다.
어설프고 낯선, 때론 유치한 센티멘탈리즘의 발현들.
하지만 누구에게나 있었던 한때의 기억들.
시선을 고정한 TV에서 날아가버린 일요일 오후의 고즈넉함과 알 수 없는 처연함.
이런 것들은 우리의 공통 분모였다.

매일 밤, 있는 힘을 다해 우리의 감성을 향해 돌진하는 것들을 간신히 위로할 수 있는 것이 음악이라는 사실을 깨닫는다면 말이다. 그리고 사람들과 그것을 공유할 시간을 갖게 된다는 것은 좀 더 다른 것을 의미한다. 공감. 음악을 듣고 들려주고 나눈다는 또 다른 행위로의 전이.

새로 시작하기 위해 눈물을 떨구는 싱그럽고 젊은 우리들에게 음악이 없었다면 그 시절의 청춘은 빛을 잃은 무채색이었으리라.

길을 걷다 지나간 옛 노래를 들으면 어느 순간 발길을 멈추고 타임머신이라도 탄 듯 과거로 회귀하게 되는 마술.
다른 모습의 우리를 신기하리만큼 하나의 감성으로 묶을 수 있는 힘.
바로 그것이 음악이다.

너무 감상적이라고? 그렇다. 인정한다.
우리는 오랫동안 '위로'와 '일상의 BGM'이란 카피를 낯뜨겁게 써 왔고 어느 순간 이것은 홍대 음악을 대표하는 카피가 된 것 같다. 이 말을 곱씹어보는 것 역시 상투적인 일이 되지 않을까 걱정스러운 마음이지만, 이 안에서 뮤지션들이 자기 노래에 어떤 마음을 담아 노래해왔는가를 가까이에서 오랫동안 지켜본 우리로서는 그냥 간과할 수만은 없다.
음악은 듣는 사람이 누군가에 따라서, 그 사람의 처지에 따라서 가변적이다. 어느 때에는 그렇게 좋다가 어느 때에는 1분도 못 들을 정도로 질린다. 객관적일 수 없는 주관적인 경험치가 주는 특별함, 그것이다. 하지만 사람들이 파스텔뮤직을 '감성'이라는 단어로 정확히 명명한 때, 우리는 정작 정반대의 시간을 보내고 있었다. 음악을 듣는 사람도 일종의 소비자로 규정한다면 그들의 정서나 태도는 순식간에 변할 수도 있기 때문이다. 우리는 벌써 그 징후를 파악하고 있었다.

음악이란 것과 뮤지션들의 상호 관계 내에서 늘 일어나는 일 중에 '소포모어 징크스'라는 말이 있다. 성공한 첫 번째 앨범만큼 두 번째 앨범이 좋지 않을 경우를 뜻하는데, 수많은 뮤지션 중 소포모어 징크스의 위협에 시달리지 않는 사람이 있었을까.

우리가 2008년 이쪽저쪽으로 내어놓은 '일상의 BGM' 또는 '커피프린스'류의 음악은 우리를 세상 밖으로 내놓았지만 동시에 소포모어 징크스를 겪게 되리라는 암시이기도 했다. 무언가에 호감을 드러내는 사람들의 속성은 비슷하다. 대체적으로 새로움 혹은 신선함을 부여한 얼마간은 열렬한 사랑 내지는 호감을 드러내지만 시간이 갈수록 상승의 함수는 반비례로 접어든다. 끊임없이 앙코르를 외쳐대지만 공연의 막이 내리면 뒤도 돌아보지 않고 공연장을 떠나버리고 마는 것이다.

그렇기 때문에 파스텔 내에서의 자기 복제 혹은 주변 레이블에서 비슷한 음악들이 주로 생산되고 소비되는 와중에 우리의 고민은 더욱 심화되고 있었다. 표면적으로는 문제시되지 않고 '아, 흥하고 있구나!'라고 느끼던 때부터 내부적으로는 고민이 많아지고 있었다. '홍대의 SM'이나 '홍대 여신' 등 일련의 특징과 비하가 한데 섞인 비유들이 늘어나기 시작한 시점부터는 혼란에 빠진 것도 같았다. 하지만 그 내부의 고민의 원인을 단지 외부로 돌리려고 할 때는 블랙홀에 빠지고 마는 일일 터. 그 안에서 템포와 강약 조절의 문제를 해결해야만 했다.

#2 아이콘, 그리고 그 이면

이런 의미에 좀 더 중점을 두면서 쓰기 시작한 '일상의 BGM'이란 카피는 실제로는 괜찮은 아이템이었지만 '홍대 여신'이라는 단어와 결합되는 순간 부작용을 낳기도 했다.

한때 '커피프린스 1호점'의 열풍을 몰고 요조와 타루, 그리고 한희정 세 사람이 '홍대 여신'으로 불리던 때. 그게 열풍인지 역풍인지 싶을 정도로 '커피프린스 1호점'으로 나름(?) 유명해진 우리는 홍대 음악 팬들에게 서서히 반감을 사기 시작했다. 아주 일부였지만, 그래도 그것으로 인한 상처는 꽤 오래 우리를 괴롭혔던 것 같다. 크게 잘못한 일이 없이 부당하게 받는 미움을 극복하기란 쉽지 않다. 그것이 개인이건 회사이건 간에.
쿨하지 못한 기집애 같은 음악만 주로 하는 곳.
여신 마케팅으로 돈이나 벌려는 홍대 상업화의 주범.
모두들 '파스텔뮤직=홍대 여신이 있는 곳'으로만 바라보는 것 같았달까.
무엇보다 세 사람이 폄하되는 일은 가장 견디기 어려운 일이었다. 가장 유명세를 탔던 요조의 경우는 말할 것도 없이 매번 그런 일로 사람들의 입방아에 오르내리는 일이 잦았다. 그건 사람들이 종종 하는 실수, 바로 '성급한 일반화의 오류'에 가까웠다.

당시 파스텔뮤직에는 여성 보컬들이 압도적으로 많았고 남자 뮤지션들에 비해 좀 더 멜로딕하고 스윗한 음악을 하고 있었기 때문에 그런 말들이 일면 맞을 수도 있다. 심지어 그 일로 나이 어린 음악팬에게 따지듯

묻기도 했고, 아무도 신경 쓰지 않은 공간에 남겨진 악플에 직원들 모두가 상처받는 일이 종종 일어났다. 이를테면 센 음악을 하고 쿨한 음악을 하는 R모 레이블이나 B모 레이블은 멋있는데 파스텔뮤직은 그렇지 않다는 식이었다.
아마 시대를 읽어내지 못한 탓이었으리라. 인터넷이 발달하고 매체가 발달하면서 사람들은 할 말이 많아지기 시작했다. 물론 말할 곳이 많아졌기 때문일 것이다. 트위터, 페이스북, 미니홈피, 블로그, 미투데이 등 여전히 우리는 마음의 소리를 끊임없이 내뱉어야만 살아 있다고 느끼게 된 것 같다. 그 안에서 나오는 말 한마디 한마디에 의미를 부여하기 시작한다면 끝도 없을 거다. 뭐, 레이블 초기부터 듣기 좋은 소리만 듣다가 골이 난 것일 수도 있다. 그런 의미 없는 마음의 소리들에 휘청거릴 때도 있었지만 다행히 그 위험한 생각은 시간이 지나면서 조금씩 사그라졌다.

하지만 우리에게도 할 말은 있다. 우리는 국내에서 과거의 영광을 다시 재현해줄 푸른새벽이나 속옷밴드와 같은 밴드를 찾기 위해 끊임없이 노력하고 있었다. 하지만 좋은 밴드는 찾는다고 어딘가에서 떡하니 나타나는 게 아니다. 때문에 그와 동시에 오랫동안 해외에서 국내로 라이선스해온 팝 음악에 공을 들이고 있었다. 그런 음악들이 바로 World's End Girlfriend, MONO, 공기공단, 올라퍼 아르날즈 등의 주옥같은 음반이었다.

이 아름다운 음반은 음악을 즐기기만 한다면 빠져들 수밖에 없는 훌륭한 음반이었지만 2007년을 전후로 국내 음반 시장에서 팝 음악의 비중은 급속도로 작아지고 있었고, 국내 로컬 중심의 음반 시장이 압도적으로 커지고 있었다. 장기하나 요조를 중심으로 한 일련의 아이콘의 등장으로 로컬 시장에 대한 확장이 본격적으로 이루어지면서 팝 음반에 대한 관심과 판매도는 급격히 하락하고 있었다. 그리고 그 영향은 지금까지 계속되고 있다.

이것은 딱히 무언가가 잘못되었다곤 말하기가 뭐하지만, 어떤 한구석은 텅 비어버린 셈이 된 것이다. 한 번 균형을 잃자 팝 음악에 대한 사람들의 관심은 하루가 다르게 곤두박질치고 있었다. 한쪽(국내의 로컬 음반)이 잘된다고 해서 아무런 고민도 없을 순 없기 때문에 팝 음악에 대한 내부의 고민은 이후로도 꽤 오래 계속되었다.

World's End Girlfriend _공기인형 O.S.T (2010년 04월)

일본의 포스트록 · 모던 컴포지션 아티스트, 카즈히코 마에다의 원맨 프로젝트 밴드 'World's End Girlfriend'(이하 WEG)의 사운드트랙 앨범이다. 영화는 감독 고레에다 히로카즈와 배우 배두나의 만남으로 화제가 되었다. 감독 고레에다 히로카즈는 WEG의 전작 [Hurtbreak Wonderland]를 감상한 직후 바로 영화 음악을 부탁했다고 한다. 고레에다 히로카즈 감독은 이 앨범에 대해 이렇게 이야기한다. "오해를 두려워하지 않고 한마디하자면, 영화로 가득 차 있는 이 음악들은 아득한 옛날, 아직 자궁 안에 있었을 때에, 그 태아가 조용하게, 그리고 확실히 새기고 있던 심장이 뛰는 소리와 같이 깊은 영향을 줬습니다. 이번 영화는 이 음악을 통해 비로소 완성될 수 있었습니다."

#3 종로서 VS 마포서

여신님들의 스윗한 노래들처럼 우리의 일상도 스윗하기만 했을까?
내 생애 딱 두 번, 경찰서를 방문한 일이 있었다. 그 사건의 주체는 당연히 내부의 스태프는 아니다. 우리 뮤지션에 연관된 일이었다.
하나는 허밍 어반 스테레오의 종로경찰서 사건.
하나는 요조의 마포경찰서 사건.
유명해지면 유명세를 내야 한다고들 한다. 인터넷이면 인터넷, 주변이라면 주변에서 갖은 몸살을 치르던 이 둘은 그만큼이나 유명해지면서 많은 것을 얻기도 했고 잃기도 했다. 그런 면에서 세상은 공평한 것 같다. 얻은 만큼의 대가를 치른다는 것.

처음 종로서에 방문할 때만 해도 경찰서를 방문하는 것은 처음이었기 때문에 살짝 긴장하고 있었다. 게다가 종로경찰서는 꽤 오래된 건물로 그 자체가 뿜어내는 분위기도 꽤나 묘했다. 들어서는 입구부터 5층에 위치한 여성청소년계까지의 계단을 오르는데 만약 배경음악이 있다면 '모던 판타지'쯤 될까. 도무지 현실감은 없고, 머릿속엔 화가 난 중년의 사내들이 조서를 꾸미려는 경찰을 앞에 두고 으르렁거리며 싸우는 모습과 무서운 표정의 형사에게 혐의를 추궁받는 이미지들. 어려서부터 어른이 될 때까지 드라마가 심어준 영상들이 계속해서 리플레이되고 있었다. 하지만 다행히 TV가 보여준 경찰서의 모습과는 전혀 달랐다.
경찰서 출두의 이유인즉슨, 허밍 어반 스테레오 3집에 수록된 'Baby Love'라는 곡의 가사가 여성부의 심의를 통과하지 못했기 때문이었다.

우리가 종종 기사에서 보는 심의는 방송 심의와 여성부 심의 이 두 가지인데, 방송 심의의 경우는 자체 방송국의 심의를 거쳐 통과하지 못할 경우 자체 방송국 내에서만 방송을 금지하는 것이다. 여성부의 심의는 통과하지 못할 경우 19세 미만에게 판매를 불허하는 것으로 음반 판매 시 청소년에게 판매 금지, 온라인 음원 판매 시에도 성인 아이디로 로그인해야만 음악 듣기가 가능한 경우다. 그날의 경우는 후자로, 가로 3cm, 세로 1cm 정도의 노란색 배경에 검정색 글씨로 '19세 미만 판매 금지'라는 문구가 쓰인 스티커가 붙어야 한다. 그런데 우리가 소홀했던 탓인지, 임가공 업체에서 스티커 부착을 잊었던 탓인지 스티커가 붙어 있지 않은 음반이 적발되었다고 한다. 그것은 청소년보호법에 위촉되니 종로경찰서로 출두해달라는 담당자의 연락이었다. 우리가 백 퍼센트 인정할 수 없는 심의 건으로 또 다시 말썽이 생긴 것이다.

조서를 꾸미려고 앉아있는데 이건 뭔가 이상하다. '무엇을 잘못한 것인가'에 대해서 경관님이 설명하는 것도 버거워하셨고, 우리조차도 그것을 이해하고 조서를 꾸미는 것에 대해 인정하고 받아들이는 과정까지가 여간 힘든 것이 아니었다. 아마 우리는 여성부의 일제 단속 같은 것에 걸린 듯했다. 어쨌건 경관님은 'Baby Love'가 19금스럽건 19금스럽지 않건, 청소년보호법에 의해 '19세 이하 판매 금지' 스티커를 꼭 붙여만 하기 때문에 우리가 이렇게 모여 있는 것이라고 했다. 그나마 친절했던 경관님 말씀에 따라 모든 것을 아주 상세하게 묘사하기 시작한다.

육하원칙과 사실만을 말해야 하는 조서에 우리의 설명은 잘 어울리지 않는 조합이지만, 어쨌건 긴장도 풀리고 재발 방지에 대한 약속을 한 후에야 종로경찰서에서의 일과가 끝이 났다.

그날 휴대폰 너머 비염 섞인 허밍 어반 스테레오 이지린의 웃음소리가 끊이지 않았다.
"아니, 이런! 내 노래 때문에 경찰서까지 갔단 말이야? 그것도 다른 곡 다 놔두고 귀엽기만 한 'Baby Love' 때문에? 오 마이 갓!"
'배 나왔어요 임신했나 봐'라는 말을 방송이나 음반을 통해서 들으면 청소년에게 무척이나 유해하다고 생각들 하셨던 모양이지 하고 그냥 넘기기엔 억울하기만 한 기억. 하지만 시간이 흐르고 나니, 그마저도 재밌는 추억으로 남았다.

두 번째 마포서 방문기는 조금 수월했다. 왜냐면 지난 번 종로서에서 한 번 경험했기 때문에 긴장감도 덜했고 경찰서가 그저 무서운 곳이 아니란 걸 알았기 때문이다. 그리고 이번은 우리가 사건을 의뢰하는 입장이 되었으므로 사안이 좀 달랐다.
당시는 '홍대 여신'의 아이콘으로 요조의 인기가 나날이 상승하고 있을 때였다. 실시간 검색 순위는 물론 TV에도 얼굴을 내비치는, 참으로 '핫'하고 '힙'한 나날이었다. 하지만 그녀를 다루는 기사에서 좋은 소리는 나오지 않았다. 기사 밑에 달린 수많은 댓글은 우리 뮤지션으로서는 처음

받아보는 관심이었다. 그런데 악플만을 기억하게 되는 건 뭘까. 그래도 악플 정도는 참고 넘어갈 수도 있었다. 그것보다는 조금 더 악질적인 사안으로 사이버수사대에 수사를 요청하게 된 것이었다. 인터넷 상에 요조를 빙자한 P2P 업체가 임의로 합성된 사진을 올리고 다녔기 때문이었는데 그들은 프로였다. 요조의 글씨체까지 흉내 낼 정도로 그녀에 대한 관심이 집요하고 남달랐던 것.

마포경찰서에서도 우리는 신기한 사람 취급을 받았다. '요조'라는 이름을 듣고는 '이건 뭐 먹는 건가' 하는 표정의 경관님. 조서를 꾸미기 위해서는 일련의 홍대 인디 음악에 대한 설명과 이 사람의 이력을 알게 하기까지의 과정을 거친 후에 비로소 조서를 꾸밀 수 있었다. 뭐, 이후에 결과가 시원하게 나오기를 기대했던 것은 아니었다. 그 당시만 해도 실명제가 이루어지지 않는 사이트가 많았던 터라, 인터넷에서 이루어지는 이런 일들은 범인을 색출하기가 수월치 않다는 이야기를 이미 들었기 때문이다.

옆에서는 아이디를 도용 당한 대학생 하나가 울부짖듯 소리치고 있었고, 우리는 우리를 신기한 눈으로 바라보는 경관님들 사이에서 이런 저런 이야기를 풀어놓고 있었다. 그렇게 마포서에서의 하루가 지났다.

성격만큼이나 요조는 그 일에도 매우 덤덤했다.

"해결 잘됐어요?"

"응. 합성 사진이야 다 사라졌는데 범인은 잡을 수 있을지 모르겠다."

"아, 다행이다."

"화 안 나?"

"응, 그냥 뭐… 괜찮아요. 며칠 전만 해도 잠도 잘 못 잤는데…."

비분강개하며 '그놈들을 잡아 물어뜯자' 내지는 '색출하자'라는 말도 한 마디 없었다. 그녀에게 찾아든 어느 날의 사건 이후로, 웬만한 일에는 거의 무덤덤해져버린 수많은 나날 중 하루였기 때문일까.

그렇게 요란했던 2008년부터 2009년의 시간들이 흐르고 있었다.
시끌벅적, 하루도 조용할 날이 없었던 서교동 한 모퉁이의 사무실.

♬ 추천곡

꿈에선 놀아줘 루싸이트 토끼 (Twinkle Twinkle, 2007)
고양이 편지 캐스커 (Tender, 2010)
Hear Song 파니핑크 (7 Moments(세상의 어쩔 수 없는 일곱 가지), 2010)

Track 06

이 별 의 순 간 들

우리는 이미 주성인 '시리우스A'가 아닌, 홍대뿐 아니라 대한민국 전역에서 반짝이고 있었지만 눈으로는 보이지도 않는 '시리우스B'와 같은 연약한 별들이 성공하기를 그토록 원했던 것인지도 모른다. 하지만 그들은 누군가와 경쟁을 하고 있었던 것이 아니라 음악을 하고 있었던 것이다. 적당한 때에 나와 시리우스B와 같은 음악을 했고, 마침내 그 빛을 다해 소멸하였다.

#1 시간이 지나도 익숙해지지 않는 것

수많은 뮤지션들과 계속 함께할 순 없다.
실제로도 계약의 종료, 해체 등으로 많은 사람들과 이별을 겪었다. 우리가 주고받는 언어가 같은 한국말이라 할지라도 다른 의미들로 해석될 때도 있고, 원하는 것만큼 성취되지 않을 때는 이곳을 떠나 다른 곳으로 나아가야 함이 마땅할 것이다.
이는 종종 겪는 일이지만 아직도 우리에게 꽤나 민감하면서도 마음 아픈 이야기일 때가 더 많다. 그것을 음악 팬들이 멀리에서나마 감지할 뿐이지만 이제 꺼내보려고 한다. 그래야 그 빈자리에 새로운 사람이 들어오고 또 다른 파스텔의 10년을 향해 달려갈 수 있을 테니까.

한국에서 밴드 혹은 뮤지션으로 살아간다는 일은 쉽지만은 않은 일이다. '슈퍼스타 K'를 필두로 한 수많은 오디션 프로그램의 성황으로 인해 음악인 혹은 엔터테이너로서의 길이 멀지 않은 것처럼 느껴질지도 모른다. 하지만 직업 혹은 생계를 꾸리면서 음악인으로 살아갈 수 있는 사람은 그리 많지 않다. 뮤지션이 음악이라는 콘텐츠로 돈을 벌 수 있는 시스템은 누군가에 의해서 정리가 끝나버린 것처럼 보인다. 잔인하지만 이 말은 경쟁에서 살아남아 선택받은 몇몇이 되지 않는 한 음악인으로 살아가는 것이 언젠가 끝난다는 뜻이다. 우리도 이런 사실을 깨닫게 된 지 그리 오래 되지 않았다. 그들이 우리의 영혼에게 불어넣은 숨결을 기억한다면 레이블 종사자로서 혹은 한 사람의 소비자로서 해볼 생각이 많아 보인다.

모든 만남에는 유효기간이 있다는 사실을 깨닫기 시작한 것은 레이블 일을 시작한 지 4, 5년 정도의 시간이 흐른 후였다. 같을 수 없는 마음은 늘 이별을 남긴다. 그것이 죽음이 가져다주는 종류의 영원한 이별이 아님을 알면서도 우리는 늘 우울한 기분을 느끼곤 했다. 누군가는 음악을 그만두고 자기 갈 길로 걸어갔고 누군가는 다른 둥지로 날아가기도 했다. 몇몇의 경우는 새로운 회사를 찾지 않고 홀로 서기를 원해 독립했고 대표적인 뮤지션이었던 티어라이너와 타루는 다른 소속사로 이적했다.

그렇다. 우리보다 더 좋은 울타리를 가진 곳으로 떠나가는 것은 그나마 나은 일이었다. 미스티 블루와 재주소년의 연이은 해체가 두고두고 마음에 남는 것을 보면….

#2 굿바이, 미스티 블루

미스티 블루는 초창기 파스텔뮤직과 인연을 맺고 정규 앨범을 발매하기도 하고, 풋내기 시절의 떨리는 손으로 마이크를 잡고 첫 라이브를 가진 늦깎이 밴드의 전형이었다. 이들의 첫 모습은 우리와 많이 닮아 있었다. 조금은 서툴지만, 그렇다고 어린 나이에 "나는 음악할 거야!"라고 철없이 달려든 것도 아니었다. 이미 알 거 다 안 나이에 조심스레 내딛은 발걸음이 종종 머쓱하기도 하고 쑥스럽기도 한. 하지만 이것이 오롯이 전부가 된, 그렇지만 그게 어느 때엔 잘될 것 같다가도 그렇지 않은 순간들도 있었다.

우리는 이미 주성인 '시리우스A'가 아닌, 홍대뿐 아니라 대한민국 전역에서 반짝이고 있었지만 눈으로는 보이지도 않는 '시리우스B'와 같은 연약한 별들이 성공하기를 그토록 원했던 것인지도 모른다. 하지만 그들은 누군가와 경쟁을 하고 있었던 것이 아니라 음악을 하고 있었던 것이다. 적당한 때에 나와 시리우스B와 같은 음악을 했고, 마침내 그 빛을 다해 소멸하였다. 비록 모든 대중이 미스티 블루의 언어에 공감한 건 아니지만, 그럼에도 오래오래 공감하는 사람들이 나타나고 있다는 것만으로도 그들은 그들의 소명을 다한 것인지도 모르겠다. 그리고 미스티 블루의 두 사람이 남긴 굿바이 멘트는 여전히 우리의 마음을 아프게 한다.

2002년 미스티 블루를 결성하고 합주를 하고
곡을 만들고 데모 녹음을 하고
정규 앨범을 발매하고 계절연작 앨범을 발매한 지금에 이르기까지
미스티 블루는 저의 소중한 청춘의 나날들이자
그 무엇보다도 우선순위의 가치를 가진 존재였습니다.
지금 이 글을 쓰는 순간에도 여러 가지 추억들과 기억들이
머릿속을 헤집고 다닙니다.
이렇듯 저 개인에게도 가장 큰 의미를 가졌던
미스티 블루의 해체 결정은 쉽지 않았음에도
'그렇게 해야겠다, 그런 때가 되었구나' 하는 시기가
어느 날 갑작스럽지만 어색하지 않게 찾아오더군요.
최근에 완성된 계절 연작 앨범 [Sentimental] 시리즈를
기획할 당시부터 마지막임을 염두에 두고 있었고요.
'마지막이다' 라는 생각으로 계절마다 앨범을 낼 수 있었고
그 안에 미스티 블루의 감성을 아낌없이 쏟아 부을 수 있었습니다.
개인으로의 '정은수'보다
미스티 블루의 순수한 보컬 '정은수'로 살아온 날들이 있어서,
미스티 블루의 언어를 함께 공감하고
위로받은 여러분들이 있어서 즐거웠어요.
저희들은 또 각자만의 언어를 가지고
다시 이야기를 풀어놓고 공감할 날을 기대합니다.
그때까지 잘 지내기로 해요.

-정은수

솔직하게 말하자면 '내가 이 짓을 괜히 했구나'라는 생각을
'아, 정말 즐겁다'라는 생각보다 수만 번은 더한 것 같습니다.
끊지 못하는 술 담배처럼,
오래되어 상해버렸지만 헤어지지 못하는 연인처럼
중독으로, 미련으로, 오기로 지탱해왔습니다.
하지만 그 가끔의 즐거움은 '이 짓'을 겪어보지 못한 사람은
알 수 없는 정말 커다란 것이었고
오랜 공백에도 미스티 블루를 잊지 않고 계시는 분들 또한
커다란 버팀목이었습니다.
무엇보다, 장난처럼 시작한 음악을 세상에서 가장 아름다운 목소리의
앨범으로 만들어준 은수에게 커다란 감사를.
당신이 없었다면 내 평생의 소원이던 앨범 발매는
철없던 시절의 허황된 꿈으로만 남아있었겠지.
인간관계 좁은 내가 널 만난 건 커다란 행운.
(새로운 출발의 시작점에 너무 진부하고 구태의연한 문장들.
그러니까 이런 글은 당신만 대표로 쓰라고 했잖아.)
파스텔뮤직. 수익에 도움이 안 돼서 미안해요.
부모님. 집에 돈 못 가져다 드려서 미안해요.
친구들. 술 못 사줘서 미안해요.
강아지, 고양이, Y, 없는 돈에 매일 술 마시고 다녀서 미안해요.
인간관계가 좁아서 앨범에 Thanks to도 못 채워 넣는 인간이지만
모두들 그동안 너무 감사했어요!

-최경훈

#3 안녕, 재주소년

초등학교 6학년 2학기, 전학 왔던 신도시의 학교. 작은 교실 맨 뒷자리의 소년들은 2002년 유재하 음악경연대회에 나가기도 하고, 2003년에는 앨범을 발표하기도 한다.
단 두 대의 기타를 가지고 이렇게 걸어온 소년은 3집을 발표하고 나란히 군에 입대한다. 어느새 서른의 문턱에 가까워졌다는 사실이 놀랍다. 여전히 사람들은 그들에게 풋풋함이 묻어난다며 소년들을 좋아해준다. 그들과의 이별은 시간이 지나도 익숙해지지 않는 어떤 것이었다. 그리고 어쩐지 지난 것들을 이제 그만 꺼내둬야 할 것 같다.

재주소년은 델리스파이스의 리더인 김민규(Sweetpea)가 세운 레이블, 문라이즈의 대표 뮤지션이었다. 제주도에 있는 대학에 갓 입학한 이들은 초등학교 때부터 성인이 될 때까지 함께 음악을 만들었다. 자기들의 음악을 누군가에게 들려주리라는 생각도 하지 못한 때였지만, 문라이즈는 그들을 알아차린다.
2003년 첫 앨범을 발표하게 된 이들은 이후 세 장의 앨범을 발표하고 군대에 갔다. 그동안 문라이즈와 파스텔뮤직의 만남은 자연스럽게 이들을 파스텔의 새 식구로 맞이하게 만들었고, 그들이 제대를 앞두고 두어 번 휴가를 나온 사이 우리는 식구가 되었다.
술을 먹어야만 제대로 웃겨주고 농구를 잘하는 상봉, 술 따위와는 거리가 먼 스마트하고 훈훈한 경환. 숨고르기격인 [마지막 춤은 나와 함께]라는 EP를 발표하고 공연 등으로 활동을 시작한 이들에게 남은 시간이 그리 많았던 것은 아니었다.
군대에서 제대한 재주소년과의 만남도 비슷했다. 앨범을 세 장씩이나 낸 이들이었지만 이들은 여전히 서성거리고 있었다. 아직 머리가 다 자라지 않은 소년들은 사회에 나와 다시 음악을 하게 되면서 더 이상 자신들이 소년일 수 없음을 깨달았다고 한다. 이들은 소년으로서의 마지막 앨범임을 애초부터 정해두고 작업을 시작한다. 그들을 있게 한 제주도로 가서 카메라와 캠코더를 들고 여러 콘셉트에 맞춰 사진을 찍고 찍힌다. 그리고 거기서 만난 아이들에게 영감을 받아 만든 앨범의 제목을 [유년에게]로 정한다.

2010년 11월 27일 광장동, 멜론 악스홀의 무대.
그 무대는 하나의 상황극에 가까웠는데 지난 그들의 시간이 모두 녹아 있는 공연이었다. 대학에 들어가 군대에 가고, 경환이 상봉에게 면회를 가기도 하고 공연을 하기도 하며, 서로 떨어져 있는 시간에는 메신저를 이용해서 서로가 만든 것을 주고받는다.
그랬던 소년들이 이제 각자의 길을 걷게 되었다.

안녕하세요. 재주소년 박경환입니다.
해 질 무렵 노을이 아름다운 커다란 무대에서 두 대의 기타로 연주할 수 있는 날이 온다면 멋질 것 같다는 생각을 해왔었는데 지난 토요일 GMF에서 가졌던 공연이 그러했던 듯합니다.

옛날 얘기를 좀 할까 해요.
그러니까, 2002년 11월 27일에는 14회 유재하 음악경연대회가 있었고, 2003년 11월 27일에는 재주소년 1집이 발매되었습니다. 덕분에 2002년 가을은 예선, 본선 치른다고 제주공항과 서울을 오가며 분주했던 것 같고, 2003년 가을에는 데뷔앨범이 세상에 나오기 전 동네 산책하며 계속 들어보고 트랙 순서 짜느라 분주했던 기억이 나네요. 앨범이 나오던 그날, 저는 신촌의 모퉁이 음악사에서 CD를 샀고 시린 손으로 CD플레이어에 앨범을 끼워 넣은 채 한참을 걸어 다니며 들었습니다. 입김이 나오던 초겨울 신촌에서.
이제는 시간이 흘러 마치 약속이라도 한 것처럼 2010년 11월 27일 '소년소녀를 만나다 part 5 비밀의 방' 공연이 열립니다. 그리고 이제 꺼내야만 하는 이야기가 있는데 어떻게 시작해야 좋을지 모르겠네요. 누군가에게는 갑작스러울 수도, 별 거 아닐 수도 있는 소식.

그동안 여러분께서 많이 사랑해주셨고 아껴주셨던 듀오 재주소년은
이번 4집 앨범 [유년에게]를 마지막으로 활동을 마무리하게 됩니다.

초등학교 6학년 2학기가 되어 전학 왔던 신도시의 작은 학교, 작은 교실 맨 뒷자리에 앉아있던 상봉이와 이렇게 오랫동안 함께 음악을 만들고, 발표하고, 무대에 서게 될 줄은 정말 상상하지 못했습니다. 저희 스스로도

알지 못했던 풋풋함, 소년적인 어떤 매력이 재주소년의 음악 이곳저곳에 묻어 있다는 것도 사실 저희는 잘 모른 채 지내왔고요.
주변에서는 이제부터 프로페셔널하게 둘이서 한번 잘해보라고도 말합니다. 대중들이 너희에게 기대하는 무언가를 읽어낼 필요도 있다고. 그러나 사실 저희 둘에게 있어 재주소년은 애초부터 그런 것이 아니었다는 생각이 듭니다. 다시 말해, 이 팀을 평범한 방식으로 진행시킬 수는 없겠다는 예감을 저희는 오래 전부터 해왔던 것 같습니다. 만든 노래를 서로에게 들려주고, 파트를 나눠 부르고, 기타를 연주하고, 테이프에 녹음했던. 그렇게 쌓인 시간과 음악이 유년의 작은 방에 담겨 있고, 이후에는 언제나 그곳에서 하나씩 꺼내 재주소년을 이어가는 느낌이었으니까요. 꺼내다 보면 꺼내지 말았어야 했던 것들도 보게 되고, 이제 그만 꺼내야 할 때가 온 것 같다는 생각도 하게 됩니다.

'어차피 평생 해나갈 음악이라면 좋은 시기에 서로 홀로서기를 시도하자. 재주소년으로 발표해야만 하는 음악들이 생겨났을 때, 재주소년의 행보는 다시 생각해보자.' 저희 둘은 이미 2005년 두 번째 앨범을 발표한 이후부터 줄곧 이런 이야기를 해왔습니다. 그리고 오랜 회의 끝에 결론 내린 시기는 올해 겨울입니다.

-박경환

오랜만에 풀 버전 인사 올리겠습니다.
재주소년에서 없으면 섭섭한 존재, 차세대 감성트롯의 선두주자, 짝사랑 전문 작곡가, 재주소년의 기타리스트 유상봉입니다.
초등학교 6학년 때 사촌 형이 기타 치는 모습을 보고 무작정 통기타를 구입하게 되었습니다.
중학교 2학년 때 'Now and Forever'를 겨우 완주할 수 있게 되었고, 3학년 때 친구들을 꼬여서 밴드를 만들었습니다(그때 경환의 포지션은 드럼이었으나 드럼이 없어서 보컬로 전향).
고등학교 때 스쿨밴드 오디션 탈락 후 기숙사 학교를 다니던 경환이와 주말마다 만나서 노래를 만들기 시작했습니다.
'소속가수에는 박경환, 프로듀서에는 유상봉'이라는 모토 아래 뮤지션의 길을 걸어보자고 다짐한 지 얼마 되지 않은 스무 살, 우리는 재주소년이 되었습니다. 어느새 무대에 서 있더군요. 방구석에서 경환이가 부를 노래를 만들고 경환이를 웃길 코믹송을 만들던 제가 전 지금도 가끔 생소합니다. 덕분에 많은 사람들을 만나고 많은 추억을 만든 것 같습니다.

어쨌거나 본론은 '재주소년이 각자의 길을 간다'는 얘길 해야 하는 상황인데, 뭐 송구스럽지만 저희끼리는 오랫동안 신중하게 내린 결정이라고 생각을 합니다. 물론 너무나 아쉽고 저희를 아끼는 주변 사람들이나 저희 음악을 좋아해주시는 여러분들께 죄송하지만 언제나 그랬듯 저는 별 거 아니라고 생각하고 싶어요.
오히려 기대가 되네요. 경환이가 무대에서 노래를 부르고 저는 뒤편에서 지켜보는 거죠. 팔짱끼고. 그리고 저도 뭔가 해야죠. 오랫동안 미뤄왔던 새로운 꿈들을 펼쳐보고 싶습니다. 구체적인 계획은 없지만 생각만으로도 설레네요.

"너 커서 뭐될래?" 소리 참 많이도 들었지만 재주소년 했잖아요. 또 뭔가 하겠죠. 조금 거창하지만 우리가 만든 노래들과 함께한 시간들이 이 모든 아쉬움을 달래주고 앞으로의 길을 응원해줄 거라 믿습니다. 언젠가, 또다시, 불현듯, 머지않아 함께 무대에서 노래 부를 날도 오겠죠. 저는 뭐 '지났을 줄이야'랑 기타 오브리만 살포시 얹어주면 되는 거라 어렵지 않습니다.

아, 그리고 아직 대망의 '소년, 소녀를 만나다'가 남아 있네요?

-유상봉

#4 헤어진 뒤에 남는 것들

이렇게 2010년 한 해에만 두 팀이 해체하고 나니, 그해 여름부터 겨울까지 우리는 꽤나 무거운 기분에서 헤어 나오지 못했다. 첫 만남의 강렬함만큼이나 이별의 마지막은 늘 진하고 오래 남는다. 레이블과 뮤지션과의 관계만을 이야기하는 것이 아니라 그 어떤 관계에서든 말이다. 하지만 머리가 굵은 우리로선 이 모든 감정을 솔직히 끄집어낼 수 없었다. 다들 서른을 향해 달려가거나 이미 훌쩍 넘어버린 성인들이 아이처럼 펑펑 울 수도 없고 해체나 헤어짐에 대한 이야기를 꺼내는 것이 남은 사람들에게 무거움을 전이시키는 일이 될 것 같아 조용하고도 조용하게 시간을 보냈다. 누구도 꺼내놓지는 못하지만 먹먹한 마음을 가슴에 담아둔 채로 말이다. 그러다 파니핑크의 재목이 솔직하게 던진 말에 다들 머리를 얻어맞은 것처럼 숨겨뒀던 감정을 인지하기 시작했던 것이다.

"전 어젯밤 너무 울었어요.
이게 다른 사람의 일인 것만 같지는 않아요.
마음이 먹먹한 게 슬프네요."

한참을 달리다 뒤돌아본 후에야 느낀 것은 누군가는 함께이지만 누군가는 함께하지 못한다는 사실. 아무리 헉헉거리고 두리번거려봐야 누군가는 떠났다. 그가 떠난 자리에 남은 온갖 감정을 하나하나 헤아리고 명명하기에는 이미 늦었다. 닫힌 문 앞에 서서 멍하니 지난 시간을 곱씹는 것만으로 상황이 바뀌진 않으니까.

하지만 그들이 떠나기 전에 문틈으로 밀어 넣은 다짐과 이야기들을 기억하고 싶다. 그들과 나누고 싶었던 희망은 처음이나 지금이나 변함이 없을 것이기 때문이다.

우리와 함께했던 많은 뮤지션과 음악들.
생의 청춘을 불태웠던 당신의 영혼에게 고개 숙여 감사의 말을 전한다.
그리고 또 다른 10년을 향해가는 우리의 두 번째 이야기가 뒤이어 기다리고 있다.

♬ **추천곡**

여름궁전 미스티 블루 (Cracker, 2006)
머물러줘 재주소년 (유년에게, 2010)

Track 07

오픈엔디드 판타지

무책임하게 들릴 수 있겠지만, 우리는 우리가 재밌어하는 것을 해오고 있다. '정말 재밌었던 것일까?' 스스로 물었을 때, 재미없었으면 결단코 하지 못했을 일들이 너무도 많다. 지금 내가 내딛는 발걸음이 재미없게 느껴진다면 그대로 주저앉아 시간이 비켜가길 기다리면 된다. 그러다가 다시 걷는 게 재밌어질 때쯤 자리를 털고 일어나 내 길을 걸어가면, 그러면 된다. 그 끝에 도달하기까지 우리는 많은 시간 돌아갔다가, 쉬었다가, 일어서 다시 걷길 반복할 것이다.

#1 새로운 둥지를 틀다

무거웠던 2010년이 지나고, 2011년 우리는 좀 더 넓고 독립적인 공간으로 이사를 하게 되었다. 사무실 임대 기간도 끝났을 뿐더러, 이전보다 쾌적한 공간에서 새롭게 시작해보자는 의미였다. 새로운 곳으로 옮겨가면 왠지 지금보다 뭔가 나아질 것만 같은 기분. 늘 어딘가로 옮겨가는 것이 변화를 의미하는 것은 아니지만 왠지 그래야 할 것 같았다. 파스텔뮤직의 10년을 돌이켜봤을 때 사무실을 옮기는 시점은 변화의 시점이기도 했고, 실제로도 많은 변화들이 찾아왔었다.

오롯이 우리만의 공간을 갖고 둥지를 틀기까지의 과정은 마냥 쉽지만은 않았다. 30여 년이라는 세월의 풍파를 고스란히 안고 있는 단독주택은 말이 리노베이션이지 새로운 건물을 짓는 것보다 더 복잡하고 어려운 과정을 거쳐야 했다. 원래의 것이 가진 특유의 멋스러움을 해치지 않고 낡아서 삐걱거리는 곳을 세련되게 손본다는 것이 생각보다 많은 시간을 필요로 하는 작업임을 뼈저리게 느꼈다. 입주해야 하는 날은 다가오는데 공사는 늦어지고, 결국 한쪽에서는 공사를 하고 한쪽에서는 마스크를 쓰고 먼지를 뒤집어쓰며 업무를 보는 진풍경이 펼쳐졌다. 새로운 둥지로의 날갯짓이 새롭게 변화해야 한다는 의지의 반영이라면 시작부터가 순탄치 않았던 셈이다.

사방에 날리는 먼지, 신경을 곤두서게 만드는 소음과의 한바탕 소동이 지나고 공사가 마무리되는 동안 이전의 사무실에서 새로운 사무실로 하나씩 하나씩 짐을 옮겨 나르기 시작했다. 하지만 이전의 사무실을 채우고 있던 모든 것들을 새로운 사무실로 가져갈 수는 없었다. 그리하여 버려야 할 것과 계속 가지고 있어야 할 것을 분류하기 시작했다. 쓰레기통과 상자 사이는 가깝고 버릴 것과 간직할 것의 분류 기준은 종이 한 장 차이다. 그렇게 분주히 오가던 차에도 순간순간 우리를 멈칫하게 만드는 물건이 있었지만 그래도 웬만한 것은 다 버리기로 했다. 사무실 한 켠에 자리 잡고 있었던 애물단지 같은 포스터 뭉치도 그 중 하나였다. 떠나기로 마음먹으니 애지중지 끌어안고 있던 것들이 거추장스럽기 이를 데가 없었다. 다시는 써 먹을 일이 없던 그 포스터 뭉치를, 우리는 무슨 미련이 남아 버릴 수 없었을까. 어떤 마음에서였는지는 몰라도 일단 버리기로 했다. 버리고 난 자리에 남는 것이 아쉬움이든 미련이든, 일단 우리에겐 변화가 필요했다. 묵은 먼지를 털어내고 가벼워져야만 하는 시기였다.

#2 Hurry up! We're Dreaming

사실 우리에게는 새로운 보금자리보다 새로운 무언가가 더 필요한 것 같았다. 이 시대의 음악 듣기는 깃털처럼 가벼워서 눈 깜짝할 사이에 변화가 이루어지니까. 그 속도를 가늠할 수 없기에 대중들의 감성과 음악을 대하는 태도는 누구도 예상치 못한 방향으로 끊임없이 흘러간다. 우리도 그 속에서 좌초되는 건 아닌지, 변화에 적응하지 못하고 잊히진 않을지 걱정되기 시작했다. 우리는 레이블로서 대중들의 변화를 단순한 싫증으로 받아들일 수만은 없었다. 고민은 깊어져갔고 이는 지금까지도 계속되고 있다.
하지만 그 고민이 우리는 음악으로 세상을 바꿔보겠다거나 불합리한 음악 시장의 시스템을 뒤집어놓으려는 거대한 포부에서 시작된 건 아니었다. 변화해야만 한다는 강박에 사로잡혀 우리가 잘해왔고 잘할 수 있는 것조차 제대로 못하고 있다면 그것은 발전이 아니라 퇴보일 테니까. 우리가 잘할 수 있는 것은 뮤지션과 음악, 그리고 그를 사랑하는 사람들과 같은 눈높이에서 같은 방향을 바라보며 애정 어린 마음으로 묵묵히 응원하는 것뿐이다. 사람에 따라선 별 거 아닌 일일 수 있겠지만, 그 '별 거 아닌 일'을 우리는 10년 동안 해왔다. 10년이면 강산이 변한다는, 빤히 다 아는 이야기를 굳이 하지 않더라도 우린 이 분야에서 잘해왔다고 스스로 이야기하고 다독일 수 있지 않은가.

누구나 각자의 시간을 걷고 있고, 우리 또한 그렇다. 하지만 어느 누구도 지금 당장은 내가 걷는 이 길의 끝에 원하는 것이 있는지 확신하지 못한다. 더군다나 그것이 누구도 걷지 않은 길이면 더더욱 그렇다. 어제 걸어온 길이 목표와는 이만큼 빗나간 행보였다면 오늘 그만큼의 행보를 만회하기 위해 걸어야 한다.

그렇게 10년이라는, 짧다면 짧고 길다면 긴 시간을 걸어오면서 무릎 꺾여 넘어질 때마다 처음 그때를 돌이켜본다. 그때의 우리는 아무것도 가진 게 없었고 그렇기에 더 이상 물러설 곳도 없었다. 그렇다고 뚜렷한 목표를 가지고 힘차게 달려 나갈 힘이나 열정이 있었던 것도 아니다. 이렇다 할 포부도 없었던, 너무도 평범하고 서툰 사람들. 당장 펼쳐질 내일에 대해 어떠한 계획도 생각해보지 않고 오로지 천부적인 낙천성 하나만으로 밀고 나갔던 무모함. '대책 없다'는 말이 딱 어울렸다. 애초부터 욕심이 없었으니 발밑에 떨어진 자두 한 알에도 기뻐하고 만족할 수 있었던 것이다. 더불어 그 시간을 버티게 만든 것은 사람들과의 인연이었음을 이제와 절실히 느낀다. 의식한 적은 없지만 그래도 함께였기에 그 모든 게 가능했다.

돌이켜봤을 때 파스텔뮤직의 행보가 순탄치만은 않았고 수많은 갈림길에서 방황하다 끝끝내 여기까지 온 것 같다. 무책임하게 들릴 수 있겠지만, 우리는 우리가 재밌어하는 것을 해오고 있다. '정말 재밌었던 것일까?' 스스로 물었을 때, 재미없었으면 결단코 하지 못했을 일들이 너무도 많다. 지금 내가 내딛는 발걸음이 재미없게 느껴진다면 그대로 주저앉아 시간이 비켜가길 기다리면 된다. 그러다가 다시 걷는 게 재밌어질 때쯤 자리를 털고 일어나 내 길을 걸어가면, 그러면 된다. 그 끝에 도달하기까지 우리는 많은 시간 돌아갔다가, 쉬었다가, 일어서 다시 걷길 반복할 것이다.

♬ **추천곡**

The Great Escape Patrick Watson (Close to Paradise, 2009)
Nothing like a Song Azure Ray (Hold on Love, 2008)
Find 박준혁 (Private Echo, 2008)

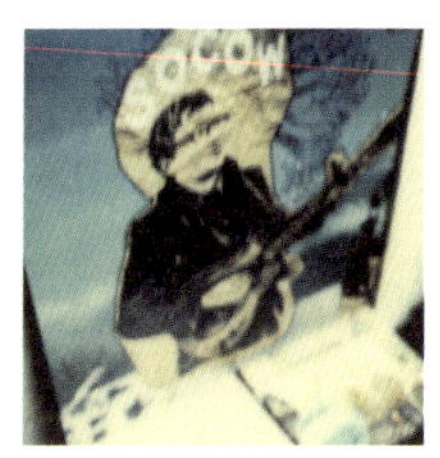

by 우리는 속옷도 생겼고 여자도 늘었다네
by 박경환
by 캐스커
by 에피톤 프로젝트
by 파니핑크
by 타루
by 소규모 아카시아 밴드
by 짙은
by 희영
by Lucia

DISC 2

가까이, 읊조리는 나의 노래

파스텔뮤직의 뮤지션
그들이 들려주는, 그렇고 그런 얘기

술자리로의 초대

우리가 연주하는 것 중 우리가 의도한 것과 의도하지 않은 것,
의도대로 되지 않은 것과 아무 의도 없이 만든 것들은 어떻게 어떤 의미를 가지고
섞여 있는 것일까. 이 모든 것들이 뒤섞여 결국 무슨 짓을 하고 있는 것일까.
우리가 전하려는 메시지 같은 게 있는지나 모르겠다.
아마 멤버들 각자가 서로 다 다른 생각을 가지고 있을 것이다.
그러나 다섯이서 고개를 숙이고 연주를 시작하면
하나의 메시지는 하나의 무의식을 통과하여 하나의 우연을 만들고
결국은 하나의 경험을 만들어 놓는다. 속옷밴드의 음악과 무대는 의식과 무의식,
의도와 우연 사이에 놓인 이 흐트러진 쾌락을 함께 느끼자는
수줍은 술자리로의 초대일 뿐이다.

♭우리는 속옷도 생겼고 여자도 늘었다네

밴드 이름에 대한 질문에 멤버들끼리 술을 먹고 책을 펼쳐서 지었다는 이야기는 많이 했었다. 이름을 들었을 때 사람들마다 다른 반응을 보였는데 재미있다는 사람도 있었고 변태 같다는 사람도 있었다. 그런데 궁금했던 건 보통 사람들이 속옷밴드의 이름을 처음 들었을 때 느끼는 그런 느낌을 우리 스스로는 받지 않았던 이유가 뭘까 하는 것이었다. 우리는 그냥 좋았다. 합주실 대여할 때 창피해서 밴드 이름으로 예약도 못하면서, 그래도 좋았다. 장엄하고 멋진 밴드 이름을 지을 수도 있었겠지만 그랬다면 왠지 거추장스러운 옷 같은 느낌이었을 것이다. 그렇게 음악 외적인 요소들을 쳐냈을 때 딜레이되는 하모닉스가 스네어에 얹힐 때의 쾌감에 집중할 수 있었다.

속옷밴드를 하기 몇 년 전 현민, 월과 밴드를 하자며 모인 적이 있었다. 그때는 모두가 밴드를 해본 적도 없었고 기타도 제대로 못 칠 때였다. 그렇게 모여서 그냥 무작정 밴드 하나 만들자고 정해버리고는 밴드 이름부터 만들어보자며 떠드는 것만으로도 즐거웠다. 생각나는 단어를 서로 마구 대가며 말도 안 되는 별의별 밴드 이름들을 불러보면서 밤새 미친 듯이 웃기만 했다. 결국 밴드 이름은 결정하지 못했고 그날 이후 서로 연락도 없었고 밴드도 만들어지지 않았다. 서로들 속으로 시답잖은 놈들이라고 욕이나 안 했었는지 모르겠다. 그 후 다시 만났을 때는 아마도 그때의 교훈 때문이었을 거다. 닥치고 책이나 펼치자는 데 금세 동의한 것은 말이다.

모여서 음악을 하자고 했을 때 누구도 어떤 장르의 음악을 하자거나 어떤 밴드의 이름조차 꺼내지 않았다. 그건 여전히 마찬가지다. 우리는 정서를 공유했다. 속옷은 어두웠고 우울했다. 나는 낙천적이고 밝은 사람이었지만 어둠이 빛보다 밝았고 함께 슬퍼질 수 있는 것이 기뻤다. 그리고 우리가 옳다고 생각했다.

2006년 5월에 마지막 공연을 하고 멤버들은 지구 여기저기 흩어져 있었다. 어떻게 하다보니 지완 형만을 남겨놓고 네 명 모두 유학을 떠나게 되었다. 현민은 캐나다로, 윤영은 호주로 음악 공부를 하러 갔고, 월과 나도 미국에서 음악이 아닌 공부를 하게 되었다. 지완 형만 한국에 남아 계속 북을 두들기고 있었다.

컴백 공연에서 밝혔듯이 우리가 공식적으로 해체한 적은 없었다. 하지만 서로 미래를 기약하며 헤어진 것도 아니었다. 그 당시에는 모두가 물리적으로 떨어져야만 하는 상황이었기 때문에 다른 것은 더 이상 생각할 여지가 없었지만 솔직히 다시 밴드 멤버들이 모여 공연을 하게 되는 일은 이제 없을 것이라고 생각했다. 가끔씩 멤버들이 다시 모여 합주를 하고 곡을 만드는 꿈을 꾸었는데 그 꿈이 너무 아련하고 그리워서 가슴 아픈 적이 많았다. 헤어질 시기에는 멤버 간에 음악적인 갈등이 있었던 것도 사실이었고 그 당시에는 그러한 문제들이 해결이 불가능할 만큼 크게 느껴졌다. 하지만 잿빛 세상에 들어와 살아보니 깨닫는다.

우리가 얼마나 행운아들이었는지. 우리는 아무도 추지 않은 춤이었고 사랑보다 진한 술이었다.

2012년 1월, 6년 만에 컴백 공연을 하게 되었고 그동안 각자의 추억 속에서 속옷밴드를 그리워하고 기억해주었던 사람들이 너무도 따뜻하게 맞이해주었다. 속옷밴드를 칭찬하는 소리도 많이 들린다. 농담이겠지만 레전드니 뭐니 하는 이야기도 있다. 우리끼리는 기분 좋은 거품이라고 즐거워하고는 있지만 속옷밴드는 이제 시작이라고 생각한다.

속옷밴드의 앞으로의 행보는 모르겠다. 아마 아무도 모를 것이다. 또 어떤 역사적인 술자리에서 개똥철학이 난무한 음악 논쟁이 이루어질지 그 결론이 어떻게 나올지 또 그 모든 것이 어떻게 표현될지 아무도 모른다. 잔향 속에서 잠이 들지 공명 속에서 춤을 출지 알 수 없다. 이제 인정할 수 있는 것은 '무엇이 좋은 음악인가?'에 대한 대답이 멤버 모두가 다르다는 것이고, 그러나 이제 깨달은 것은 속옷밴드의 순간들은 우리가 의도한 재현이 아니라 우연 속의 경험이라는 것이다.

♭음악으로 소통하기

속옷밴드에 보컬이 없고 가사가 없다는 것이 특징처럼 거론되곤 한다. 그러나 생각해보면 사람들은 수많은 연주 음악을 들으며 지내고 있다. 클래식 음악은 물론이고 수많은 영화 음악들, 카페에서 흘러나오는 재즈, 그리고 클럽에서는 기이한 전자음 소리와 베이스 드럼 소리만 듣고서도 우리는 곧잘 흥분하지 않는가. 속옷밴드가 보컬이 없고 가사가 없다는 것이 주목받는 이유가 무엇일까.

아마도 록 밴드의 형태를 가지고 있기 때문에 특이하게 보였던 것 같다. 처음 속옷밴드가 나왔을 때만 해도 아직 포스트 록 같은 장르가 크게 유행되기 전이기 때문에 더욱 생소했을 것이다.

악기를 연주하는 사람으로서는 이러한 연주곡을 만들고 공연할 수 있다는 것이 큰 행운이고 즐거움이다. 보컬의 노래에 맞춰 스트로크를 하다가 간주의 틈을 타서 조심스레 운지를 짚을 때와는 상상력의 깊이가 다르다. 노래와 가사가 감정을 전달하고 표현하는 것이라면, 이건 감정 그 자체다. 무엇이든 가능할 거 같다. 빠르게 가다가 느리게 가고 멈춰도 보고 고요해졌다가 폭발하고 소리를 비틀고 올리고 내리고 찌그러트리고, 무엇이든 좋다. 무한대의 가능성이다. 심연에 빠져 죽게 될지 수평선을 걷게 될지는 모르지만 발걸음마다 신대륙이고 순간의 기분이 정답이 된다.

한 가지 증언하고 싶은 것은 속옷밴드가 포스트 록이라는 음악을 듣고 이런 음악을 시작한 것은 아니라는 것이다. 우리는 다만 장르를 지향하지 않을 것을 지향하는 정도였다. 그래서 한국의 슈게이징 혹은 포스트 록 밴드라는 호칭이 불편한 게 사실이다. 밴드 불싸조의 한상철에게 앨범 소개글을 부탁할 때도 했던 이야기가 장르 이름, 밴드 이름만 빼고 설명해달라는 것이었으니까. 나중에 '모과이'라는 밴드와 비슷하단 얘기를 듣고도 일부러 안 들었던 친구들이다.

처음 연주곡을 가지고 온 것은 현민이었다. 그 곡은 앨범에 없지만 라이브로 자주 연주하는 '슬픈 달의 축제'라는 곡이었다. 솔직히 나는 그때만 해도 록 밴드의 연주곡이라는 형태에 매력을 느끼지 못했고 어떤 식으로든 사람 목소리가 곡에 들어가야 곡의 표현이 완성된다 생각하고 있었다. 그래서 마이크 대를 세워놓고 어설프게 코러스 비슷한 걸 해보려

하고 있었는데 현민이가 이거 연주곡이라며 욕지거리를 했던 게 아직도 기억난다. 그냥 내 목소리가 싫었던 건지 아니면 이렇게 될 줄 다 알고 그랬는지는 모르겠지만 참 잘한 짓이라 아니할 수 없다.

아마도 속옷밴드의 음악은 메시지를 전달하려는 것이 아닐 것이다. 음악을 듣는 경험 그 자체를 제공하고 싶은 것뿐이다. 아쉽게도 나는 속옷밴드의 공연을 한 번도 본 적이 없다. 속옷밴드의 공연을 보는 것은 어떤 기분일까. 드럼을 향해 뒤돌아 앉아 고개를 숙인 채 기타를 치는 사람들 뒤에 서서 목소리가 빠진 전기소리들을 듣는다는 것은 어떤 경험일까. 정말 신기하고 감사하다. 우리의 혼잣말을 용케 알아듣고 찾아와 준 분들에게 말이다.

♭술 이야기

속옷밴드는 술을 좋아한다. 술에 집착한다. 술을 마시고 내가 흐트러질 때 너도 흐트러지고 우리가 흐트러지는 그 시간을 좋아한다.

2006년 마지막 공연 때 응민 형이 사온 보드카. 그 보드카에 다들 맛이 갔고 공연은 주사에 가깝게 끝났다. 그렇게 술에 취해 망친 마지막 공연에 대한 얘기도 많이 했고 후회도 했었지만 우리가 술 없이 공연이 될까. 에이미 와인하우스처럼 죽도록 마시는 것은 아니니 걱정할 필요는 없다. 그러나 우리는 술을 마시고 우리가 취할 때 세상도 좀 취하길 바란다.

우리는 늘 좋은 연주를 위해 꽤나 많은 시간을 연습에 할애하고 무대에서 늘 정확하고 싶어 하면서도 언제나 술에 쩔어 술과 함께 무대에 올랐다. 만약 우리가 "우리는 늘 정확한 연주를 하려고 최선을 다합니다"라고 말한다면 그것은 담배 피우는 사람이 오래 살고 싶다는 것과 같은 말일 것이다.

우리는 공연 전에는 꼭 술을 마셨고 무대 위에도 술과 함께 올라갔다. 그렇게 연습을 해놓고서 공연 날에는 일단 흐트러져야 직성이 풀렸다. 모두가 공연 잘하자고 다짐하면서도 아무도 "그럼 술 먹지 말고 맨 정신에 집중해서 잘해보자"라는 얘기는 하지 않았다. 우리에게 공연 전 술을 마시고 또 무대 위에서 술을 마시는 것은 하나의 의례 같은 것이었다.

도시의 우울은 그렇게 흐트러지지 않고서는 파고들 수 없을 정도로 거칠고 단단했으니까.
한국 남자들은 대화할 줄 모르고 소통할 줄 모르기 때문에 술이라도 마셔야 술김에 얘기가 된다는 말에 우리도 걸려들지 모르겠다. 그러나 나는 속옷들과의 술자리 하나하나가 내 인생에 반짝거리던 순간들로 남아있다. 말없이 구웠던 삼겹살의 기름마저 그리워질 때가 있다. 우리끼리 자주 했던 말은, 우리 모두는 성격에 장애가 있다는 것이었다. 뒤돌아 앉아 고개를 숙인 우리가 정상일 리는 없다. 그래서 어쩌면 술은 치료제였다. 서로 기분이 상하거나 그랬을 때는 한참을 말없이 술만 먹다가 어느 정도 취해서야 불만을 이야기하고 그러다가 싸우고 헤어진 날도 있었고 결국에는 손을 모으고 파이팅을 외친 날도 있었다.

아마 속옷은 여전히 무대 위에서 술과 함께 흔들리고 있을 것이고 우리의 보잘것없는 소리들이 세상의 모든 밤을 되뇌게 만들 때 우리가 마시는 모든 술은 축배가 되고 모든 술자리는 축제가 될 것이다.

♭멤버들

기왕 나한테 글을 쓸 기회가 온 김에 멤버들 이야기를 좀 하고 싶다. 도무지 깔때기라고는 잘 못 대는 친구들이라 말 많은 내가 해줘야겠다.

현민은 장인이다. B형인 이 친구는 기타 잭을 둘둘 말아 줄 맞춰 걸어놓고 모니터 스피커 각을 맞춰 놓아야 안심한다. 순간의 영감으로 곡을 만들기보다는 고요하고 신중하게 음을 찾아가며 스스로 충분히 납득되기 전에 함부로 음을 내지 않는다. 현민의 가장 큰 장점은 그의 천성적으로 음울한 취향이다. 진심으로 김태희가 왜 예쁘고 소녀시대가 왜 좋은지 모르는 사람 찾기 힘들다. 그의 취향을 공유하는 것만으로도 행복한 일이다.
월은 같이 술을 마시면 즐거운 친구다. 내가 아는 사람들 중 남의 말을 가장 흥미롭게 들어주는 친구이기도 하다. 재밌게 들어주니 계속 떠들고 싶어진다. 밴드 내에서도 마찬가진데, 모든 멤버가 자기 연주 챙기기에 바쁠 때 월이 각자의 소리를 들어가며 그것들을 조율한다. 웃긴 얘기에 기분 좋게 웃어주듯 좋은 소리와 리듬을 포착해서 밴드의 연주에 확신을 부여해준다. 속옷밴드에 리더가 없어도 돌아갈 수 있는 것은 월 덕분일 것이다.
지완 형은 속옷밴드의 유일한 록커다. 아마 지완 형이 없었으면 찌질한 79년생들끼리 모여서 조잘대다 말았을 것이다. '추하지 말자'가 좌우명이라는 지완 형은 어떻게 해야 분노를 가장 멋지게 폭발시키는지를 잘 알고 있다. 형이 달리기 시작하면 찌질한 우리들도 형만 믿고 달린다.

그의 연주에는 거짓이 없다. 난 그게 참 좋다. 지완 형이 예전 게시판에 써 놓았던 말이 아직도 기억난다. '개처럼 자겠다는 다짐은 어디갔는가' 라는 말이었는데 형이 왜 그런 말을 했는지는 모른다. 다음 술자리에서 한번 물어봐야겠다. 그걸 제목으로 곡도 하나 만들면 좋을 것 같다.

윤영은 속옷밴드의 유일한 여자 멤버다. 아마 베이스마저 남자였으면 우리는 예전에 해체했을지도 모르겠다. 베이스라는 악기는 밴드 합주에서 그렇게 재미있는 파트는 아닐지도 모른다. 사실 베이스라는 악기가 재미있으려면 다양한 장르 속에서 리드미컬한 연주를 해야 할 텐데 음울한 소리들의 반복 속에서도 묵묵히 늘 거기서 그렇게 받쳐주고 있다. 2012년 1월의 컴백 공연 때 그녀의 자작곡을 배경음악 중 하나로 틀었었는데 사실 많이 놀랐다. 그녀의 다른 프로젝트가 성공하길 바라면서도 그 재능이 속옷밴드에서도 드러날 것을 기대하면 설렌다.

그럼 나는? 사실 난 속옷에 없어도 된다. 실제로 난 2012년 1월에 있었던 컴백 공연을 끝으로 다시 타국 땅에 날아와 기약 없이 떨어져 있다. 그러나 걱정할 것은 없다. 속옷의 진국은 모두 나머지 멤버들에게서 우러나오는 것이니까. 다만 정승호라는 양념이 빠졌으니 조금 싱거울 순 있겠다는 것이 내가 대고 싶은 소박한 깔때기다.

♭파스텔

속옷밴드가 파스텔뮤직을 만난 건 지인의 소개를 통해 응민 형의 귀에 '사랑의 유람선'이라는 앨범의 곡들이 들어가게 되면서부터다. 그것이 파스텔이 발매한 첫 번째 국내 밴드의 음반이 되었고, 파스텔도 그것을 계기로 해외 음반만을 수입하던 회사에서 국내 인디 밴드들의 음반을 내기 시작한 걸로 알고 있다.

속옷밴드의 음악과 정서는 어쩌면 파스텔 톤과는 어울리지 않는다. 속옷밴드는 무채색에 가까우니까. 그렇다면 파스텔과 속옷의 교집합은 무엇이었을까.

파스텔뮤직이 창고에서부터 시작되었던 이야기를 알고 있다. 음악을 좋아하는 사람들. 그것으로 충분했다. 조금만 세상 속으로 들어와도 음악은 어느새 하찮은 유행 상품처럼 취급되고 예술은 말을 꺼내기도 무색한 뜬구름이 되어버린다. 음악을 좋아한다는 것만으로도 서로 그렇게 반갑고 할 이야기들이 많아진다.

파스텔뮤직이 추구하고 있는 음악 색깔이 속옷밴드와 다르다는 것을 굳이 숨길 필요는 없다. 파스텔이 가지고 있는 파스텔 톤의 감성이 우리에게는 낯설 때도 있었다. 그러나 우리가 하고 싶은 말과 우리가 하는 말이 다르듯이, 우리가 듣는 것과 우리가 들었다고 생각하는 것이 다르듯이, 우리는 분명히 무엇인가를 공유하고 있었다. 파스텔은 어렴풋한 우리의 손짓을 알아봐주었고 우리의 이야기를 들어주었다.

우리는 파스텔뮤직의 사람들, 또 함께 공연했던 파스텔의 밴드들이 우리를 얼마나 좋아해주었는지를 항상 기억하고 있다. 2005년 어느 날 클럽 O2(O-two)에서 있었던 파스텔뮤직 레이블 공연이 끝나고 함께했던 다른 팀들이 건네주었던 말들, 눈물이 났다거나 나도 그런 음악을 하고 싶다던 말들, 아마 다른 멤버들도 수줍은 친구들이라 말은 안 했겠지만 고마웠고 힘이 되었을 것이다.
기업은 이윤 추구를 최우선으로 하고 시장은 수요와 공급으로 이루어지고 모든 인간들은 합리적 이기심으로 작동하고 있다고 말한다. 어떠한 예술 작품도 잘 팔리는 상품으로 바꾸는 게 음반 회사의 미덕이라면 파스텔뮤직은 그렇게 좋은 회사는 아닐지도 모른다. 그러나 파스텔은 속옷밴드가 만든 음악을 알아봐주었고 우리 음악이 많은 사람들에게 들릴 수 있게 해주었고 우리를 늘 예술가로 대해주었다. 잿빛 세상에서 잠시 빠져나와 파스텔과 함께 음악이라는 세상 속에서 즐겁게 놀았던 시간은 서투른 의도와 거대한 우연 사이에서 진화하는 사물들처럼 그렇게 그곳에 변화를 기다리며 놓여 있는 우리의 청춘의 기록이 되었다.

10년을 거기 그렇게 서 있다는 것. 그것 자체로 고마운 일이다.

♯ by 박경환

2007~2012

파스텔뮤직과 처음 함께하게 되었을 때를 생각해보니
저는 그때 군 생활을 하고 있었네요.
아주 개인적이고 초라한 어느 군악대원의
오치문학(광주광역시 북구 오치동에서 쓰여진, 일기도 아니고 에세이도 아닌 것이
시는 더더욱 아닌 애매모호한 글)을 선별, 퇴고하여 내놓았습니다.
그저 군필 혹은 현역 장병들의 애틋한 마음, 사랑의 위기, 청춘의 터닝포인트 등
비슷한 무언가가 공감되길 바라봅니다.

♭오치동 환경이

2007.03.10 19:33

안녕하십니까.
저는 환경이 윗 관물대 강한 친구 호범이입니다.
환경이는 잘 지내고 있습니다.
말도 잘 듣고 주특기 훈련도 잘하고.
아주 좋은 아이입니다.

앞으로도 우리 환경이 많이 사랑해주시고
편지도 많이 보내주세요.
저는 훔쳐보지 않습니다.

혹시 먹을 걸 보내실 거라면
좀 넉넉히 보내주세요. 나눠 먹게요.

네, 그럼 편히들 쉬시고 저는 환경이랑 화장실 청소하러 갑니다.
안녕히 계세요.

p.s 이름을 거꾸로 부르는 것은 요즈음 오치동 트렌드입니다.

게시물 댓글

김용현 : 엎드려 (2007.03.11 16:47)

박경환 : 이거 우리만 웃긴가 봐 (2007.03.24 16:38)

박세미 : 아니에요 저도 웃고 있어요;;; (2007.04.01 12:02)

박상이 : 웃겨요. (2007.07.13 13:41)

♭불침번 일기

2007.01.07 10:36

근무를 마치고 돌아와 내 자리에 다시 누우면

오래전 조립에 실패했던 노래의 조각들이 머릿속에 떠다닌다.

그 어지러운 파편들을 옆으로 치워두고

내 영혼의 공간을 다시 마련한 뒤

웅크리고 잠을 청한다.

♭휴가

6

'휴가가 끝나가는구나' 느낀 건 오늘 점심 엄마 손을 잡고 용산역을 거닐다 더블 백을 멘 채 한 줄로 앉아 있던 이등병 집단을 보았을 때. '자식들. 이제 자대 배치 받았구나. 힘내라!' 생각하면서 그 옆을 병장처럼 걸어갔다. 복귀하는 이등병 주제에.

4

공연 내내 못다 한 얘기가 있는 것처럼 가슴 한 켠이 답답했다. 첫 번째 앙코르를 끝내고 잠시 대기실에 들어와보니 네가 와 있었고 밖에서는 사람들의 함성이 들렸다. 그때 난 무슨 말을 했지? 할 말은 많았지만 역시 입 밖으로 나오진 않았다. 사인회가 끝나고 식사를 하러갈 때 넌 없었고 난 마음이 너무 허전했지만 그 기분에 지지 않으려고 씩씩하게 걸어서 회를 먹으러 갔다.

3

슬로우 준, 그분의 가르침을 요약하면 이렇다.

"기운 빠진 모습은 꼴도 보기 싫다. 그건 구린 거야.

처음부터 다시 시작하자, 경환아!"

"네!"

1
휴가 첫날 가족들과의 저녁 식사. 식탁에 둘러앉은 것만으로 참 감격스러웠다. 나는 애국가와 묵념을 나팔로 부는 시늉을 했고 혹한기 훈련의 어처구니없는 기억들도 이야기했다. 모두 재미있어 했다.

2
유상봉을 면회하러 갔다. 의리파 사나이 슬로우 쥰의 내비게이션이 말썽을 부려 산전수전 끝에 찾아간 그곳. 역시 경치가 좋을 줄 알았어! 병사 식당에서 'Alice'가 나오는데 체하는 줄 알았다.

5
샤워를 하고 군복을 단정하게 입고서 기차역으로 떠나려는 찰나 적이 형에게 극적인 전화가 왔다. 전투화 끈까지 다 묶고 현관에 서 있던 나에게 동생은 "마지막 전화네"라며 전화기를 건네주었고 온 가족의 시선을 한몸에 받으며 통화를 하는 동안 문득 사랑받고 있다는 생각이 들었다.
"꽃피는 봄이 오면 내 한번 찾아 가마."
네, 형. 그 얘기만으로도 마음이 따뜻해졌습니다.

♭이틀간의 자유

2007.04.15 18:10

구 도청 한복판에서 벌어진 대동한마당축제.
군악대 맨 앞줄에서 트롬본을 불며 충장로를 한 바퀴 돌았다. 퍼레이드 행사는 처음이었다. 행사가 끝난 후 간단한 외박 신고를 하고 광주역 앞에서 아버지를 만났다. 아버지는 먼 길 기차를 타고 오셨다.

중국집에서 식사를 마친 뒤 아버지와 함께 광주극장에 갔다. 오래된 극장이었고 굉장히 컸다. 'Since 1933'이라는 간판이 걸려 있는 극장에서는 진한 먼지 냄새가 났다. 돌아가신 할아버지 댁에서 맡아본 적이 있는.

극장에서는 빔 밴더스 특별전을 하고 있었다. 그래서 상영작은 모두 빔 밴더스의 영화였다. 그 중 '베를린 천사의 시'와 시간이 맞았고 우리는 그 영화를 보기로 했다.
팝콘도 팔지 않고 난방시설도 없는 극장 2층에서 아버지와 함께 담요를 두르고 영화를 보는 동안 어린 시절 아주 잠깐 느낀 적 있는 기분을 느꼈다. 행복했다.

♭근무 교대

2007.04.22 15:45

피곤한 줄 알지만 어쩔 수 없이 널 흔들어 깨웠어.
버클 소리 달깍이며 옷을 갈아입는 너.

오늘은 어쩐지 어깨가 무거워 보여.
무슨 일이 있었던 걸까. 매일 똑같은 일상이지만.

어제 오후엔 숲속 합주실 평상에 앉아
불던 나팔 옆에 두고 언젠가 떠날 유럽 여행의 꿈을 서로에게 얘기했지.
우리 손에 쥔 작은 악보에 그곳의 멜로디가 있었는데도.

몰래 두드리고 있는 너의 드럼패드 위에선 행진곡 2번이 흘러나와.
우리는 멋쩍은 듯해도 서로를 이해하고 있지.

또 다른 세상. 순수의 세계.
31사단.

♭여름이 옵니까?

2007.06.01 17:39

말로만 듣던 유격 훈련을 다녀왔습니다. 지난 월요일 새벽 3시에 기상하여 출발한 20km 입소 행군 때는 온 사방이 캄캄한 게 꼭 겨울 같았죠. 생의 첫 유격 훈련, 아니나 다를까 강렬했습니다. 일단 훈련 이틀 전부터 지독한 감기에 걸린 덕에 내내 정신이 몽롱했고 그래서였는지 열 명 중 서너 명은 성공한다는 그네타기 코스에서 물속에 첨벙 빠져버렸습니다. 그 진흙탕 속에 누워 소리를 지르고 있자니 참 현실이 아닌 것 같더군요.

시간은 빨리 흐릅니다.
심지어 유상봉은 오늘부터 상병. 맙소사. 유상봉상병. 유상병상봉.

책에서 본 말인데요. '고통이란, 행복하다는 착각으로 버티고 살아가는 현실에 과연 무엇이 진짜인지를 깨우쳐주는, 그래서 나에게 와 거침없이 꽂히는 진실의 깃발'이라고 하더군요. 훈련 동안 그 구절이 자꾸 생각났고 어느새 깊은 동의를 하게 됐습니다.

날씨 때문인지 유격 때문인지 요즘은 지난 가을 머물렀던 훈련소가 자주 생각나요. 계신 곳은 좀 어떻습니까. 여름이 옵니까?

엔카 타기 전 빨간 모자를 쓴 조교가 "사랑하는 사람의 이름을 부르며 뛰어내립니다!" 윽박지르는데 순간이었지만 그 자리에 멈춰선 채 고민했습니다. 외로운 순간을 만나기 전까지 내가 외롭다는 걸 잊고 — 혹은 모르고 — 지내는 것은 행운일까요, 불행일까요.

♭바로 이런 순간에

2007.09.15 11:09

내가 널 눈앞에 앉혀놓고 설명하려 했던 건
'바로 이런 순간에 어떻게 해야 하는가'였어.

자욱한 안개가 걷히기를 기다리면서
무성한 소문이 잦아들기를 기다리면서
비가 또 내리는구나.

♭07.1.20

2007.04.01 17:51

지금까지의 100일이 모두 꿈이었던 것처럼, 너무 익숙한 거리. 가게 유리벽 너머 뒷모습. 북적이는 사람들 속에서 우리는 서로를 바라보며 처음 만났던 순간을 기억해냈지. 깜짝 놀랐어. 너와 마주앉은 그 순간이 어제처럼 익숙했지만 나는 마음이 급했고 그럴수록 점점 더 네가 멀어지고 있었으니까. 만날 수 없던 그 시간이 우리 사이에 무겁게 놓여 있었지. 절대로 건널 수 없는 강처럼. 그 몇 달이 너를 나로부터 까마득히 먼 곳에 데려다 놓았다는 걸 나는 그때 깨달았어.

시간이 지나 여기서 난 생각해. 그날 내가 더 적극적이었다면 어땠을까. 몇 마디를 더 했다면 아직 널 붙잡고 있을 수 있었을까. 요즘 내 하루하루는 이런 망상으로 지나가. 우리는 잠시 서로를 향한 마음을 얼려둔 거라고, 감당할 수 있는 시간이 오면 웃으며 다시 마주할 수 있을 거라고. 우습기도 하고 슬프기도 한데 결정적으로 나는 지쳐가고 있어. 잠들기 위해 이불을 끌어올릴 힘조차 사라지는 것 같아.
나를 떠올릴 때 행복하지 않다던 네 얘기를 실감해. 나도 널 떠올릴 때 행복하지 않으니까.

어젯밤 꿈에서는 숲속을 뛰어다니다 그물에 걸려 허우적대는 가엾은 여우 한 마리를 보았지. 꿈에서 깼을 때 비로소 그게 나였다는 걸 알았어.

♭축구

2008.06.24 19:17

오후 내내 자버렸다.
잠에서 깨니 하나뿐인 선임 정 병장이 내 한쪽 발을 들고
축구를 하자며 조르고 있었다.

열심히 축구를 했고 해트트릭을 기록하였고
음료수를 얻어먹었으나 왼쪽 발목을 삐어버렸다.

♭어린이날

2008.05.14 20:33

나부끼는 깃발이 오늘의 뉴스를 말해줬다.
어린이날을 맞이하여 군악대는 퍼레이드를 했고
송 중사댁 남매들은 금남로를 뛰어다녔다.

최종 행사장에 도착해 묵념, 애국가, 트리오 2번을 연주한 후
부동 자세를 하고 있는 나에게
아이들은 삼촌도 일어나보라며 히죽대었지만
그래, 너희들의 그 기운만 받을게.

나도 한때는 내 꿈을 색종이 가득 적어 내리던 시절이 있었단다.
어른들 앞에서 그걸 당차게 발표했을 때
왜 웃음바다가 되었는지 난 정말 몰랐으니까.

♭에필로그

2012. 8. 31 03:42

엊그제 밤에는 밤새도록 오인용 플래시를 보다가 아침이 되어서야 잠들었습니다. 불면증이 극한에 달한 요즘은 잠이 드는 것만으로도 다행이라고 생각합니다. 그 플래시들은 이미 오래전에 유행이 지난 것들로 욕이 듬뿍 나오는 B급 애니메이션인데, 시작할 때 흐르는 군가가 자꾸 듣고 싶어서 계속 다음 편을 눌렀습니다. 하극상이 일어날 때면 함께 흥분했고 정 병장이 개념 없는 신병을 때려잡을 땐 함께 쾌감을 느꼈습니다. 예비군 4년차 마지막 동원 훈련이 남아있는 2012년인데 아직도 군 시절 추억을 더듬고 있습니다.

재주소년은 2010년 해체하였고 상봉이는 어젯밤 저희 집에서 ONYX 400F(오디오 카드)를 빌려갔습니다. 작업을 시작하려고 시동을 거는 모양입니다. 통키(상봉의 강아지)와 다시 살림을 차린 개 전문가 유상봉은 대소변을 가리지 못하고 있는 철수(동거를 시작한 지 얼마 되지 않은 나의 강아지)의 증상을 진단했지만 뾰족한 수는 없었습니다. 너무 혼내지 말고 처음부터 다시 시작하라고 했습니다. 이때 옆 동네 사는 중학교 동창 정엽이도 함께 있었습니다. 매너리즘에 빠질 대로 빠져서 작업에 진전이 없을 때마다 과자를 사들고 와서 철수랑 놀아주는 이번 앨범 최고의 어시스트 맨입니다. 크래딧 스태프에 반드시 들어가야 합니다.

'해변의 아침' 등을 수록한 afternoon의 EP [남쪽섬으로부터]는 사실 파스텔뮤직과의 훈훈한 안녕을 위한 작업이었습니다. 파스텔 10주년을 기념하는 책에 이런 내용이 들어가도 될까 싶었지만 어찌 보면 지금 저로서 가장 해야 할 이야기가 아닐까 하는 생각에 털어 놓습니다.

네모로 멋을 낸 우아한 사무실과 그 속에서 매번 저를 반겨주던 직원들. 스케줄을 함께 소화했던 은혜, 혜리, 인국이 형. 머리를 맞대고 여러 차례 회의를 했던 정 실장님, 영승이 형, 유나 씨, 민정 씨, 민주 씨. 꼬박꼬박 정산을 해주었던 (가장 고마운?) 고복실 누나. 모두에게 감사한 마음을 표현하고 싶습니다. 그리고 언제나 묵묵히 음악을 들어주시고 말없이 믿어주셨던 이응민 사장님. 몇 년을 소속 가수로 있으면서 그 따뜻한 속마음을 늘 고스란히 느꼈는데도 제대로 표현 한 번 한 적이 없어 죄송했습니다. 기회와 용기만 있다면 언젠가 한번 진하게 품에 안겨보고 싶습니다.

며칠 전엔 마지막으로 상훈이 형과 사무실 앞 카페에서 카레를 먹었습니다. 지금 준비하고 있는 1집 앨범은 'afternoon', '재주소년' 다 떼고 '박경환'으로 가겠다고 얘길 했더니 진작부터 자기가 그렇게 가야 된다고 몇 번을 얘기했냐, 얘기할 땐 안 듣고 이제 와서 그걸 결정했냐며 씩씩거렸습니다. 특유의 씩씩거림이 트레이드마크인 상훈이 형은 제가 봤을 때 이 기술로 뮤직 비즈니스에 성공했습니다. 상훈이 형과 상봉, 저

이렇게 셋이 부산 대구 클럽으로 공연 다녔던 게 엊그제 같은데 이젠 이사 됐다고 스케줄도 안 따라다닙니다. 그래서 마이 앤트 메리 진영이 형과 슬로우 쥰 현철이 형을 만나면 늘 그렇게 욕을 먹습니다. 물론 굉장히 애정 어린 욕.

상훈이 형 얘기로 빠졌다간 글이 끝나지 않을 것 같습니다. 밤이 깊었고 원고 마감 시간도 촉박합니다. 파스텔뮤직을 향한 저의 마음을 다 표현할 순 없지만 앞으로 다른 방식으로도 함께할 수 있는 것들이 많으리라고 생각합니다.
내일은 피아노 녹음이 있습니다. 내내 붙들고 있는 1집, 이 10여 곡의 녹음이 순조롭게 진행되길 바라며, 이 책의 출간과 작업 중인 제 앨범의 발매 간격이 부디 아주 멀지 않길 바라며 파스텔뮤직에게 나지막이 손을 흔들어봅니다.

그와 그녀의 이야기

그들은 각자의 이야기를 할 것이다.
해와 달처럼, 빛과 그늘처럼, 때로는 주인공과 조연처럼.
서로 마주보며 혹은 등을 맞대며 지내온 7년 동안의 이야기이다.
그가 어떤 이야기를 할지 그녀는 알지 못하고 그녀 역시 마찬가지이다.
음악의 시작도 그 전의 삶도 모두 달랐을 그들은
그렇게 긴 시간 활동해왔고 앞으로도 그렇겠지만
혼성 듀오라는 특성이 갖는 이런저런 이유 때문일까.
사람들이 생각하는 것만큼 많은 소통을 하는 팀은 아니다.
그래서 그들은 가끔 서로의 마음 속 이야기가 무척 궁금하다.

♭그의 이야기

그녀를 만나다 pt1 ¶

갓 제대한 막막한 복학생이었던 스물세 살의 나는 마치 무엇에 홀린 듯이 그전까진 만져본 적도 없던 컴퓨터로 음악 만들기에 깊이 빠져 있었다. 동원할 수 있는 모든 창구를 동원하여 정보를 모았고, 온라인을 통해 앞서가던 많은 뮤지션들에게 지식을 구걸했다. 더 이상 밴드를 할 수 없었지만 어떻게든 음악을 계속하고 싶었던 나에겐 별다른 선택지가 없었던 탓이다.

어느 날 학교로 가는 버스 안에서 남들처럼 뭔가 그럴듯한 DJ 네임을 짓고 싶었고 그때 한참 열광하던 만화에 나오던 여자 주인공의 이름을 무심코 떠올려버렸다. '캐스커'(물론 그땐 이렇게 즉흥적으로 지은 이름을 이렇게까지 오랫동안 쓰게 될 줄은 몰랐다).

곧이어 조악한 장비로 자그마한 공연들을 하게 되었고 운이 좋았던 건지 어땠는지 곧이어 불어닥친 테크노 열풍에 같이 휘말려 '한국 일렉트로니카 1세대'라는 거창한 명함을 얻게 되었다.

이후 데뷔 앨범 [철갑혹성]을 발표하기까지의 수년은 '파란만장'이라는 거창한 표현도 제법 어울릴 것 같은 시간이었다. 작업실을 꾸리고 이런저런 경로를 통해 끊임없이 곡 작업을 하면서 음악 성향도 바뀌어갔고 생각지도 못했던 주류 대중음악 작업들도 경험하게 되었다. 그리고 무엇보다 정말 열심히 했었다. '음악을 직업으로 삼을 수도 있겠구나'라는 위험한(?) 유혹에 휘말리며 뭔가 가파르게 올라가고 있다는 데 대한 기쁨과 불안이 겹쳐있던 시기였다.

지금와서 생각하면 작은 레이블들이 갖는 고질적이고도 보편적인 문제였겠지만 '활동도 못 하고 정산도 못 받는' 그렇고 그런 이유들로 인해 데뷔 앨범 이후 결국 나는 소속사를 나왔고 그 회사도 곧 없어졌다.
곧잘 팔리던 앨범은 더 이상 나올 수 없었고 난 다시 막막해졌다. 나에게 [철갑혹성]이 애증의 앨범인 것에는 이런 이유가 있다. 직접 낳은 자식을 볼 수 없는 어미의 심정이 이런 것이리라 생각했다.
사람에 대한 불신은 점점 커졌고 나는 내가 파 놓은 웅덩이 속으로 더 깊이 침잠하고 있었다. 하지만 한 번만. 그래도 한 번만 더 해보자. 언제 어떻게 나올지 기약 없는 새 노래들을 꾸준히 만들어갔고 이래저래 앨범을 내줄 회사를 찾아다녔다. 간간히 공연도 해가면서 언제든지 깨질 것만 같은 참으로 궁핍하고 불안한 나날을 보냈다(2집의 원래 앨범 타이틀이었던 'fragile days'는 바로 이 시기를 얘기하는 것이다).
더불어 데뷔 앨범을 만들기 전부터 계속 찾고 있었던 '목소리'를 더 적극적으로 찾기 시작했다. 많은 오디션을 보았고 소개를 받았고 녹음과 공연도 해봤고. 그런 와중에 지인으로부터 어떤 목소리가 담긴 파일을 전해 받았다. 지칠 대로 지친 상황이었고 기약할 수 있는 것도 없었지만.
만나보고 싶었다.

그녀를 만나다 pt2

'아, 길다.'

처음 보는 여성에게 받는 첫인상이 이래선 실례라는 것은 알지만 지금도 융진을 처음 만난 7월 어느 여름날의 기억은 여전히 위와 같다. 가늘고 깊은 목소리와는 다소 매치하기 힘든 모습이었다고나 할까.

러시아 유학에서 돌아온 지 얼마 안 되었다던 그녀는 허리를 넘는 긴 머리카락과 긴 팔다리에 화장기 없는 얼굴로, 다소 뚱하게 앉아 조용히 신곡들을 듣고 "좋네요"라는 짧은 감상을 남겼다. 놀랍도록 말수가 없는 사람이었다. 표정 변화도 거의 없어 어떤 기분인지 가늠하기도 쉽지 않았다.

집에 돌아가 들어보라고 건네줬던 1집 앨범을 자기가 앉았던 자리 옆에 고스란히 놔두고 돌아갔음에 서운했지만 '별로 할 생각이 없나보다'라고 생각하고 그렇게 그 만남을 정리했다(그땐 융진이 의외로 덜렁거린다는 것을 몰랐을 때였으니).

그녀를 다시 보게 된 것은 그해 12월. 수천 명 앞에 서야 하는 큰 공연을 앞두고서였다. 지푸라기라도 잡는 심정으로 거의 반년 만에 전화를 걸었는데 그냥 담담하게 "네, 할게요"라고 말해서 사실 안도했으면서도 '얘 좀 이상한 애다'라고 생각했고 그렇게 다시 이어진 인연은 지금까지 계속되고 있다.

융진은 사실 파악하기 쉬운 종류의 사람이 아니다. 아주 특이한 것 같지만 의외로 평범하고 무표정하며 조용한 것 같다가도 때론 잘 웃고 잘 얘기한다. 우리 집과는 꽤 먼 곳에 살고 술도 육류도 커피도 입에 대지 않으며 외출도 거의 하지 않기 때문에 일 이외에 뭔가 함께 시간을 공유하는 일은 그리 많지 않다.

가끔씩 힘든 시기가 올 때 술자리에서 친구들에게 "걔는 그냥 내일이라도 '야, 그만두자'라고 하면 '네' 하고 바로 그만둘 것 같아"라는 식의 이야기를 한다. 그럴 리는 없겠지만 가끔은 욕심도 의지도 없어 보이는 듯한 모습에 힘 빠질 때도 있었다. 그런데 오히려 그녀의 흔들리지 않는 담담함이 이렇게 긴 시간 동안 함께할 수 있는 원동력은 아니었을까 혼자 생각해본다.

남들 앞에 나서는 걸 그리 좋아하지 않아 누군가가 내 앞에서 날 대변해주길 늘 바랐던 나의 앞에 서 있는 그녀는 자신의 감정을 절제하면서도 때론 절절하게 드러내고 내가 말하고 싶은 이야기들을 청자에게 대신 전해준다. 그리고 그 사이로 자기만의 이야기들을 조심스레 만들고 이야기한다.

나는 그녀의 목소리만큼이나 그녀의 이야기와 멜로디를 참 좋아한다.

나의 수집들. 그 끈질기고도 편협한 취향¶

음악이라는 것에 관심을 가지게 되면서부터 내가 흥미를 가졌던 것은 소리가 나는 모든 종류의 기계들이었다. 그것들은 언제나 나의 호기심과 소유욕과 도전 의식을 자극한다. 스무살 시절 밴드를 하면서도 나의 관심은 발밑에 주렁주렁 매달린 이펙터 페달에 있었고 캐스커를 시작하면서 신시사이저, 샘플러 등의 수많은 악기들에 미친 듯이 집착했다.
내 손이 닿아 소리를 내는 것은 기타나 베이스 같은 악기나 컴퓨터 같은 기계들이나 같은 감흥을 준다. 사람의 손을 타고 사람의 손을 통해 퍼져나가 그 사람의 감성을 흡입하여 울린다. 일렉트로닉 음악이 결코 기계적일 수만은 없는 이유이기도 하다.

활동 초기엔 경제적 여유가 거의 없다시피 했기에 무척이나 힘들게 하나하나 구입한 악기들에 대한 애정과 열정이 정말 뜨거웠고, 그래서인지 지금도 예전에 구입한 악기들을 쉽게 팔지 못하는 것도 있지만 결정적으로 여전히 그들과 함께하는 건 그들이 여전히 좋은 음을 내주기 때문이다. 덕분에 여전히 골치 아픈 전기세와 가끔 찾아오는 어머니의 뒷목을 잡게 만드는 어마어마한 케이블 뭉치 사이에서 살고 있지만. 음, 난 행복해.
최근 수년간은 나의 시작점이라고도 할 수 있는 기타들을 구입하고 있는데, 일과 취미의 중간 정도라는 기분으로 모은 기타가 벌써 여덟 대. 더 늘어나지 않게 조심하는 중이다. 기타는 얼마나 아름다운 악기인가!

오아시스의 노엘 갤러거가 말했듯 그냥 방구석에 갖다 놓기만 해도 멋있다!
하지만 역시 그럴 수만은 없으므로 오랫동안 쉬었던 손가락을 열심히 놀리고 있고, 덕분에 최근엔 거의 기타로 곡을 만들게 되었다. 기타로 만드는 일렉트로닉이라니, 좀 우습게 들리기도 하겠지만 나에겐 너무나도 새로운 자극과 영감이다.

음악과 관련되지 않은 이외의 수집이 있나 생각해보는데 의외로 없어서 갑자기 답답한 기분이 들어버렸다. 수집하려고 모았다기보다는 시간의 흐름과 함께 쌓인 것들이라면 있겠지. CD, LP, 만화책, 뿔테 안경과 선글라스?

편협하지만 중구난방인 행동반경 ¶

행동반경을 주제로 글을 쓰는 일은 사실 좀 창피한 일이다. 사실 나는 놀랍도록 외출을 하지 않는다. 2집 때부터 지금까지 같은 작업실을 쓰고 있고 이 작업실은 동시에 나의 집이기도 해서 하루의 시작부터 끝까지 나는 계속 이곳에 있다. 내 악기들과 내 책들과 내 컴퓨터들과 내 고양이와 함께.

다행히도 지금은 방송과 강의 때문에 일주일에 두 번씩 꼬박꼬박 외출을 하지만 그걸 제외하면 나의 동선은 엄청나게 좁다. 작업실, 스튜디오, 합주실이 고작일까.

하지만 쉴 때는 다르다. 나는 즉흥적인 여행을 매우 즐기며 가끔 생뚱맞게 바다를 보러 달려간다. 어린 시절을 줄곧 부산에서 보냈기에 바다에 대한 이런저런 매우 복잡한 감상을 가지고 있고 뭔가 이상한 기분이 들면 곧잘 혼자 바다를 향해 달렸다. 5집 앨범인 [Tender]를 만들던 시간 동안엔 열 번도 넘게 바다를 향해 달렸던 듯하다. 가사도 쓰고, 생각도 하고, 이런저런 멜로디를 녹음하거나 때로는 정말 아무것도 하지 않으며 그저 바다에 머물기를 즐긴다.

만나는 사람들의 폭도 좁다. 이제 친구라곤 거의 음악계에서 일하는 사람들밖에 남지 않았다. 하지만 그들과의 만남은 휴식이자 동시에 새로운 자극이 되기 때문에 언제나 즐겁다. 같은 공기를 마시고 같은 곳을 바라보며 같은 상처를 쓰다듬어주는 사람들이랄까.

이 자리를 빌려 다시 한 번 그들 모두가 행복하길.

미래¶

나는 먼 미래를 내다보고 사는 사람이 아니다. 아주 오래 전부터 그래왔던 것 같다. 나는 늘 오늘이 중요하고 그 수많은 오늘이 쌓여서 세월이 되고 경험이 되고 인생이 되었다. 물론 가끔 잠들기 전에 '난 얼마나 더 음악을 할 수 있을까', '융진이와 난 얼마나 더 캐스커를 이어갈 수 있을까' 같은 생각을 하며 뒤척일 때도 있지만 그렇게 이룬 힘겨운 수면 뒤로 찾아오는 것은 언제나 또 다른 오늘.

물론 목적은 있다. 쉽게 얻을 수 없음을 알기에 더 조심스럽게 노력하는 궁극의 목표는 있다. 그 목표가 이뤄질지도 의문이고 이뤄진 후에는 어떻게 할까 하는 것 역시 조심스럽고 걱정되어 쉽게 입에 올리지 못하는 미래. 일단은 계속 걷는다. 언젠가 멈추게 되더라도 그 멈춤이 아쉬움이 아니었으면 한다.
끝으로 그 우여곡절의 걸음을 지금까지 지켜봐주고 앞으로도 지켜봐주실 그대들에게 축복을.

♭그녀의 이야기

그를 만나다¶

그때 나는 왜 음악을 한다고 했을까. 지금 생각해도 알 수 없는 일이다. 가뜩이나 느린 내가 지금껏 살면서 가장 빨리 결정하고 실천에 옮긴 일은 어렸을 때 문득 든 생각에 "엄마, 나 오늘부터 피아노 배우고 싶어"라고 얘기하고 그 자리에서 바로 집을 나와 둘이 우산 쓰고 집에서 제일 가까운 피아노 학원에 간 것밖에 없다.

그 후 기억나는 빠른 결정이라면 몇 번의 연애? 딱히 하고 싶었던 것도 하기 싫었던 것도 없었다. 다시 음악에 흥미를 갖게 되었을 때조차 '오직 음악만 하고 싶다'라는 마음이 아니었다. 누군가는 죽자고 매달리는 일을 쉽게 얘기한다고 생각할 수도 있겠지만 나는 소질이나 재능이 있어서 음악을 시작한 것이 아니었기 때문에 이렇게 말할 수밖에 없다. 그냥 음악을 하는 순간 집중할 수 있고, 그 자체에서 즐거움을 느낀다.

그래, 그럼 이걸 좀 배워보기도 하고 잘해보기도 하자. 하다보면 쌓이고 쌓여서 뭔가를 더 할 수 있을 거고 더 즐거울 수 있을 거라는 생각이었다. 그래서 음악을 오래오래 하고 싶은 것이다. 느린 나는 짧게 해선 아무것도 못하고 끝나버릴 것만 같아서.

대학 전공이었던 러시아어를 그만두고 다시 학원에 등록하고 이듬해 실용음악과에 들어갔다. 돌이켜보면 입학하고 학교에 적응하기가 어려웠었던 것 같다. 지금이야 나이 차이 뭐 그게 대수인가 싶지만 그때는 나보다 어린 아이들이 대부분인 학교는 그저 배우러 가는 곳이 아닌,

결국 또 이런저런 이해관계의 사람들이 얽혀 있는 다른 세상이었기 때문이다. 늘 학업 외에 다른 무언가가 있었고 '뭐지? 뭐지?' 하는 사이 또 내가 뭐 하러 그곳에 갔는지를 잊어버렸다.

'작곡 파트'라는 이름표만 달고 게으름과 싸우며 연명하고 있을 그때쯤이었을까. 다니던 합주실에 오시던 한 분의 소개로 '캐스커'라는 사람과 처음 만났다. 그분은 내가 연습하는 걸 보고 그저 막연하게 보컬 해볼 생각 없냐고 물었고 난 그럴 생각 없다고 했다. 딱히 하기 싫었다기보다 내가 만든 음악을 가지고 밴드를 만들고 싶은 마음이 더 컸기 때문이었다. 아무튼 그럼 자기 아는 사람 있는데 음악 좋다며 그냥 음악 들어보러 어디 좀 같이 가자고 했다. 뭐, 그런 거라면 괜찮다고 말했다.

2004년 여름. 지금도 내가 기억하는 건 노란 폴로셔츠에 흐트러짐 없이 하나로 묶어 올린 머리의 그냥 '젊은이'인 나. 그리고 검은 옷, 폭탄 머리, 수염의 '뮤지션' 준오 오빠.

주위에서 음악하는 사람들을 많이 봐오긴 했지만 다들 밴드였기 때문에, 컴퓨터가 있고 기계들이 쌓여 있고 그리고 그것들을 가지고 집에서 작업하는 모습은 처음 봐서 꽤나 흥미로웠고 음악도 마찬가지였다. 들려줬던 곡이 아직도 기억난다. '고양이와 나', 'Sweet'.

'근데, 다 좋은데, 음악이 좋아서 뭐 어떻게 하라는 걸까? 내가 여기 와서 왜 이걸 듣고 있지?'

나중에 알고 보니 나만 몰랐던 보컬 오디션이었던 거다. 나는 정말 들어보자고 해서 정말 들어보러 가는 건 줄로만 알았지. 그렇게 음악을 다 듣고 내 노래를 들어보자는 말에 흠칫! '아, 모르겠다' 하면서 그때 부를 줄 알았던 팝송 한 곡을 불렀고 그때 오빠는 "일반적인 그런, 기교 있고 힘 있는 보컬은 아니네요"라고 했다. 그냥 그것뿐. 다음에 뭘 해보자는 얘기 없이 서로 음악과 목소리를 들려주고 그냥 헤어졌다.

그리고 그 해 12월. 동네 미용실에서 1년 만에 머리를 하고 있는데 모르는 번호로 전화가 한 통 왔다. 원래 모르는 번호는 받지 않는데 또 그날따라 안 하던 짓을 했다. 공연이 있는데 보컬을 도와줄 수 있겠냐는 준오 오빠. 나는 임시적인 거라고 생각하고 별 부담 없이 승낙했다. 뭐 그냥 공연이라고 생각했지만.
그런 커다란 무대는 처음이었다. 가사를 잊어버리면 이 팀에게 실례지 싶어 무슨 사회자처럼 가사가 적힌 종잇장을 손에 쥐고 올라갔다. 아, 그 자체가 실례인 걸. 이 글을 쓰는 지금도 생각하면 창피해서 귀까지 뜨거워진다.
노래도 그냥 부를 줄은 알았지만 그렇게 큰 곳에서 모니터라는 것이 뭔지도 몰랐고 사람이 많아봐야 얼마나 많겠어 했고, 노래도 원래 뛰어나진 않지만 또 내가 못해봐야 뭐 얼마나 못 부르겠어 했었다.
지금 그렇게 하라면 절대 하지 못할 그런 일들. 그냥 처음이라 할 수 있었던 일들. 너무 쉽게 생각했고, 그렇게 첫 공연은 감히 영상을 찾아보지도 못할 공연 중의 하나로 남아 있다.

그 공연 후로 연락이 없을 줄 알았다. 귀한 남의 공연을 망쳤다는 생각에 마음이 무거워지고 있을 때쯤 다시 연락이 왔다. 이번에는 녹음을 같이 해보자고. 응? 이 사람이 정신을 덜 차렸나 싶으면서도 녹음은 처음이니 재밌을 것도 같다는 생각으로 알겠다고 했고, 그렇게 캐스커 2집의 보컬 녹음이 시작됐다.
생각해보면 그때 오빠도 뭔가 간절했던 것 같다. 앨범이 어서 세상에 나오기만 바랐던 듯하다. 나라면 나 같은 애는 안 쓸 텐데.

2005년 5월 16일 2집 [skylab]이 발매되면서 그렇게 나는 캐스커가 되었다. 참 아무리 생각해봐도 그즈음에 벌어진 모든 일들이 신기하고 얼떨떨하다. 아무 의도나 인과도 없이 그냥 모든 일들이 그렇게 일어나버렸다. 일은 그냥 그렇게 일어나버리는 법인 듯하다.

7년 넘게 팀을 해오면서 온갖 일들이 다 있었지만 그래도 함께라는 건 혼자보다 좋을 때가 많은 법이다. 잘하든 못하든 말이 많든 적든 성격이 좋든 나쁘든 그냥 그 사람이 그 자리를 지켜주는 게 얼마나 고마운 것인지 느낄 때가 많다. 우리는 어찌 보면 같은 음악 아래 묶여 있는 사람들이라 서로의 그 '자리'가 더 소중하다. 나는 7년의 반 이상을 음악이 아닌 이런저런 다른 일들에 괴로워하고 본래 일에 잘 집중하지 못했다. 지금은 마음을 더 가지고 움직이려 노력한다. 머리도 더 따르고 싶고.

편협한 듯하지만 알 수 없는 취향¶

스스로의 취향에 대해 얘기한다는 건 무척 힘든 일이다. 자신의 취향은 자신에 대해 잘 알고 잘 바라볼 수 있어야 알 수 있는 거라고 생각하는데 신파 유행가 가사처럼 '나도 날 잘 모르겠다'는 것이 문제다. 매사에 흥미가 대단한 편도 아니어서 그런지 내 취향이라는 건 좁기도 하고 또 그만큼 남들보다 늦다.

한때 음악에 대해서 설명도 잘하고 잘 모으는 그런 사람들이 신기해서 나도 해볼까 했지만 안 했고 못했다. 그건 부지런하고 똑똑한 사람들이나 하는 일, 내 분야가 아니었다. 남들이 좋다고 하는 음악들도 어떤 시기와 상황이 딱 맞아 떨어져 나의 마음에 들어오지 않으면 딱히 내키지 않았다. 공부하듯이 음악을 듣고 모으는 것은 내가 할 수 있는 일이 아니라고 생각했다.

그런데 그 '마음에 들어오는 일'은 마치 운명과도 같은 것이라 딱히 어떤 기준도 없고, 그래서 나는 나의 취향에 대해 도무지 알 수가 없다. 좋아했던 것들에 대한 이야기는 할 수 있는데 좋아하는 것들에 대한 이야기는 좀처럼 할 수가 없다.

수집이라는 부분 역시 그렇다. 난 모으는 사람이 아니라 그냥 쌓아두는 사람인 것 같다. 나는 천천히 쌓이는 모든 것들을 좋아한다. 시간과 함께 자연스럽게. 억지로 꺾으려 하지 않고. 그냥 흐르는 대로 두는 것. 그것이 나에겐 큰 의미이다. 자기 비하처럼 들릴지도 모르지만 정말 난 뭔가 잘하는 게 없는 사람이다.

그럼에도 자신 있는 게 하나 있다면 잘하든 못하든 한자리를 꾸준하게 지키는 것. 영화나 드라마의 반짝거리는 주인공보다 뭔가 잘하지 못해도 끝까지 꼭 있어주는 그런 역할이 좋다. 어디에서나 그런 사람은 꼭 필요하다. 그리고 그게 나의 존재 이유 중 하나일 것이라고 우기고 싶다.

미래 ¶

앞으로도 캐스커가 얼마나 더 갈 것인가에 대해서는 사실 별로 걱정 안 한다. '욕심이 없고 아무런 미련이 없고' 따위의 단순한 것이 아니다. 어떤 위기가 오면 분명 극복하기 위해 열심일 것이고, 하기 싫은 일도 해야 할 수밖에 없다면 할 것이다. 별 거 아닌 것 같지만 우리는 지금까지 다 그렇게 이겨내며 시간을 보내왔다.
그리고 인연이라는 것만 해도 말이 필요 없다. 정말 대단한 인연인 거다. 나처럼 가만히 있는 사람이 평생 살면서 이렇게 오래 함께 일할 수 있는 사람을 만난다는 것. 그런 인연이 이 지구상에 몇이나 될까?

'팀을 오래 하고 싶다면 어떻게 해야 할까'라는 고민은 물론 해본 적이 있다. 잡으려는 쪽이 고달파지는 게 바람과 사람의 공통점이다. 무엇이든 그저 묶어두고만 싶지 않다. 특별한 사랑을 의식적으로 바라지도 않는다. 굳이 그러지 않아도 이미 가장 신경 쓰는 부분 중 하나이니까.

가끔은 나의 이런 부분 때문에 얘가 팀을 하고 싶기는 한 건지 답답해하는 듯한 오빠를 몇 번 본 적도 있지만. 생각해 봐요. 그래도 우리는 벌써 7년째 열심히 계속 함께 음악을 하고 있잖아요.

사람은 한 가지 모습만 가지고 있지 않다. 아무리 좋아서 시작한 일이라도 그 하나에만 묶여 있다보면 언젠가는 지쳐버리고 말 것이다. 사람의 마음이 굳어버리면, 악이든 선이든 무언가 마음이 움직이지 않으면 더 이상 아무것도 만들어낼 수 없을 것이다. 그렇기에 우리는 이런저런 새로운 자극들이 끊임없이 필요하고, 그래서 오빠가 다른 음악 작업을 병행하는 게 좋다. 나도 좀 더 적극적으로 내 작업들을 해나가고 싶기도 하고. 캐스커로 할 수 있는 것들은 아직도 무궁무진하다고 생각한다.

난 캐스커를 오래도록 하고 싶다. 지치지 않고.
개인적으로도 음악을 오래 하고 싶다. 지치지 않고.
오빠도 지치지 않게 해주고 싶다. 가끔 기운 빠지게 하는 것 같아 미안할 때도 있다.
오래 하는 것. 그 어떤 일보다 힘든 일이라는 생각이 들지만 그래도 난 꿈꾸며 살고 싶다.

낯선 도시에서의 하루

어느덧 손에는 비행기 표와 기차표.
생각해보면, 시작은 늘 단순하다.
'아, 여행가고 싶다.'
조금 솔직히 말하자면
'아, 도망가고 싶다.'
집. 녹음실. 집. 녹음실.
A와 B라는 공간만 있는 건조한 생활을, 몇 달째 반복 중.
몸도 마음도 많이 지쳐 있었다. 무언가 새로운 것이 필요했다.

♭Prelude : 출발

새로운 공간에서의 경험이 절실했다. 이를테면 먼 시간을 날아가 느끼는 시차나 언어, 생각보다 낮은 기온, 건조함. 또 직접 부딪히지 않고서는 말할 수 없는 것들 — 시내 전체가 울퉁불퉁한 돌바닥이어서 구두는 쓸데없다거나, 어느 마트는 특정 회사의 크레디트 카드를 거절한다거나, 어느 구간이 공사 중이라 다른 역에 정차한다거나, 어떤 어플리케이션이 유용했다거나 — 혹은, 그 거리나 풍경에서 문득 드는 혼자만의 생각, 멜로디 등등. 그런 특정한 경험, 단어, 소리, 얘깃거리가 필요했다. 그때가 그랬다. 그래서 떠났다. 그 해 봄의 여행. 그 후로 1년이 지났고, 그곳에서의 이야기는 소중한 열두 곡으로 남았다. 이 글은 말하는 사람과 듣는 사람 사이의 '디테일'한 이야기. 말하자면, 비하인드 스토리.

♭5122

떠나기 전날, 멜로디가 떠올랐다. 왈츠. '괜찮은데?'라고 생각하며, 휴대폰의 녹음 버튼을 눌렀다. 녹음 전 "오보에, 비올라, 첼로"라고 말하고, 피아노로 간단히 스케치를 했다. 여덟 마디. 보통은 시퀀서를 켜서 대강의 윤곽이라도 잡는 편인데, 그날은 유독 싫었다. 귀찮았던 것 같기도 하고. 떠나기 전의 설레는 마음을 방해받고 싶지 않기도 했다.

새 앨범 작업을 시작하며, '여행'이라는 낱말을 가지고 출발했다. 각종 여행기를 읽으며, 여행 커뮤니티를 기웃거리며, 내가 하고 싶은 이야기를 그려나갔다(나의 경우, 앨범의 전체적인 큰 그림, 테마를 먼저 잡고 시작하는 편이다). 그리고 최종 후보지로 선택된 프라하에서 빈까지. 버스, 트램 노선도와 봐야 할 것들 간의 동선, 꼭 먹어봐야 할 것들, 기념품은 뭐가 좋은지, 심지어 기내식의 메뉴까지… 체크. 사실 이러한 준비 과정이 여행에 있어 꽤 재밌는 부분인 것 같기도 하지만. 어쨌든 나름 착실한 준비 과정을 거쳐 비행기에 올랐다.
열한 시간 반. 5122마일.

♭이제, 여기에서

간단한 입국 심사를 마치고 휴대폰을 켰다. 대사관의 안전 유의 사항에 관한 문자를 시작으로, 통신사에서도 문자메시지가 온다. '몇 초당 얼마입니다.' 잘 도착했냐는 안부를 묻는다고 하기엔 조금 서운하다. 숙소까지는 택시를 타고 갔다. 기내에서 급히 공부한 체코어로, 택시 기사님께 'Ahoj'라고 인사를 했다. 숙소는 안델역 근처. '배가 고프다. 맥도날드가 보인다. 햄버거를 먹자.' 생활 방식이 어쩜 이렇게 단순한지. 그렇게 간단하게 한 끼를 해결했다. 숙소에 도착해서 TV를 켰다. 채널을 이것저것 돌린다. 언어의 장벽을 실감하며 이내 TV를 껐다. '햄버거를 먹었다. 배가 부르다. 잠이 온다.' 첫날은 밀려오는 피곤함과 함께 이렇게 마무리했다.

떠나기 전, 가장 많이 본 것이 무엇입니까? 묻는다면 '프라하의 연인'이요, 라고 답할 것이다. 다시보기로 몇 차례를 봤다. 참고하려 다시 봤던 것은, 쿤데라 원작의 '프라하의 봄'. 줄리엣 비노쉬를 좋아해서 다시 봤지만, 오래 전 영화라서 큰 도움은 되지 못했던 것 같다. 한 시절의 아름다운 여배우를 오랜만에 봐서 좋긴 했지만.

왜 프라하에서 빈까지인가? 라고 묻는다면. 처음 떠나겠다고 마음먹은 것이 작업을 하다였다. 파일을 옮기고 있는 중에 바탕화면을 무기력하게 보고 있는데 문득 바탕화면이 참 외로워 보였다. 그 그림은 에드워드 호퍼의 'Nighthawks'. 문득, 이런 풍경이나 모습들을 그려보고 싶다는 생각을 했다. 처음에는 미국에 갈까 생각했었다. 이러한 생각을 하기 시작한 것이 2010년도 연말 공연 무렵. 순간의 충동을 가라앉히고, 좀 더 고민해서 이런 저런 곳을 알아본 결과, 결국은 프라하에서 빈까지의 여행으로 결정지었다. 영화 '비포 선라이즈'도 꽤 큰 공헌을 했는데 그 이야기는 조금 나중에 하기로.

어떤 이야기를 할까? 어떤 이야기를 담을까? 존재론적인 관점에 대해서? 혹은 인간 개인의 복잡 미묘한 심리 묘사를 해볼까? 했으나… 결국은 실패.

지난 [유실물보관소] 앨범에서 하고자 했던 이야기는 '공감'이었다. 흔히 접하는 낱말들을 다시 생각했고, 쉽게 부를 수 있으면 더 좋고. 물론 가사에 대한 나의 기본적인 생각이나 방향들이 그렇기도 하지만, 그때는 더욱 그랬던 것 같다. 첫 앨범이라는 부담감, 많은 사람들이 들어줬으면 하는 바람. 이런저런 상황, 감정들이 얽힌 앨범이 [유실물보관소]이지 않았나 생각한다. 그렇지만, 이번 앨범에서는 조금 다른 이야기들을 하고 싶었다.

그것이 앨범을 최종 완성하면서, '독백', '혼잣말'이라는 것으로 마무리 되었지만.

♭시차

잠을 자도 잔 것 같지 않고. 휴대폰이 알려주는 시간은 지금 여기가 아닌 다른 세상을 알려주는 것 같고. 촌스럽지만 인정하자. 시차병이 왔다. 머리가 멍하다. 눈꺼풀이 무겁다. 숙소 1층 로비에는 뷔페식 식당이 있다. 거창하진 않지만, 아침을 챙겨주니 꽤 고맙기까지 했다. 오븐에 구운 호밀빵 몇 조각과 달걀프라이. 신선한 카프레제 샐러드. 향긋한 과일들. 조금 연하게 내린 커피. 대체 얼마 만에 먹는 아침인가 생각하면서, 참 맛있게 먹었다.

멀리 여행을 오면 꼭 지키는 나름의 원칙이 '잘 먹고, 잘 자기'이다. 입맛이 없어도 억지로 잘 먹으려 하고, 잠이 잘 오지 않으면 맥주라도 한두 캔 마시고 잠을 청한다. 억지로 생체리듬을 바꾸는 일이 쉬운 것은 아니지만, 그렇게 조금이라도 건강한 컨디션을 유지하며 다니는 것이 여행에 있어서 덜 고된 것 같다. 조금이라도, 더 즐길 수 있는 것 같다.

역에 가서 100코루나를 주고 24시간 교통 티켓을 끊었다. 트램도, 지하철도, 버스도 이 한 장이면 어느 것을 이용해서든 다닐 수 있다. 오기 전, 현금으로 쓸 코루나와 유로를 미리 환전해왔다. 현지에서 하면 복잡할 문제들은 미리 해두는 것이 좋은 것 같다. 비슷한 맥락으로 필름도 넉넉히 챙겨왔다.

35mm 필름 80여 롤 정도. 제조사, ISO값, 컬러, 흑백 모두 조금씩 다르게 가져왔다. 어떤 풍경이 어떻게 담겨질까? 어떤 모습들을 담을 수 있을까….

어쨌든 그렇게 시작. 지하철 B호선을 타고 무스테크역으로 갔다. 계획이 있는 듯 없는 듯, 아리송하게 무언가 적은 지도와 프린트, 메모들을 들고. 낯선 곳에서의 하루. 시작.

♭다음날 아침

흐리다. 들고 온 다른 여행기의 사진 속 풍경을 보며, 이런 날씨는 아무에게나 주어지는 것이 아니구나 생각했다. 여행지에서의 날씨는 정말 '복'이다. 오늘은 그 복, 다른 사람에게 간 듯하다. 차라리 비가 오면 좋겠지만, 그것도 아니다. 유난히 아침이 무겁다. 기운을 내서, 씻고 아침을 먹었다. 구운 베이컨과 오이, 호밀빵과 과일, 커피.

바츨라프 광장으로 가려 했다. 프라하의 번화가이기도 하고, 여행의 시작점이기도 한 이곳. A선 무제움역에서 내리면 바로 있지만, 조금 걷자는 생각에 무스테크역에서 내려 걷기 시작했다.

날이 흐려서 그런지 단조에 대한 생각을 했다. 만들기도 힘들고, 부르기도 힘들고, 그렇지만 늘 듣기 좋은 단조. 곡을 만들 때면 늘 까다롭고 힘들어서 잘 쓰지 않았던 단조 곡을 이번 앨범에 넣어보자는 생각을 하고 있었다.

나중에 데모 작업을 하면서도, 오래 고민했던 곡. 작업 시작부터 희정누나와 듀엣을 할 곡으로 미리 생각하고 만들기도 했다. 처음엔 피아노와 중반 이후에 브러시 드럼으로 작업을 했다가, 결국에는 기타가 중심에, 퍼커션 계열 악기로 가보자 싶어 리듬 패턴 전체를 다시 작업했다. 데모 작업을 할 때는 탐보림이라는 악기를 썼다가, 실제 녹음 때는 둠벡이라는 악기로 재녹음하기도 했던 노래.

곡은 완성이 되었는데, 가사는 한참 뒤에야 나왔다. 우연하게, 영화 '그을린 사랑'을 보고 난 뒤에 그 분위기에 이끌려 가사를 썼다. 압도적인 무게감이나 진지함, 아픔 이런 것들이 생생하게 묘사된 영화였고, 다시 봐도 참 훌륭한 영화라는 생각이 든다.

때때로 필요 이상으로 진지해지는 날이 분기에 한두 번, 불쑥 하고 찾아오는데. 그 순간, 무엇을 했는지가 참 중요한 것 같다. 그래도 어느 흐린 날의 풍경이 있었고, 단조를 생각했고, 우연하게 멋진 영화를 봤고, 가사에 대해 생각했다는 것이 다행스럽다.
그 진지해지는 어느 날의 고민이 다음 달의 카드 고지서나, 한참 밀린 빨래나, 내일은 또 뭐 해 먹나 등의 고민이 아니라는 점도 정말 다행이다.

♭새벽녘

아침 메뉴는, 달걀프라이와 슬라이스 햄, 샐러드와 호밀빵, 커피. 어제와 크게 다르지 않다. 카메라와 휴대폰, 가방을 챙겨 거리로 나섰다. 트램을 타고, 네루도바 거리 즈음에서 내렸다. 이제는 트램 노선도 헷갈리지 않고 잘 갈아탄다. 걷고 싶었다. 그렇게 프라하 성 근처까지, 걷고 또 걸으니 어느새 점심때가 훌쩍 지났다.

오전에는 맑더니, 비가 오려는지 이내 흐려졌다. 날씨가 참 변덕이다. 22번 트램을 타고서 말라스트라나 지구 근처로 이동해서 피자를 먹었다. 오는 길에 숙소에서 먹으려, '뜨레들로'라는 이곳의 전통 빵도 사왔다. 사진을 어느새 열다섯 롤 이상 찍었다. 같은 풍경인데도 사람이 바뀌고 날씨가 바뀌니 모습도 달리 보이는 것 같다.

많은 사람들이 알겠지만, 여기는 맥주가 참 맛있다. 종류가 다양하기도 하고. 떠나기 전에는 몰랐던 코젤 맥주를 몇 캔 사왔다. 씻고, 사진을 정리하며 맥주를 마셨다.

봄이 올 무렵 떠나와 그런지 모르겠지만, 생각보다 해가 짧다. 오후 4시만 되어도 해가 뉘엿뉘엿하기 시작한다. 어느덧 여기의 시간과 풍경들이 그렇게 낯설지만은 않다. 비록 채널을 돌리면 알 수 없는 말을 늘어놓는 TV는 여전하지만. 그러고 보면 서울은 어떤 의미에서 낮보다 밤이 더 환할 때가 많은 것 같다. 하지만 여기는, 가로등이 거리를 수놓는 시간이 되면 모든 것들이 조용해진다. 정말 가끔 다니는 자동차, 보행자 없는 횡단보도, 불만 켜진 간판들….

그때, 한잔하며 남긴 메모에는 '노력대로, 뜻대로 쉽게 풀리지 않는 시간 / 오늘 같은 내일, 모레들 / 잘하고 있는 걸까? 잘 살고 있는 걸까? / 오랜만에 만난 친구들과의 술자리도, 시시껄렁한 농담들이 아닌, 조금 더 현실에 가까운 이야기들로 한숨 쉴 때' 등이 적혀 있다. 가사를 쓰려 했던 것은 아닌 것 같다. 글에서 괜히 취기가 느껴진다.

어쨌든, '새벽'은 어쩌면 희망, 내일에 대한 반가움을 의미하는 시간일 수도 있지만, 달의 뒷면처럼, 어쩌면 막연하고 불안한 시간일 수도 있다. '새벽녘'이라는 곡에서는, 후자의 입장에서 그런 마음들을 이야기하고 싶었다. 나에게, 혹은 누군가에게 그동안, 잘 지냈었느냐고 물어보고 싶었다. 돌아와서, 적힌 메모를 보며, 사진을 보며 만든 노래.

♭초보비행

어느새 프라하를 떠나기 전, 마지막 날. 정말 날씨 '복'이 비껴가는지, 마지막 날이 되어서야 그야말로, 맑고 화창하고 '쨍한' 풍경을 보여줬다. 기쁨과 동시에 조금 우울했다(사실, 이번 앨범에서의 북클릿 가운데 맑은 프라하의 모습은 거의 마지막 날 찍은 풍경이다). 아침을 어떻게 먹었는지, 기억도 없다. 먹는 둥 마는 둥하며, 일단 카메라를 모두 들고 나갔다. 네루도바 거리를 시작으로, 카를교, 하벨 시장 등 그동안 다녀갔던 모든 곳들을 돌기 시작했다. 광각렌즈로, 단렌즈로, 반자동 필름 카메라와 디지털 카메라를 섞어가며, 모든 풍경들을 다시 찍었다. 프라하 시내가 그리 크지 않아 다행이었지만, 마음이 정말 바빴다.

늦은 저녁이 다 돼서야 지친 몸을 이끌고 털레털레 숙소에 도착했다. 마지막 날은, '이국적인 유럽피언의 정서'를 느끼며 조금 더 여유 있게 보내려 했었는데… 아쉽게 됐다.
떠날 짐을 꾸리고, 꽤 많은 필름과 파일을 정리하며, 일종의 상상 — 내일은 다른 도시로 넘어가서, 어떤 풍경 혹은 모델 '누구'를 촬영해야 되는, '매우' 바쁜 사진작가가 된 듯한 — 을 하며 내가 그 사람이 된 것 같은 기분, 좀 멋있는 것 같은 느낌에 맥주 한 캔을 쓱 비웠다. 지금도 그때를 생각하면 웃음이 난다. 돌아와서 사진을 현상하니 2,000여 장이 넘는 사진 가운데, 풍경은 비슷한데 날씨는 정반대인 사진이 꽤 있었다. 흔들리고 필름이 끊긴 사진도 더러 있었다. 그 사진들을 보며 애써 스스로를 위로한다. '그래, 그래도 기록은 중요해'라며.

사진을 보면, 그 순간의 '감정' 같은 것들이 묻어난다. 비록 사진을 잘 찍는 것은 아니지만, 앨범마다 직접 찍은 사진들을 넣는 이유도 그래서인 것 같다. 막연하게 떠오른 어떤 생각 혹은 멜로디. 그 탄생의 출발로부터. 이후 오랜 시간을 다듬고 정리해서 만든 최종적인 결과물. 한 장의 음반이 되기까지. 모든 '순간의 감정'을 조금 더 가깝게 표현하고 알리는 것. 그렇다면 조금 더 '멋진' 무언가가 되지 않을까 하는 바람에서이다.

♭국경을 넘는 기차

'일찍 일어나자!'라며, 전날에 마음먹고 잠들면, 알람보다 늘 일찍 깬다. 프라하에서의 마지막 아침식사를 한다. 오이와 토마토. 스크램블 에그. 버터를 바른 호밀빵, 커피. 식사를 마치고, 프런트에서 체크아웃을 했다. 막상 떠나려니 벌써부터 조금은 섭섭한 마음이 든다. 숙소에서 택시를 타고 프라하 중앙역까지 갔다. 빈까지는 기차를 타고 이동하려 티켓을 미리 발권해두었다. 중앙역은 우리나라 서울역과 비슷한 정도의 크기로 짐작된다.

'기차 여행'에 대한 낭만은 누구나 있지 않을까? 지금은 사라진 춘천선을 비롯해서, 고속철도가 운행되기 전의 기차 여행. 이곳에서 그런 것들을 담아보고 싶었다. 스마트폰 어플리케이션 중에 DB navigator를 이용했다. 출발 시간부터, 중간 경유지와 도착하는 데까지 걸리는 시간 등이 모두 검색되어 꽤 편리하게 이용했다. Praha hl. n.에서 Wien Meidling까지. 네 시간 반. EC 77. 기차 이름도 아니나 다를까 '드보르작'이다. 역시 예술의 도시답다.

어디론가 떠나는 사람들과 이곳으로 도착한 사람들. 아침부터 많은 사람들이 모여 있다. 열 시 반 출발이라 시간적인 여유가 있어, 중앙역 안에 있는 서점에 들렀다. 무언가 기념이 될 만한 것이 없을까 살펴보다 『Mysterious Prague』라는 동화책을 한 권 샀다. 서점을 나와, 플랫폼으로 들어가기 전에 햄버거 가게가 있었다. 그래도 네 시간이 넘는 길이라 먹을 것을 살까 하다가 기차 안에 식당 칸이 있다는 이야기에 관뒀다.

역 안과 플랫폼의 모습을 찍다가 시계를 보니 '아차' 싶었다. 여차하면 또 기차를 놓치겠다 싶어서 짐을 들고 부랴부랴 뛰었다. 기차에 올랐다. 정말 앉자마자 기차가 움직이기 시작한다. 안도의 한숨을 쉬었다. 전에 KTX를 타고 부산을 여행하러 가는 길. 편의점에서 먹을 것을 사다가 열차를 놓쳤던 기억이 관통한다. 지금 생각해도 아찔하다.

점심 무렵이 되어 식당 칸에 들렀다. 두 테이블 정도 그곳에서 음식을 먹는 사람들이 있었다. 가져가서 먹기로 했다. 토마토 파르팔레 파스타와 수프를 세트 메뉴로 팔고 있어서 그것을 주문했다. 주문을 받은 분께서 조리실 안으로 들어가신다. 그런데 조금 이상하다. 무언가를 자르고, 그릇에 붓고. 아뿔싸, 레토르트다. 전자레인지에 3분 땡 하니, 허름한 종이 상자에 포장되어 나온다. 햄버거를 먹을 걸 하며 음식을 가져왔다. 예상을 뛰어넘는 '맛없음'에 또 한 번 놀랐다.

어쨌거나, 그렇게 빈으로 향했다. 맛없는 파스타를 먹으며. 빠른 속도로 지나가는 풍경과, 여권에 찍힌 국경을 넘었다는 기록을 보며. 음악을 들으며. 그렇게 빈으로 향했다.

♭Interlude : 크레디트 카드와 인터넷에 관한 잡담

숙소에서 그나마 가장 가까운 마이들링역에서 하차했다. 택시를 타고 숙소가 있는 펜칭 지구까지 이동했다. 빈 중심가에서 조금 떨어져 있는 곳이긴 했지만, 그렇게 멀지 않았다. 쇤부룬 궁전도 가깝게 있어서, 오히려 좋았다. 토요일 오후라서 그런지 모두 여유롭다. 택시를 타고 오며 같은 동유럽권 국가지만, 프라하에 비해서 조금 더 세련된 느낌을 받았다.

숙소에 도착해서, 짐을 풀고 컴퓨터를 켰다. 이럴 수가. 인터넷이 연결되지 않는다. 불안하고 초조한 것이, 전형적인 인터넷 중독이라 자가 진단하며, 1층 로비로 향했다. 유료란다. 전에 있던 숙소에서는, 무선 인터넷까지 모두 무료로 이용할 수 있었는데, 여긴 아니다. 조금 서럽다. 일단 참아보자. 그래서 동네 한 바퀴를 나섰다.

동네를 걷다보니 BILLA가 나왔다. BILLA는 식료품, BIPA는 잡화점. 착실히 적어둔 메모를 살핀다. 무심코 이용하던 우리나라의 24시간 편의점, 식당들이 외국에 나오면 참 그립고 감사하게 느껴진다. 여기에선 미리미리 무언가를 사두어야 한다. 간단히 먹을 샌드위치, 탄산수, 음료 등을 샀다.
계산을 하려 카드를 내미니, 카드를 거절한다. 카드사의 이름을 말하며, 그곳의 카드는 받지 않으니 다른 카드가 없냐고 묻는다. 결국 현금으로 계산하고 나왔다. 빈 다른 지역의 BILLA, BIPA에서는 모두 문제가 없었는데 유독 그곳만 그랬다. 왜 그랬을까? 지금도 의문이다.

어쨌거나 물과 간단히 먹을 것들을 사고, 숙소로 돌아오는 길. 결국은 돈을 주고 인터넷을 쓰기로 결정했다. 하루에 17유로씩. 비싸다. 빈이 물가가 높은 것은 익히 알고 있었지만. 그렇지만, 인터넷을 포기할 수는 없기에(!) 카드를 내밀었다. 혹시나 해서, 빈에 머무르는 동안, 인터넷 사용료를 한꺼번에 결제하면 할인되느냐 물었더니, 그런 거 없단다. 야박하다.

그렇게 툴툴대며 방으로 돌아오니, 인터넷이 된다. 누리고 살던 것에 대한 감사함을 느낀다.

그렇게 하루를 마감. 아, 오늘 하루 꽤 고되다.

♭떠나자

빈의 아침. 이곳 숙소에서도 프라하와 마찬가지로 조식을 제공해준다. 그런데 달걀프라이는 해주지 않는다. 친절하게 그릇에 담아주던, 그곳의 요리사 아주머니가 그리워진다. 구운 베이컨과 오이, 양파 샐러드, 바게트와 커피를 먹었다. 빈으로 떠나오기 전부터, 실은 라면이 굉장히 먹고 싶었다. 그것도 아주 매운. 검색을 해서 슈테판 대성당 근처에 한식, 일식을 하는 곳을 찾았다. 점심 메뉴를 정하고, 길을 나섰다. 티켓은 마이들링역에서 내리자마자 구입해두었다.
트램에 올라 티켓 펀칭을 하고 U-Bahn 1호선인 슈테판스플라츠역으로 향했다. 프라하의 낡은 트램과는 대조적이다. 깨끗하고, 소음도 적고, 넓고, 쾌적하다. 안내 방송도 잘 들렸다. 사실 프라하에서는 안내 방송이 잘 들리지 않아 목적지를 지나친 적도 꽤 있었다.

어쨌든, 빈이다. 베토벤과 모차르트, 요한 스트라우스의. 또 푸른 도나우 강이 흐르는 낭만의 도시. 그리고 영화 '비포 선라이즈'의 촬영지. 영화를 보며, '가보고 싶다, 가보고 싶다' 생각하던 그곳에 발이 닿았다. 설레고 기분 좋다. 여행의 첫날은 늘 필름을 많이 챙긴다. 그 기분을 더 필름에 많이 담고 싶어서 그렇기도 하고, 괜히 설레는 마음에 그러는 것 같기도 하다.
슈테판 대성당은 공사 중이다. 오래된 건물이라 보수 중인 것 같았다. 한쪽 벽면이 커다란 덮개로 둘러싸여 있는데, 실제 모습을 프린트해서 가려두었다. 멀리서 보면 공사 중인지 모를 것 같은 느낌이다.

그렇게 슈테판 광장과 게른트너 거리, 옆으로 그라벤 거리가 펼쳐진다. 영어와 독일어, 일본어와 중국어 등. 다양한 언어들이 귓가를 스친다. 수많은 사람들이 오가는 모습에, 한동안 바라만 보다, 이내 셔터를 누르기 시작했다. 거리 연주를 하는 연주가와 퍼포먼스를 하는 예술가도 눈에 띄었다. 자유로웠다. 사람들도, 풍경들도, 거리의 모습도, 스쳐가는 차가운 바람까지도. 모두 '각자'의 시선과 걸음으로. 이 거리, 이 도시를 즐기는 느낌이다. 여유롭다.

점심이 조금 지났다. "라면! 라면!"이라고 외치며, 오페라하우스 근처의 한식당을 갔다. 오스트리아의 수도 빈의 한복판에서 한글을 만나니, 어쩐지 마음이 뭉클하다. 탄산수와 김밥, 김치라면을 주문했다. 매운 냄새가 코끝을 스치고, 이내 식탁 위에 대한민국이 보였다. '감사합니다, 맛있게 잘 먹을게요.'

맛있는 것도 먹고, 기분도 좋고. 걷고 또 걸었다. 해가 지는 것이 정말 아쉬운 오후다. 거리의 누군가는 춤을 추고, 어린 아이와 장난을 하고, 나팔을 불고. 그 모든 것들이 어색하지 않은. 오히려 정말 평화롭고 사랑스럽던, 그 거리. 문득 그리워진다.

♭우리의 음악

영화 '비포 선라이즈'의 제시와 셀린느 그리고 빈. 처음 본 것이 언제였는지 명확하진 않지만 여행을 떠나오기 전까지 다시 봤던 영화. 대단한 왕궁, 오페라하우스나 클림트나 에곤 쉴레의 그림들보다 나를 이곳에 오게 만들었던 것은, 어쩌면 이 영화 한 편일지도 모른다. 누군가의 발자취를 찾아보는 것. 그 기억을 더듬어보는 것. 그것만으로도 이번 여행은 충분하다 생각했다. 시리얼과 오이, 토마토로 아침을 간단히 해결하고 필름을 챙겨 길을 나섰다.

오전에는 모차르트 하우스에 들렀다. 일종의 박물관 같은 느낌인데, 그가 살던 곳에 꾸며졌다. 그의 음악과 악보, 그가 사용했던 사소한 것들이 모두 보관되고 또 기록되어 있다. 기념품 가게에 들러서는, '자장가'가 흘러나오는, 작은 오르골을 하나 샀다.

오후에는 마리아힐퍼 가 근처로 가서, 레코드숍부터 찾았다. 어느 여행지에서나 사라지지 않고, 굳건히 버티고 있는 레코드숍을 보면 늘 반갑고, 놀랍고 고맙기도 하다.

'Teuchtler Schallplattenhandlung u. Antiquariat'라는 긴 이름. 혹은 'Alt&Neu'라는 이름으로도 불리는 오래된 레코드숍. 매주 월요일부터 금요일까지 오후 1시에서 6시까지밖에 장사하지 않는, 무척이나 배짱 있는 가게. 음악에 대한 고집이 간판에서부터 묻어나 보였다.

매장 안으로 들어가니 영화 속 풍경과 크게 다르지 않았다. 낡은 턴테이블과 LP들부터 수많은 음반들. 먼지 묻은 것들을 닦는 주인아저씨와, 음반을 고르는 몇몇 손님들. 영화의 두 주인공이 만나 캐스 블룸의 'Come Here'를 듣던 곳이, 바로 이곳이다 생각하니 가슴이 두근거렸다. 반가운 마음에 사진을 찍고 구석구석 구경을 하며, 이내 손에 CD 몇 장을 집어들었다.

그렇게 한참이나 구경을 하고, 계산을 하러 가니 주인아저씨가 씩 하고 웃으신다. 카운터 위에 캐스 블룸 앨범을 찍으라며 손짓을 하셨다. 덩달아 나도 웃으며, 영화 속의 앨범과 모습들을 몇 장 더 사진에 담을 수 있었다.

누군가와 함께했던 '시간'이 있다. 순간의 기억들. 단편적으로는 목소리, 말투, 글씨. 혹은 같이 손을 잡고 걷던 거리. 서로가 좋아하거나 싫어하던 음식, 식당. 또 어쩌면 어떤 풍경이나 계절들…. 그렇지만 그 많은 것들 가운데 가장 기억에 남는 건, 좋아하는 노래라며 들려주던 '우리'의 음악이다. '음악'은 변하지 않는다. 그것이 때로는 슬프다. 또 어쩌면, 그래서 고맙다.

♭믿을게

MQ Point(박물관 지구)에 가기로 했다. 빈에 와서 이곳만 며칠 동안을 본다는 사람도 있을 정도로 건축, 그림, 패션 등 모든 예술이 집합해 있는 거대한 박물관. 레오폴드 미술관, 미술사·자연사 박물관부터 쿤스트할레까지. 정말 대단하고, 부러운 공간이라 생각했다. 특히나 레오폴드는 꼭 한번 보고 싶었던 곳이라, 꽤나 오래 시간을 보냈던 것 같다. 집에 칙칙한 벽 한켠이 문득 떠올라 작은 그림들도 몇 장 샀다. 하지만 아직 걸지는 못했다. 아침 일찍 도착해서 관람했는데, 나오니 벌써 해가 지려 하는 것 같았다. 식사도 제대로 하지 못해서 근처에서 조각 피자와 탄산수를 사먹었다.

어느덧 떠나야 하는 날이 얼마 남지 않았다. 문득, '다시 올 수 있을까?'라는 생각이 들었다. 마음먹고 실천하면 어려운 일은 아니겠지만, 그래도 벌써부터 아쉽다. 돌아가서 "잘 다녀왔습니다"라고 말할 사람들에게 선물할 것들을 고른다. 이곳에 오면 많이 산다는 초콜릿, 과자 같은 것들부터 액자, 열쇠고리 등. 정말로 기념품다운 기념품을 골랐다.

다시 콜마르크트 쪽으로 돌아와 거리를 걷는다. '역시 발이 편한 운동화를 가져오기 잘했다 / 언제쯤 다시 올까? / 조금 더 늦게 돌아갈까? / 그냥, 이곳 어딘가 한동안 머무르며 지내보고 싶다' 등의 생각들을 늘어놓는다. 한참을 그렇게 걷고 또 걷는다. 기분 좋은, 조금은 나른하기도 한 오후의 햇살이 거리 전체를 덮는다. 그라벤에서 조금 내려가다가 자허에 들어갔다. 자허는 빈에서 손꼽히는 커피, 케이크 전문점이다.

또 데멜이라는 곳도 유명한데, 그곳엔 가지 않았다. 자허 토르테와 멜랑쥐를 시켰다. 멜랑쥐는 빈 사람들이 즐겨 마시는 커피란다. 평소에는 단 것을 별로 좋아하지 않아서 잘 먹지 않던 것들을 이곳에서 맛본다. '달다' → '정말 달다' → '어? 이거 너무 단 거 아니야?!' 먹을수록 수용치를 넘는 이 화려한 단맛. 근래 먹어본 '단것' 중 가장 강했다.

그렇게 커피 한 잔을 마시고, 다시 거리로 나왔다. 많이 걸은 탓인지 다리가 아프고 살짝 부은 것 같은 느낌이지만, 그래도 좋다. 한참이 지나서야 숙소로 돌아왔다. 아픈 다리를 두드리며 노트북의 사진을 정리한다. 여행을 떠나와서 구입한 필름들까지 모두 100롤이 넘는 필름들은 가방 한구석에 잘 넣어둔다. 조금씩 짐을 챙기기 시작했다. 그리고 이 무렵, [낯선 도시에서의 하루]라는 앨범 제목을 생각했다. 나의 하루. 하고 싶은 이야기, 듣고 싶은 이야기. 그런 것들을 그려보자. 그렇게 생각했다.

♭터미널

새벽. 해가 어렴풋이 뜨려 했을 때, 잠에서 깼다. 오늘, 떠난다. 다시 긴 시간을 넘어 익숙한 시간들로 돌아간다. 벌써부터 서운하다. 간단하게 아침을 먹고, 그래도 마지막인데 사진을 좀 더 찍자 싶어서 숙소 주변으로 나섰다. 체크아웃까지는 시간이 조금 남았다. 한적하고 조용하다. 조금 더 걸으니 기찻길이 보인다. 구름 낀 하늘 사이로 해가 비치고, 수많은 새들이 어디론가 날아간다. 황홀한 아침 풍경에 잠깐 넋을 잃고 바라봤다. 내년쯤. 바빠서 조금 늦어지면 내후년쯤이 되더라도. 머지않아 곧 다시 오겠다는 마음을 먹는다. 아직 더 보고 싶은 것들이 너무도 많다.

체크아웃을 하고, 짐을 로비에 놓으니 이내 택시가 왔다. 인터넷으로 미리 예약한 공항 택시를 이용했다. 27인치 캐리어에 노트북, 카메라 가방에 선물에 기념품에, 이것저것 짐이 많다보니 대중교통은 조금 힘들었다. 택시를 타고 빈의 마지막 풍경을 본다. 아침에 날씨를 보며, 오늘은 구름은 많지만 그래도 괜찮을 것 같더니 이내 조금씩 비가 오기 시작했다. 좁은 도로를 지나 쇤부룬 궁전 쪽으로 이동하며 택시는 조금씩 속도를 낸다. 밖에는 비가 내린다.

빈 국제공항. 공항에 도착하니 빗방울이 더 굵어졌다. 제법 내린다. 봄비다. '이제, 다시 봄이 오는구나….' 티켓과 여권을 보여주고 짐을 부쳤다. 빈에서는 취리히를 경유해서 인천으로 돌아갈 예정이다. 비행기를 타려면 아직 한 시간여 정도가 남았다. 여느 공항과 크게 다르지 않게 기념품 파는 가게와 약국, 간단한 식사를 파는 곳들과 카페가 있었다.

점심을 거르고 와서 간단하게 샌드위치와 커피를 주문해서 먹었다.

사진을 찍는다. 비행기 시간을 확인하며 어디론가 떠나는 노부부도, 비가 오는 공항 밖의 모습도, 늦었는지 바쁘게 뛰어가는 가족들도 보인다. 이제, 나도 여기 있는 많은 사람들처럼 떠난다. 돌아가고 싶은 마음보다 남아있고 싶은 마음이 더 많지만. 그래도 아직은 여기에. 나의 두 발이, 내가 숨 쉬는 이곳이, 셔터를 누르는 지금의 순간이 너무나 소중하다.

♭미뉴에트

경유지 취리히로 도착. 빈에서 취리히까지는 한 시간 반 정도. 이내 재수속을 밟는다. 잠깐의 비행기를 기다리는 시간 동안, 창밖의 취리히 공항 풍경을 살핀다. 어두운 밤, 조용한 관제탑과 그 주변의 불빛들만이 보인다. 이제 다시 멀리 떠나, 익숙한 시간으로 돌아간다. 잠이 들었다가, 깨었다가, 영화를 보다가, 음악을 듣다가, 카메라 속에 담긴 스냅들을 보다가….

여행은 '환상'으로 남는다. 다녀온 시간으로부터, 멀어지면 멀어질수록. 현실로부터 멀어진 시간들이 조금씩 제자리를 찾을수록. 기억은 멀어지고 기록을 더듬게 된다. 모든 것이 온전하지 않다. 오히려 엉망이 되는 경우도 있다. 제 아무리 자세하고 꼼꼼하게 기록한다 하더라도. 말과 글, 멜로디, 사진들로 남겨놓기에는. 어쩔 수 없이 제약되고 제한된다. 공간이 부족하다.
가령, 그 거리에서의 느낌이, '도'인지, '솔'인지. 혹은 어떤 코드나 리듬인지. 또 어쩌면 템포인지. 아무 것도 알 수 없다. 온전히 기록과 기억에 달렸다. 어쩌면 머리보다 먼저 움직이는 습관에서 출발하는 건 아닐까? 조금이라도 표현하고자 하는 것에 가깝기는 한 걸까? 하고 싶은 것과, 해야 할 것들 사이를 조율하며. 꽃이 피고, 장마가 시작된다는 뉴스를 듣고, 낙엽이 지고, 눈이 오는 풍경까지 바라본다. 그렇게 한 살을 더 먹었다.

언제, 어느 곳에서나. 듣기 편한 음악, 소리들. 이번 음반은 그런 것들로 이야기하고 싶었다. '5122'의 여덟 마디 짧은 테마가, '미뉴에트'가 되기까지, 많은 계절들이 지났다. 그동안 작업을 하며 서른 곡이 가깝게 태어났고, 최종 완성된 데모곡만 스무 곡이 넘는다. 홀로 오래 고민했던 시간들. 그리고 많은 사람들을 만나며, 의견을 나누고 같이 고민했던 많은 밤들. 그렇게 [낯선 도시에서의 하루]에는 열두 곡의 소중한 이야기들이 들어가게 되었다.

자주 듣는 질문 중의 하나. "쉴 때 주로 뭐하세요?" 그러면 답한다. "책도 읽고, 음악도 듣고, 영화도 보고…." 요즘에는 여행기를 제일 많이 본다. 당장은 떠날 수 없으니, 대리만족이라 해야 할까? 인아웃을 정하는 일부터, 전체 비용이나, 동선을 생각하고. 그러다보면 쉬는 날의 하루가 훌쩍 지나간다. 마치 일주일 뒤 떠나는 사람처럼, 나름의 계획까지 작성하다가 머쓱하게 웃고는 저장을 한다. 그렇게 나의 '여행'이라는 폴더에는, 아직 가보지 못한 곳들에 대한 여러 계획들이 있다. 꽤나 구체적인 것부터, 네다섯 줄 정도 적다가 그만둔 문서까지. 모두 갈 수는 있을지, 어쩌면 계획과는 전혀 다른 곳으로 떠나게 될지…. '음악'이라는 폴더와 어쩐지 닮아 있다.

말로는 해결 못할 감정들이 켜켜이 쌓이고. 기록되고. 착상되고, 목적이 생기고, 구체적인 계획들이 그려지고. 흔들리지 않게. 그렇게 오랜 시간

만들어나갔다. 나의 여행이, 노래가, 혼잣말이. 어떻게 남을지는 잘 모르겠다. 바라는 것은, 오래 들어도, 늘 한결같은 음악으로 남았으면 좋겠다는 것. 누군가의 새벽, 그 어느 한곳에, 위안으로 남을 수 있다면… 그것으로 충분하다.

Lettre d'Amour

그날 이후, 우리에겐 많은 것이 생겼다.

가장 달콤한 것부터, 가장 쓴 것까지

우리는 단지 그걸 삼켜야만 했다.

우리가 할 수 있는 것은 단지 삼키는 것뿐.

선택의 선을 우린, 이미 넘어왔다.

♭마지막 편지 Things Left Behind

우리의 모든 말은 내뱉는 순간 사라진다는 걸 알아?
긴 한숨처럼, 겨울의 입김처럼
그래, 편지를 쓰기 시작한 건 아마 그런 이유였던 것 같아.
한차례 열기가 식고 난 후, 우리에겐 가장 솔직한 시간들이 찾아오곤 해.

있잖아, 역시 마음이란 건 가지고 싶은 순간 힘들어지나 봐.
난 이제 더 이상 네가 밉지 않아.

다시 불면증에 시달리기 시작했어.
모두 괴로운 시선으로 바라보지만 난 그럭저럭 견딜 만해.
뿌연 세상도 어지러운 시선도, 늘 그래왔으니까
그게 내 일부라고 받아들이면 고통도 단지 삶일 뿐이야.

왜 우리는 변하는 걸까?
시간은, 기억은, 우리는. 왜 사라지고 잊혀져가는 걸까?
끊어지는 것, 이어지는 것 그리고 또다시 이어지는 것.

모든 이에게 서서히 잊혀가는 밤
우리가 함께했던 삶의 파편들은
결국엔 아무도 찾지 않는 바싹 마른 나무가 되어 사막을 굴러다니겠지.

♭가장 일상적인 대화 The Better

조금 자폐(自廢)적인 거라 생각해.
시간이 갈수록
나이를 채워갈수록
자각하지 못할 뿐, 각자 언어의 형태는 변해가고 있어.

가령, 어떤 이들에게
내가 쓴 글의 목적을 설명하지 않아도 되는 것처럼
당신과 나의 언어도 어떤 형태를 띠며 변해가고 있어.
그 과정엔 분명 소실되는 파편들이 존재하기 마련이지.

난 조금 더 기록하고 정리하는 것에 매진해야 해.
해야 할 일들은 점점 명확해져 가는데
손끝이, 입술이 쉽게 열리지 않아.
난 '긴 글'을 써야만 해. 그리고 그것을 '짧은 시'로 만들어야 해.

♭함께, 혹은 다르게 A Place

항상 일찍 잠들 필요는 없어.

밤은 어둡고, 눅눅하며 잔잔하고
알 수 없는 흐름이 느껴져.

그걸 느낀다는 건

부지런히 깨어 있는 사람들의 행운이야.

♭게을러진 마음 Pulseless

옷을 정리하다가 당신이 참 좋아했던 외투에서
당신의 체취를 느꼈어.
수도꼭지를 열어놓은 것처럼 눈물이 흘러내렸어.

기억이란 참 이상하지.
늘 같은 점에서 만나지 않잖아.
우린 필요 이상으로 많은 것을 소유하고 있지 않아?
추억조차도 말이야.

♭기다림과 온유함 Love Song

작년 겨울이 시작될 즈음
깊숙이 넣어둔 겨울 스웨터를 꺼내고 마음이 얼마나 설렜는지
계절마다 바뀌는 이 포근한 감정이 난 참 좋아.
몇 달을 기다려준 옷들에 밴 냄새도 마냥 좋기만 해.
특히 겨울은 내게 더더욱 그래.

♭봄, 눈이 녹다 Eternal Flowers

오늘은 내가 할 수 있는 가장 야한 상상을 했어.
예전보다 가슴이 촘촘해졌어.
생각의 바다 속에서
더 많은 것들을 건져 올릴 수 있게 되었어.

그런데 이게 내게 좋은 일일까.
왜 점점 더 외로워지는 걸까.

10년 전
'봄날은 간다'를 본 후
무작정 상경했던 일이 기억나.
한참을 헤매다 겨우 찾은 수색역 앞에서
감동했던 열정이 생각나.
문득
서울은 사람을 무디게 만든다는 생각이 들었어.

♭노래가 되어라 Nocturnal Cloud

계절이 바뀌는 바람을 느꼈을 때
취해 있던 감정에서 나 혼자 빠져나온 것을 알았어.
웃으며 맞이했던 모든 날들에 안녕을 고하고
너의 눈을 솔직하게 바라보지 못하는 나.

이 계절의 끝은 너와 나, 우리를 반으로 나눠
서로의 선로로 돌아서게 만들 것이란 걸
나는 어느 것도 선택하지 못하고
그냥 이 바람을 온몸으로 맞고만 있어.

아직 놓고 싶지 않은 손을
내 모든 것으로 붙잡고 싶어.
사람들은 헤어지는 순간을
왜, 우리는
이 바람을 거스르지 못하고
모두 손을 놓아버리는지
차라리 이 계절이 영원히 끝나지 않았으면 좋겠어.

-파니핑크, '환절기'

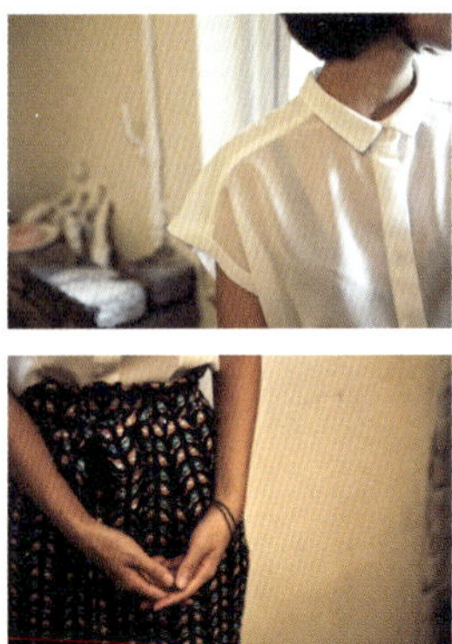

언젠가, 눈물이 눈처럼 펑펑 내릴 때면
우린 기억해야지.
이 노래를. 그 목소리를.

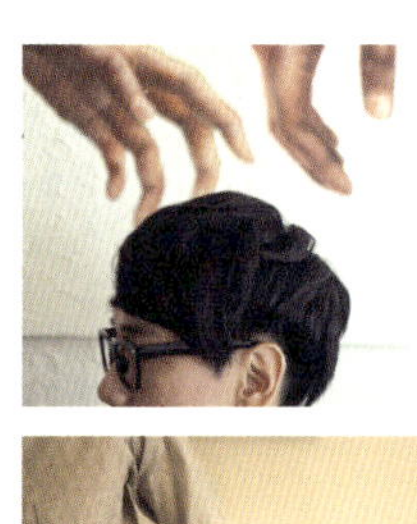

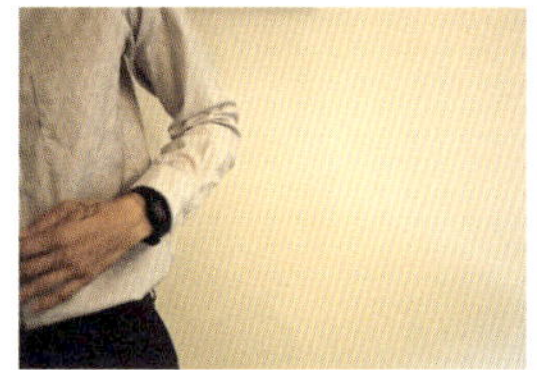

♭이별의 편지 Monologue

눈물을 머금을 수 있다는 것.
정신을 차릴 수 없을 정도로 최선을 다해 사랑했다는
유일한 증거가 아닐까.
끊어지고 이어지고 또다시 이어지는 것
인연은 슬프고도 아름답고 찬란한 것 같아.

이젠 네가 내 머릴 쓰다듬을 일도
날 칭찬해줄 일도 없겠지.
난 이 긴 침묵을 이겨내야만 하겠지.

추워지는 아침, 늘어지는 시간들
그 간격 속에 유난히 생각나는 것들.
가을을 망치는 것들.

이젠 내가 기다리는 사람이 되었어.

현실 그리고 동화

우리가 대부분 남겨 놓은 기억은 때론 이야기로 대치된다.
잔혹하거나 혹은 아름답게. 어느 노래의 가사처럼 지나간 시간은
사람 저마다에게 다르게 적히며 다르게 남는다.
나의 기억들 또한 '다른' 이들과는 '다른' 기억일지도 모른다.
하지만 이야기가 가지고 있는 본질, 그 느낌 그것은 오히려 선명한 증거일지도.
조금씩 베어 물어본다. 잼이 그득한 부분부터일지 싱겁고 텁텁한 부분부터일지는
알 수 없지만. 조금씩 씹어 삼키며 뇌에 전해진 당분의 힘으로 이야기해본다.

♭데뷔

영화에서 보면 주인공이 기절해 있다가 정신을 차리는 장면부터 시작하는 것들이 있다. 주인공은 대부분 잃어버린 기억을 찾는 과정을 거친다. 음악 구인·구직 사이트에서 아직까지는 이름이 정해지지 않았던 '더 멜로디'의 멤버 구인 글이 올라와 있었다. 그 이후로, 잘 기억이 나지 않는다. 몇 년이 지난 지금, 나는 참여 앨범까지 합해 열두 개의 앨범과 음원 사이트에 등록된 103곡의 작업을 한 것으로 되어 있다. 아직까지도 한 곡을 녹음하러 들어가면서 잘 마칠 수 있을지 긴장하는 내가 언제 이 많은 곡을 다 노래했을까. 누가 했지? 내게는 버거운 숫자인데.

일부는 잊고 싶었던 걸까. 나는 기억들을 애써 지운 흔적이 보인다. 지하철역에서 더 멜로디의 리더를 만났고 그는 내가 똑똑해 보인다며 작업한 이것저것을 불러보게 했다. 별도의 오디션 없이 나는 멤버로 충원된 상태였고 현재 소규모 아카시아 밴드의 민홍 오빠가 기타리스트로 합세해 잠깐의 작업 기간을 가진 후 와해되었다. 그 이후 민홍 오빠의 후배들이 멤버로 소개되어 영입되었고 녹음의 녹음을 거쳐 데모가 완성되었다. 운이 좋게 파스텔뮤직에 발탁되었고 앨범이 발매되기도 전에 CF 삽입곡으로 쓰이게 되었다. 이것이 내가 더 멜로디로서 한 데뷔다. 이후 많은 일이 있었지만 기억이 잘 나지 않는다. 더 멜로디에 대한 추억은 내게 좋은 것이 아니었나보다.

'타루'로서의 데뷔는 더 멜로디가 와해되면서 자연스럽게 부각되었다. 어떤 선택이었든지 간에 나의 솔로 활동은 정해져 있었던 것 같다. 혼자서도 잘할 것이라는 생각은 한 번도 해본 적이 없다. 난 어떤 면에선 겁이 많은 사람이다. 나만의 음악? 달콤해 보이지만 내겐 완전할 수 없는 선택이라 생각했다. 내게 있어서 음악은 동시에 여러 개의 열쇠를 꽂고 돌려야만 열리는 복잡한 보안체계의 문이라고 생각되었기 때문이다. 그리고 무엇보다 여럿이 하나의 선율을 만들어낸다는 것이 내게는 경이로움 그 자체였다. 나는 외로웠다. 꽤 오랫동안.

그 당시 일단은 여러 스케줄을 소화하기 위하여 지금의 주 멤버가 구성되었다. 어두운 길에 던져져 혼자 걷던 차에 누군가 같이 걷게 된 것이다. 조금은 과묵하고 짓궂게 대하지만 밴드를 했던 시간보다 더 오래 같이 시간을 이어나가고 있다. 어떠한 마초적인 결의도 장담도 없었지만 잘해오고 있다. 우리는 사람 사이에서 뿜어져 나오는 시너지를 믿는다.

♭어른과 아이

내 자아는 분리되어간다. 리트머스 종이처럼. 정말 어린 아이였을 때, 나는 어른이었다. 왠지 모르지만 조용할 날 없었던 가정 환경에서 나는 어두운 것을 감추고 침묵할 줄도 알았으며 애써 벗어나려 발버둥치지도 않았다. 오히려 지금보다 훨씬 어른이었는지도 모른다. 이것에 대한 반사작용으로 나는 외부에서 끊임없이 천진한 것들을 찾아 다녔다. 희고 순수하며 부정할 줄 모르는. 아이처럼 알록달록한 옷을 입기 좋아하고 아이처럼 뛰어다니기를 꿈꿨으며 사람이 가져오는 애정에 대해 맹목적이었다. 처음에 내가 미친 사람을 꿈꿔 그렇게 되었듯이 아이가 되려는 시도는 정말 아이가 되도록 만들어주었다. 정끝별 시인의 표현을 빌리자면 '늑골 속 아이' — 정끝별, 「내 처음 아이」, (『와락』, 창비, 2008) — 가 내게 존재하는 것이다. 그것은 처음에 희미한 움직임만을 가지고 있더니 어느새 모습을 갖추고 자신의 목소리로 노래를 불렀다. 때로는 서럽게. 때로는 사랑스럽게. 아이가 바라는 것은 생존과 애정 말고 무엇이 있을까. 그렇게 20대를 보냈다.

20대 여성의 자아와 10살 아이의 자아는 늘 불안정한 것을 몰고 왔다. 분리에 대한 불안으로 날카롭게 울부짖던 아이와 여성이라는 끈적끈적함은 불과 기름이 되어 내 자신을 까맣게 태우고 있었다. 나는 내 자신에게 상처주지 않는 방법을 알지 못했다. 사람들이 내게 묻는다. 어떻게 하면 노래를 잘할 수 있느냐고. 그러면 이것들을 보여주고 싶다. 까맣게 그을려버린 마음을. 허스키한 목소리가 아니라 허스키한 기억을 갖게 되어 그것으로부터 오는 미세한 떨림을. 한이 있어야 노래가 된다고 하지 않던가. 어느새부턴가 잔인한 기억도 재능이 될 수 있음을 믿는다.

♭여우와 곰 그리고 서커스

여우같은 사람이 좋은가? 아니라고 대답할 것이다. 상대가 여우인 것은 내게 도움이 되지 못하기 때문이다. 가능한 나의 상대는 내게 그 굳게 닫힌 문을 활짝 열고 속살을 드러내 보여주길 바랄 것이다. 그 이후 약탈자가 되든지 영웅이 되든지 결정하는 것은 자비로운 내 몫이기 때문이다. 곰은 미련하다고들 한다. 자신의 힘도 모르고 약게 굴지도 못한다는 것이다(물론 실제로 곰은 매우 영리하지만 사람들이 정해놓은 이미지로 풀자면). 힘세지만 약지 않은 친구, 얼마나 좋은가. 하지만 당신은 당신이 여우 역할을 하길 원하지. 그래서 나는 곰이 되어주기로 했다. 그랬더니 여우는 곰에게 재주넘기를 시켰다. 가끔 자신처럼 영리하게 굴어보라고 조언과 비아냥거림을 아끼지 않았다. 곰이 계속 몰랐냐고? 아니. 알았지만 자신의 큰 몸뚱이를 그 작은 거죽 안에 쑤셔 넣어야 한다는 것도 불가능하다고 생각했고 애초에 '친구'의 역할을 택했기 때문에 이미 줄다리기의 승패를 넘겨준 지 오래여서 어쩔 수 없었다. 천성은 쉽게 바뀌지 않는다. 곰은 더욱 곰이 되고 여우는 더욱 여우가 된다(나중에 가만히 앉아 왜 그를 위해 재주넘기를 했을까 한탄하는 장면까지 모두 곰의 몫이다). 내 음악 생활의 반은 이러한 것으로 설명된다. 곰과 여우를 인식하고 내가 곰이라는 걸 알게 되고 변할 수 없음을 체념하게 되는 과정이었다. 한때는 여우가 되지 못함을 당신과 함께 한탄했었지만, 당신이 그것에 대해 생각이나 해봤을까. 당신이 조언하는 대로 내가 여우가 됐다면 당신 삶이 그리 평탄할 수 있었는지에 대해.

♭성장통

파스텔뮤직을 생각하면 나는 늘 어렸을 때 외가 큰집에서의 추억이 떠오르곤 한다. 어렸던 나는 또래 친척 아이들과 종이컵으로 바람개비를 만들어서 들고 뛰어다녔다. 부촌의 큰집 넓은 마당에서는 잔칫상이 준비중이었고 전구들도 밤바람에 살랑거리며 흔들리고 있었다. 많은 친척들의 웃음소리, 음식들. 풍요로움과 안락함의 기억이다. 뮤지션들이 연말이라든지 춘계 엠티를 위해 모일 때면 나는 이러한 기억을 떠올리곤 한다. 정겨운 대화와 서로의 캐릭터에 깔깔대며 보내는 즐거운 시간들. 누군가는 아버지처럼 누군가는 삼촌처럼 누군가는 엄마처럼 누군가는 숙모처럼 누군가는 사촌처럼, 내게는 그렇게 느껴지는 시간이었다. 파스텔은 나의 음악적 유년이 존재하는 곳임이 분명하다.

시간은 흐른다. 아이는 자라고, 어렸을 때 잠을 자고 일어나던 침대는 안락함을 주긴 하지만 그것에게서 멀어져야 할 필요성을 느꼈을 것이다. 부모는 자신들이 더 큰 침대를 사주기를 원했지만 아이에게는 그것이 다가 아니었다. 아이는 자신의 침대를 자신이 만들거나 사길 원했다. 시간이 흘러 그렇게 자연스러운 이별이 만들어진다. 성장통은 예견되었던 것이지만 우리가 아는 대로 피할 수 없는 것이다. 네버랜드에 머물러야 할 것은 성심뿐이다.

파스텔에 머무는 동안 간간이 기미만 보이던 성장통은 파스텔을 떠난 직후 급격히 증폭되었다. 예상은 했지만 나는 근원적인 질문부터 하지 않으면 안 되었고 그것은 인내심에 한계를 보여주는 일이었다. 왜 음악을 하고 누구를 위해 하는지, 어떤 것을 하고 싶어 하고 어떤 것을 할 수 있는지에 대해, 나의 음악적 정체성은 어떤 것인지에 대해 생각해야 했다. 나는 지금까지 이러한 것들을 다 안다고 생각했고 그것이 온전히 내 것이라고 확신했었지만 그렇지 않다는 것을 알게 되어 혼란스러웠다. 지금도 그렇다. 고통스럽다고 해서 후회하지는 않는다. 아이가 부모의 품을 떠나야 진정한 어른이 되듯이 내게는 언젠가 겪어야 할, 아니 되도록 빨리 겪어야 할 일이었는지 모른다. 이미 나의 이미지는 내가 원하는 바와는 다르게 굳어져가고 있었고 그것에서 탈피하지 않으면 더 크고 튼튼한 껍데기를 가질 수 없었다. 여신? 애정 어린 찬사도 수식어도 아닌 내가 벗어 던져야할 묵은 껍데기일 뿐이다. 당신의 엘프는 이제 날개옷과 지팡이, 유리 구두를 벗어 던지고 판도라의 상자를 안고 당신을 찾아가길 원한다.

♭요정의 숲

노래하는 요정들이 사는 숲이 있었다. 오색빛의 꽃과 나무, 맑은 시냇물, 희귀한 새들과 이름 모를 벌레들, 물을 머금은 이끼와 검은 동굴. 모든 것이 조화를 이루고 자리하고 있었다. 요정들은 낮이면 햇볕처럼 나른한 노래를, 밤이 되면 달빛처럼 신비로운 노래를 불렀다. 어느 날, 실패한 사업가가 우연히 이 숲을 지나게 되었다. 그는 노래하는 요정들을 보게 되었고 그 아름다운 광경을 혼자가 아닌 여럿이 보면 얼마나 좋을까 하는, 스스로 생각해도 기특한 생각을 하게 되었다. 그는 돈을 끌어모아 숲 근처에 호텔을 짓고 사람들에게 광고하기 시작하였다. 노래하는 요정들을 잘 관찰할 수 있도록 망원경을 곳곳에 설치하였고 그들을 본떠 만든 인형도 팔았다. 결과는 대성공이었다. 도심에 지쳐 있는 사람들은 신선한 자연의 무언가를 필요로 했고 노래하는 요정의 숲은 유명한 관광지가 되었다. 사람들은 계속 몰려들었다. 요정들 사이에도 의견이 분분해졌다. 계속 자연을 지키며 살아가자는 요정들과 더 많은 사람들 앞에서 노래를 부르겠다는 요정들로 나뉘었다. 그러는 사이 이들의 성공을 눈여겨보던 막대한 자본을 가진 회사가 숲을 노렸다. 그들은 숲의 가치를 떠벌리며 전문가인 자신들이 맡아 관리해야 한다고 주장했다. 그들은 그곳에 더 큰 관광 단지를 조성하고 대대적인 홍보와 지원에 들어갔다. 이제 '주말은 요정의 숲과 함께'라는 카피는 흔한 것이 되었다. 기존에 있던 사업가는 분노했다. 숲이 처음부터 자기 것이라도 되는 것처럼 대기업 자본에 맞서야 한다며 단체를 만들어 출범시켰다. 사업가는 대기업 자본이 숲을 망친다며 사람들에게 사회 정의를 요구했다.

요정들은 어떻게 지내고 있었을까. 처음 그들은 관심을 받는 것이 좋았다. 사람들은 그들이 좋다며 먹을 것과 작은 선물들도 놓고 갔다. 생전 먹어보지 못한 초콜릿 같은 것도 있었고 고소하기 그지없는 감자튀김 같은 것도 있었다. 그들은 하루하루 즐거운 나날을 보냈다.

하지만 병들어 가고 있음을 깨달은 것은 나중이었다. 그들의 노래는 예전만큼 신비롭지도 신선하지도 않았다. 이미 인간처럼 변해 버린 요정도 있었다. 그들은 짜인 스케줄에 맞춰 공연했으며 그들의 몸집이 작다는 이유로 아주 조금의 보상을 받을 뿐이었다. 적은 보상에 목마른 그들은 좀 더 나은 처지를 위해 경쟁력을 보여주겠다며 서로의 등수를 매기기 시작했다. 그리고 등수 안에 든 요정만이 노래할 수 있도록 했다(애초에 그것은 누구든 할 수 있는 것이었고 숲은 그런 곳이었다). 자신들의 계급을 나누고 서로를 미워하거나 시기했다. 노래의 내용도 관광객들의 기분에 맞추는 내용만 존재할 뿐 대자연의 경외심은 사라진 지 오래였다.

숲도 병들어 갔다. 화려한 조명과 소음 때문에 새들은 보금자리를 위협받고 그 스트레스로 부화할 수 없는 알을 낳았다. 사람들이 버리고 간 쓰레기 때문에 오염된 땅에서는 더 이상 이름 모를 벌레들도 살기 힘들어졌다. 달은 그 빛을 잃은 지 오래고 잘려나간 나무 때문에 숲은 더 이상 신선하지도 않았다. 소자본, 대자본 사업가들의 싸움이 치열해졌고 그들은 요정들을 더 부려먹거나 속이거나 그들의 노력을 가로채는 것으로 차익을 채워 나갔다. 요정들은 하나 둘씩 사라졌다. 상황을 비관하며 영원히 숲을 떠나거나 병들어 죽어갔다. 그들은 약으로 치료해보려고 노력했지만 인간의 약이 들을 리 없었다(그들에게 필요한 것은 예전의 자연뿐이었다).

시간이 흐르고 사람들은 그곳을 더 이상 요정의 숲이라고 부르지 않았다. 사업가들도 이제는 너무나 회의적으로 변해 그곳을 버리고 또 다른 요정의 숲을 찾아 떠났다. 그렇게 요정의 숲과 노래는 사람들의 기억에서뿐만 아니라 동화에서도 어린 아이들의 꿈에서도 희미해져갔다.

어디서 많이 본 이야기 아닌가.
무엇이든 이렇게 파괴되어간다.
당신 가까이에서.

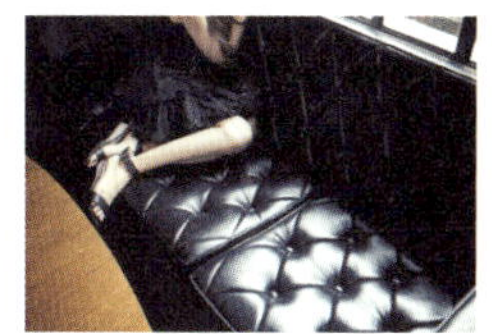

by 소규모 아카시아 밴드

그 나무의 기록보다 하찮을지도 모르지만

'단절의 시간, 연속의 나날'이라고
나이테의 이미지를 표현해보았지만 썩 마음에 들지는 않는.
나무의 기록은 나무의 기록대로.
우리의 기록은 우리의 기록대로.
하찮고 하찮을지라도.
시간의 흐름을 조금은 거슬러보는 기분으로.
아직 오지 않은 내일의 여행을 그리는 마음으로.

♭은지의 여행

3월 16일 금요일¶

약속이 무려 네 개나 있는 날이었다. 평생 그런 날이 몇 번 없을 빽빽한 일정이다. 다행히 동선이 멀지 않아 택시로 이동했다. 연희동에서 선유도공원. 버스를 타면 선유도공원 입구에 내려주는데, 친절한 기사님이 멀리 돌아 한강공원 입구에 내려주시는 바람에 구름다리를 건너 선유도공원을 찾아갔다. 비가 가볍게 내리고 있었고, 우산이 없었다. [이야기해주세요]의 영상 인터뷰를 위해 만나기로 한 사람들에게 주려고 따뜻한 밀크티를 사서 손에 쥐고 갔다. 조금 추웠다. 하지만 약속 장소가 바뀐 걸 모르고 있었다. 다시 홍대 쪽으로 가는 버스를 타려면 양화대교 반대편으로 걸어가야 했다. 길이 이어져 있다는 말에 부지런히 걸어서 공원 입구 쪽으로 갔지만 펜스로 막혀 있었다. 결국 공원 입구로 나와서 양화대교 위를 건너고 있는 택시를 잡아 반대 방향으로 크게 돌아 홍대 쪽으로 가야 했다. 택시를 타고 보니 내가 길을 찾으러 들어갔지만 막혀 있었던 구석의 반대쪽에 양화대교 반대편으로 나가는 길이 있었다. 조금만 더 시야를 넓혔거나 시야를 넓혀 거기까지 갈 체력이 남아 있었다면 찾을 수도 있었을 텐데. 나는 방향치에 길치라서 무작정 걷다보면 곧잘 이상한 건물의 뒷마당이나 다리 밑 같은 데 가 있고 막 그런다. 이것도 특기라면 특기인가.

3월 18일 일요일¶

하루 종일 요가를 하는 날이다. 일요일마다 하루 종일 요가를 한 지 2년이 넘었다. 두 번의 아사나 세션과 두 번의 명상. 오늘은 명상 전에 바쉬트리카라는 프라나야마(에너지 컨트롤)를 했다. 온몸의 에너지를 있는 힘껏 배출하고 다시 샥티(에너지)를 세차게 받아들여서 에너지 채널을 청소하는 거다. 마음속에 남아 있는 사소한 정념들이 쓸려 내려간 것처럼 시원하다. 바쉬트리카를 행하고 나면 에너지가 바닥나 굉장히 피곤하다. 저녁을 먹고 잠깐 기절한 듯이 쓰러졌다.

3월 20일 화요일¶

대학로에서 페스티벌 봄 공연 관련 미팅. 봄이다. 하늘색 봄 원피스가 걸려 있는 꽃집 쇼윈도를 지나면서 '봄이구나! 옷을 사고 싶다!'라고 생각했다. 미팅에서 많은 사람을 만났다. 네 명의 작가가 용산역 대합실에 있는 사람들에 관해 즉흥으로 글을 짓는 퍼포먼스를 하게 되었다. 모두 한 번도 해본 적 없는 퍼포먼스에 참여하게 된 터라 조금 어안이 벙벙. 공연 페이에 관해서 이야기했는데 쉽사리 결론이 나지 않았다. 집에 돌아와서 '배틀스타 갤럭티카'의 시즌1을 다 보았다. 아다마 함장은 사일런이 쏜 총에 맞았다. 아다마는 죽게 될까? 하고 있는 작업을 어느 정도 마치면 시즌2를 봐야지. '배틀스타 캘럭티카'에서 가장 좋은 것은 우주 공간의 고요함이다. 삶에는 얼마큼의 고요가 필요한 걸까.

3월 21일 수요일¶

트위터에서 알게 된 친구가 족발을 먹으러 과천에 놀러 왔다. 족발과 칼국수를 먹고 대낮부터 막걸리까지 마시고 대공원 산책을 했다. 재래시장을 지나 문원동을 지나 관문초등학교 옆길을 택해 걸었다. 아주 오랜만의 산책이다. 부츠를 신고 있어서 발이 쓸려 조금 아팠다. 재래시장은 점포가 정말 많이 줄어들어서 정말로 예전과 같지 않았다. 굴다리 밑의 점포는 아예 전부 없어졌다. 나는 마치 전에 만난 적이라도 있었던 것처럼 상인들의 얼굴을 하나하나 보면서 걸었다. 경기소리전수관, 과천문화원을 지나가면서 '원예해설가'라는 직업이 있다는 것을 알게 됐다. 대공원 입구 마당에서 노닥거린다. 지금 나오고 있는 음악은 그냥 막 트는 게 아니고 환경 음악으로 고른 곡들을 트는 것이겠지? 그런데 그렇게 하려면 비용이 들 텐데 아직까지 그런 비용은 웬만하면 안 쓰려고 하지 않을까? 아무튼 우리나라에서 가장 좋은 직업 중 하나는 서울대공원을 관리하는 일인 것 같다. 한적하고 한적한 잉여들의 오후.

4월 7일 토요일¶

4개월만의 공연 '쑈쑈쑈 나른쑈' 준비를 마쳤다. 홍대의 씨클라우드, 일주일 후에 제주도 엘리엇스 체어, 5월에는 부산의 아지트를 비롯한 지방의 공연장에서 가질 예정이다. 파자마를 입기로 했는데 아직 준비가 안 되었다. 동대문에 갔더니 정말 잠잘 때 입을 것 같은 파자마밖에 없었다.

그걸 입고 무대에 올라가면 약간 머리가 돈 애들처럼 보일 것 같아서 옷 만드는 친구의 도움을 받아 제작하기로 했다. 생각해보면 몇 년간 공연을 이렇게 오래 쉰 적이 없는 것 같다. 1집부터 4집까지의 곡들을 골라 쭉 불러보는 시간은 나른했다. 이름을 참 잘 지은 것 같다. 인도 여행에서 돌아온 친구가 합주실에 와서 여행 이야기를 한참 해주었다. 인도의 아람볼 비치는 바다도 광대하고 하늘도 광대해서 수평선이 우리가 보는 것보다 훨씬 위에 있다고 한다. 그런 크기를 가늠해보고 상상해본다. 직접 볼 수 있으면 더 좋겠지. 이 세상에 아주 아주 큰 것들이 있다는 걸 잊지 않는 일은 좋은 것 같다. 머리에 달라붙은 생각들이 얼마나 작고 작아 하찮은지 아는 것도 그렇고.

4월 13일 금요일¶

제주도에서의 '쑈쑈쑈 나른쑈'를 위해 비행기를 타고 날아가는 중이다. 정확히 어디라고 말할 수 없는 바다 위의 하늘에서 글을 쓰고 있다. 나는 비행기가 뜨기 전에 약간 겁을 먹는 버릇이 있는데, 오늘은 모두가 함께 날아간다는 생각으로 무서움을 떨쳐냈다. 이게 만약 비행기가 아니라면, 사람들이 각자 다 날 수 있는 능력이 있고 마치 철새처럼 이렇게 함께 날아가고 있는 거라면, 하는 상상을 했다. 모두가 함께 날아가는 일은 흔하지만 어쩌면 흔하지 않을 수도 있다. 비행기를 타고 확률적으로 무슨 일이 일어날지 아무도 알 수 없을 때, 함께 무사히 이륙해서 무사히 착륙하는 건 어떤 운명을 잠시 함께하는 것과 같지 않은가. 예전에 일본으로 가는 비행기에서 어떤 노부부가 이륙 전에 뽀뽀를 하고 착륙 후에 뽀뽀를 하는 걸 본 적이 있다. 무사한 이륙과 무사한 착륙을 축하하는 뽀뽀를 나누는 그들이 참 좋아보였다. 뽀뽀가 하고 싶다. 뽀뽀를 많이많이 하면서 살고 싶다. 티웨이 항공의 안내방송이 나온다. "바보는 방황하지만 현명한 사람은 여행을 합니다." 친절한 작별 인사치고는 좀 살벌하다. 하하.

4월 15일 일요일

제주도는 요새 유채꽃이 만발이다. 제주도에 와서 살면 어떨까. 늘 내가 사는 곳이 아닌 다른 곳에 가서 사는 생각을 한다. 다른 곳에 가서 사는 생각을 하면서도 이곳에 사는 이야기를 노래한다. 지금으로선 그 일이 나에게 중요하다. 그 다른 곳이 제주도라면 어떨까. 제주도는 부동산 값이 싸지만 임금은 전국에서 제일 낮다고 한다. 카페에서 만난 어떤 사람은 놀러 왔다가 제주도에 눌러앉은 지 2년째인데, 제주도에는 회사도 없고 돈 벌 일이 없다며 큰돈 벌 욕심이 없으면 육지에 왔다 갔다 하며 일을 하고 제주도에서 살아갈 수 있다고 했다. 해안가 도로변 돌담 사이사이에 피어 있는 유채꽃이 아주 예뻤다. 엄마는 내 태몽에서 넓디넓은 유채꽃밭을 봤다고 하셨는데. 지금은 내가 유채꽃을 보고 있구나.

4월 20일 금요일¶

일본군에게 끌려가 성폭력을 당하셨던 할머니들께 헌정하는 음반 [이야기해주세요]는 하나의 몸과 같다. 어느새 하나의 몸과 마음처럼 참여하거나 관여하고 있는 모든 사람들이 유기적으로 연결되어 움직이고 있는 게 느껴질 때 나는 이런 것이 사랑이 아닐까 하고 멍하게 생각한다. 이 세상에는 사랑이 있다. 사랑이 어디에 있는지 아는 것은 중요하다. 사랑은 생각지도 못한 곳에 있기도 하니까. 우리는 우리를 맑게 하자. 사랑을 알아볼 수 있도록. 거기에 있는 사랑을 알아챌 수 있도록. 사랑은 아주 달라 보이는 많은 사람들이 하나가 되는 일을 가능하게 하고 그런 일은 아주 멋지니까.

9월 10일 월요일¶

한 시간 후면 내가 태어난 지 33년이 되는 날이다. 우리나라의 나이 세는 방법은 참 여러모로 효율적이지 못하다. 몇 년이 지나는 동안 만으로 된 나이를 세어가며 아직은 20대네 30대네 따지느라 어느 시절을 보내는 일을 한없이 유보하는 '병맛' 나는 기분이 들게 하는가 하면, 고작 30대 초반일 뿐인데 이미 중반에 접어들어버린 듯이 초조한 기분이 들게 하고, 지구상의 다른 동네 사는 남들보다 쓸데없이 더 빨리 나이 먹는 기분으로도 모자라 빠른 나이가 있어서 어떤 사람들은 괜히 1년 더 일찍 그러고들 있다. 뭐냐, 그게 대체.

여하튼 나는 이 글을 쓰기 위해 정확히 세어보았는데, 33년을 거의 꽉 채워 살았다. 그러니 내일부터 나는 33살. 나이 생각 같은 건 하지 않는 게 좋다는 걸 알아가는 만큼, 다른 중요치 않은 것들도 생각하지 않으면서 정말 중요한 것들에만 집중할 수 있는 나의 힘이 더 세졌으면 좋겠다. 그것은 놓는 일이고 버리는 일이며 또한 믿는 일이기도 하다. 잊는 일은 아니라고 나는 생각한다. 33살이 되기 때문에.

♭민홍의 여행

숏컷¶

부산국제단편영화제. 언젠가 그곳에 공연을 하러 간 적이 있다.

(사실 난 영화제에 공연하러 가면 영화는 뒷전이고 맛있는 음식을 찾아 떠나기 바쁘다.)

개막식 공연이었고, 공연이 끝난 후 개막작이 상영되었다.

(그래 한번 보자.)

세 편의 개막작이 상영되었고, 그 느낌은 나에게 깊이 남은 듯하다.

조금은 시원치 않은 엔딩과 짧지만 큰 메시지를 담고 있는 단편영화는 그렇게 나에게 남았다.

(그 이후에 단편영화를 본 적이 없다.)

그 다음 해에 난 베를린 여행을 떠났다. 약 10일간의 일정이었고 난 그곳에 있는 소리들과 나의 컴퓨터, 기타로 단편영화를 소리로 만들어보기로 마음을 먹었다. 주변의 모든 소리를 녹음했다. 버스킹을 하는 뮤지션들의 음악도 녹음했고, 천둥처럼 울리는 트램의 삐거덕거리는 소리를 녹음했고, 갤러리에 전시되어 있던 슬라이드 영사기(자세한 이름을 모르겠다)가 돌아가는 소리를 녹음했다. 그리고 그 모든 것들을 모아서 약 10분짜리 단편을 만들었다.

단편 숏컷¶

3월. 나는 소규모 아카시아 밴드 5집 작업을 계획하고 있었다.

(은지한테는 이야기 안 하고 나 혼자 계획하고 있었다.)

하지만 3월. 내가 보기에 은지에게 가장 바쁜 달로 보였다. 그렇게 바쁜 은지를 본 적이 있던가? 싶을 정도로. 게다가 은지는 아주 멋진 일을 하고 있었다.

(이 글이 책으로 나올 때쯤 아마 그 결과물을 은지가 너무 좋은 얼굴로 들고 있을 것 같다.)

그 이후 나의 생각은 이렇게 나아갔다.

나의 계획은 무산되었다.

1. 3월.
2. 시간이 많다.
3. 여행을 가고 싶다.
4. 자금은 여유롭지 않다.
5. 공연도 하고 싶은데.
6. 그럼 공연하면서 돈도 조금 벌어보자.
7. 버스킹을 하자.
8. 공연을 만들자.
9. 버스킹은 조금 어렵겠다. 장소를 구하자.
10. 전국에.

그렇게 해서 나는 '단편 숏컷'이라는 이름을 붙인 프로젝트 여행을 시작하게 되었다.

3월 16일 부산 아지트 ¶

망했다. 어마어마한 울림에 내가 뭐를 하는지 잘 모르겠다.

하지만 나쁘지 않다. 원했던 바다.

세상의 모든 공간은 각각 다른 소리를 가지고 있다.
어떤 장소에 무엇이 놓이느냐에 따라 모든 소리는 색깔을 바꾼다.
상당히 노이즈에 가까운 공연을 했으며 그 노이즈들은 큰 울림으로 그 공간에 부딪치고 또 부딪친다.

3월 17일 부산 프롬더북스¶
책방에서의 공연. 기대가 되었다.
오늘은 어떤 소리로 공연을 하게 될까?
어제보다는 공연 볼륨이 많이 작았고, 무대 앞에는 스무 명 정도가 다닥다닥 붙어 앉아 있다.
작게 이야기를 해도 다 들린다. 가장 멀리 있는 사람의 이야기도.
그렇게 인사하고 이야기를 하면서 공연을 진행했다. 알맞은 높이의 천장은 좋은 울림을 주었으며 다닥다닥 붙어 있는 사람들에 부딪친 음악은 따뜻한 소리가 되어서 나에게 돌아왔다.

3월 18일 대구 카페 508¶
테라스가 있는 카페.
매일매일 세팅이 바뀐다. 오늘도 바뀌었다.
보통의 테라스 느낌. 조금은 편하게, 재밌게 공연을 한다.

뒤풀이 때 음악하는 친구들을 만났다. 나 어렸을 적을 보는 듯한 친구들. 그중에 한 명은 공연 내내 나의 왼손을 보았다고 말했다. 코드 진행을 어떻게 하는지 궁금했단다.

(나도 귀로는 무슨 코드인지 모르니까 모든 뮤직비디오에서 연주자들 손만 보던 때가 있었고 지금도 가끔 그런다.)

또 한 명의 친구는 음악을 만드는데 자꾸 우울한 음악만 나온다며 고민을 털어놓는다.

괜찮다고 말해주며, 예전에 김사인 시인님께서 나에게 해주신 이야기를 들려준다.

"시인님. 저는 가사를 쓰면, 나비가 나오고 오징어가 나오고 꽃이 피고 꽃이 지는 이야기들밖에 나오지 않아서 고민입니다."

"아직 그것들로 할 이야기가 많은가보네."

3월 20일 춘천 바(Bar) 달¶

원래는 강원대학교 앞 테라스가 있는 카페에서 공연을 하기로 되어 있었으나. 아직 춘천은 너무 춥다. 추위에 약한 나로서는…. 그래서 친분이 있는, 그리고 예전에 소규모 아카시아 밴드도 공연을 한 번 했던 '달'이라는 바(Bar)로 공연 장소를 옮긴다.

공연 준비를 마치고 음악을 듣는다.

바에 있는 공연장이라 특별한 공간의 느낌은 느껴지지 않는다.

공연 시작.

관객 0명.

하하하!

공연 이후 우리는 덥과 펑키를 틀고 신나게 맥주를 마신다.

1부 끝이다.

3월 23일 전주 카페 GO집

한옥 스타일과 일본 스타일이 섞인 듯한 느낌의 건물이다. 원래는 마당에서 공연을 할 예정이었으나, 비가 주룩주룩 온다. 무대 뒤에는 커피 머신이 돌아가고, 내 오른편에서 주문을 받는다. 오늘은 차분히 곡 작업을 해본다. 코드를 흥얼거리고 하모니카를 흥얼거린다. 그리고 몇 줄 적어나간다.

진심과 호기심.

우리가 자주 있는 것, 우리가 자주 헷갈리는 것.

진심과 호기심.

너무 다른.

3월 24일 대전 북카페 이데¶

가장 많은 관객이 왔다. 예전에 어디서 들은 얘기로는 '대전은 공연의 불모지'라는 표현도 들은 적이 있다. 하지만 가장 많은 관객이 왔다. 악기 세팅을 하고 또 차분히 곡 작업을 시작한다. 하지만 아까 보았던 간판이 자꾸 생각난다. 곡 작업을 접는다. 그 간판에는 이런 문구가 써 있었다.

"사주를 그림으로 그려드립니다."

토마토 잡지의 에디터 한 분이 물어보신다.

"이곳에서도 음악을 만드셨나요?"

솔직히 대답했다.

"네. 만들기는 했으나 '똥'을 만들어서 버렸습니다. 미안합니다."

아. 사주를 그림으로 그려드린다니?

3월 25일 서울 가옥¶

어느덧 마지막 날이다. 2부의 끝.

작업 결과물이 모자란 것 같아. 4월 달에 제주 여행을 해볼 생각이지만.

여하튼 끝이다. 피로도 쌓였다.

가옥에 들어선다. 예쁘고 멋진 한옥집이다. 이곳도 원래는 마당에서 공연이 예정되어 있었는데 오늘 꽃샘추위다. 아쉽지만 집 안으로 들어간다. 한옥집이 이렇게 좋구나. 소리도 너무 좋다. 그리고 앉아서 전주에서 만들기 시작했던 곡을 만들고 공연을 한다. 정말 많은 사람들이 와주었고(친구가 반이긴 하다) 기분 좋게 여행을 마무리한다.

진심과 호기심.
우리가 자주 잊는 것, 우리가 자주 헷갈리는 것.
진실은 잊혀지겠지. 호기심도 지나치겠지.
시간이 말해준다고 누군가는 변명을 하네.

9월 10일 망원역 근처 커피숍 ¶
봄 무렵 이 책을 위한 일기 형식의 글을 썼었다.
그때는 3월. 날씨는 지금보다 좀 추웠다. 그때는 겨울에서 봄으로 가고 있었고, 지금은 여름에서 가을로 가고 있다.

5개월 정도가 지난 지금.
그 당시 내가 하던 단편 숏컷 작업은 계속 진행되었고, 어느 정도의 결과물이 내 컴퓨터 안에 자리 잡고 있다.

아직은 발표하기 이른 작업물이지만 예전에 여행 당시에 쓴 곡들은 나이가 많이 들었다.
(나는 내 작업물들에게 나이를 먹이는 것을 좋아한다. 스무 살이 되면 이 세상에 앨범이라는 모습으로 나오게 된다.)
그리고 은지의 프로젝트 [이야기해주세요]는 스무 살이 넘어 세상에 발표되었다.

자. 그럼?
그렇다. 요즘은 소규모 아카시아 밴드의 5집을 작업 중이다.
이상하게도 소규모 아카시아 밴드 앨범 작업은 가을에 시작된다.

5집 제목은 이러하다.
[SLOW DIVING TABLE]
그리고 이 앨범은 아마도 파스텔뮤직의 10주년 끝자락에,
아니면 11주년 첫 자락 즈음에 발표되지 않을까?

다음 소규모 아카시아 밴드의 소식은 앨범으로 전하리라.
모두들 행복하시길 바란다. 진심으로.

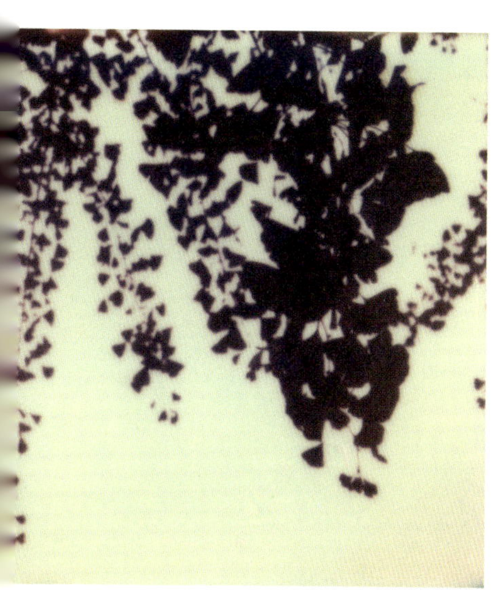

파스텔화와 유화의 사이

내 음악과 나와의 상관관계는 어느 정도일까.

가끔씩 낯설게 느껴지는 내 음악들이다.

내 의도는 음악에 어느 정도나 반영되고 있는 것일까.

그냥 음악 자체의 생명력으로 스스로 만들어지는 건 아닐까.

굳이 미술 용어들을 가져와서 내 음악과 나 자신에 대해 살펴보고 싶었다.

나는 유화적 인간일까, 파스텔화적 인간일까.

♭음악에 대해 말한다는 것

언젠가 '생활의 참견'이라는 웹툰을 그리고 쓰는 김양수 씨에 대해 친구들과 얘기를 나눈 적이 있다. 그는 원래 'PAPER'라는 잡지에서 음악을 담당하던 기자였다. 그 얘기를 나누던 중 현직 기자인 A는 박사과정 중의 B에게 음악에 대해 글을 쓰다가 무언가 다른 쪽의 글을 쓰는 것으로 옮겨가는 것은 어떠냐는 조언을 했다. 그런 얘기를 하다보니 내 음악에 대해 누군가가 글을 쓰는 상황에 대한 생각이 들었는데, 그럴 때 나의 기분을 묻는다면 다른 뮤지션들도 마찬가지겠지만 마냥 좋지만은 않다. 누군가 요리를 만들었다면 애인이 조용히 맛있게 먹어주는 게 가장 즐거운 일일 것이고 함정을 만들었다면 그 함정에 누군가가 빠져서 헤어나오지 못하는 게 가장 좋은 일일 것이다. 즉, 무엇이든 그 기능에 맞게 잘 기능하는 것이야말로 요즘 세상의 덕목일 거라는 생각이 들어서다.

음악에 대한 글이 아무래도 어색해지고 그 억지성 때문에 비난을 많이 받는 이유가 무엇일까. 아마도 음악은 공간에 떠있기 때문 아닐까. '아는 만큼 보인다', '아는 만큼 들린다'라는 말로는 조금 부족한 시각과 청각의 미묘한 차이를 한번 생각해보자.

우리가 본다는 행위를 할 때 두 눈이 함께 순간적으로 보는 곳은 시야의 가운데 지역으로 카메라의 초점처럼 점으로 존재하는데 사실 아무리 그 점을 유지하려고 해도, 즉 한 곳을 계속 바라보려고 해도 불가능에 가깝다는 걸 느끼게 된다. 다른 곳으로 눈이 돌아간다는 뜻이다. 그 다른 곳이라고 하는 전체 영역은 고개를 돌리지 않고도 시야가 다다를 수 있는 곳으로 한 방의 한 벽 정도 혹은 큰 TV 화면 정도의 크기가 된다. 딱 그만큼이 내 시각의 프레임이고 시선을 던지는 순간 뇌로 전해지는 정보의 양이다. 빛이 충분히 존재한다면 어느 누가 보든지 그만큼의 넓이는 다 비슷하게 보이고 그 프레임 안에서 어떤 곳을 굳이 보지 않으려고 해도 볼 수밖에 없는, 눈을 감기 전까지는 봐야만 하고 인식해야만 하는 — 석가모니는 그 피할 수 없음에 수행에 나서게 되었다고 한다 — 세상의 모습이다.

청각의 경우엔 어떤가. 사람마다 듣는 것이 다 다르고 사실 나로서는 내가 듣고 있는 것을 다른 사람들도 똑같이 듣고 있는지조차도 얘기할 수 없고 검증할 수가 없는, 장님이 코끼리 만지는 듯한 얘기가 돼버리는 것 같다. 수년을 같은 음악을 들은 사람이 그 노래에 나오는 악기가 어떤 것인지도 모르고 심지어 그런 악기가 들어 있었냐고 묻기도 하고 그런 음역대가 존재하는지도 모르는 경우가 많다. 여기서 '음역대'라는 말 자체가 청각의 경우에는 시각만큼 즉각적인 프레임을 만들어내주지 못한다는 얘기를 하는 것인데 어린 시절 했던 뽑기, 달고나처럼 설탕 범벅에 별 모양 물고기 모양, 프레임으로 눌러줘야 그때야 먹을 만한 무언가가 되는 듯한 것과 같은 이치다. 그 프레임은 사람마다 다를 수밖에 없고 같은 사람에게도 그때 그때 음악을 들을 때마다 달라지는 것 같다.

이러한 이유 때문에 음악에 대한 글쓰기가 서로 간에 어색한 상황을 야기할 수밖에 없고 가끔은 분노까지도 불러오는 것 같다. 그럼에도 불구하고 서로 간의 프레임들을 공유하고 내가 가져보지 못한 프레임으로 음악을 한번 들어보고 생각해볼 수 있는 지점이 존재하고 충분히 재밌는 일이기 때문에 음악에 대한 글은 또 읽어볼 만하고 경청할 만한 것 아닐까.

사실 굳이 극단화시키긴 했지만 시각 예술에 있어서도 각자 프레임은 다를 수밖에 없고 그래서 평론이 엄청나게 잘 발달해왔음을 알고 있다. 잘 몰랐던 사실이라 알고 나서 깜짝 놀란 건데 많은 미대 대학원생들이 졸업을 위해 자기 작품을 평론하는 논문을 쓴다고 한다. 또 어떤 영상대학원생은 졸업 논문으로 '비디오 매체에서의 자기 반사성'이라는 글을 쓰는 걸 봤다. 자기 작품에 대해 얘기를 한다는 것은 자기 얘기를 작품으로 만드는 것만큼이나 어렵고 부끄러운 얘기일 텐데 어떻게 이런 일들이 일어나고 있는 것일까. 게다가 자기 작품에 대한 얘기를 하고 나면 다시 자기 작업을 하는 데 있어서 우화에 나오는 수염할아버지 — 이 얘기는 다음과 같다. 누군가가 할아버지의 긴 수염을 보고 '주무실 때 이불 안으로 넣고 주무시나요, 빼고 주무시나요?'라고 물어보면서 알려달라고 했다. 할아버지는 그날 밤 자기가 어떻게 자는지 확인하려는데 수염을 이불 속에 넣어도 어색하고 빼도 어색한 경지에 이르러 잠도 잘 자지 못했다 — 처럼 어색해져서 힘들지 않을까.

이런 저런 이유로 음악에 대해 얘기하는 것은 참 어렵다. 수염을 빼든 넣든 어떻게든 하고 잤을 텐데 그 사실을 인식하는 순간, 프레임을 만드는 순간 어색해서 미칠 것 같은 거다. 사실 질문부터가 우매하다. 수염을 이불 안에 넣었냐, 뺐냐는 두 가지 극단의 선택지에서 탐스러운 수염이 위치할 만큼 편안한 영역을 찾기가 힘들어지는 것이다. 수염은 아마 처음에는 이불 속에 있다가 자는 동안 자연스럽게 삐져나와서 이불 위에 올려져 있지 않았을까.

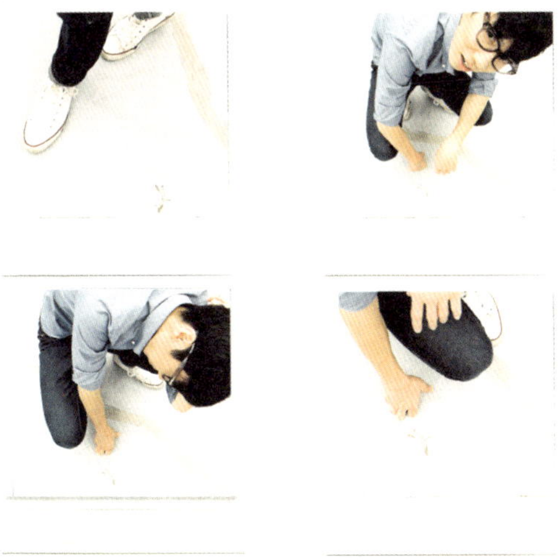

♭유화와 파스텔화의 사이

지금 와서 유화를 떠올리면 대학교 3학년 즈음에 들던 미술사 수업이 생각난다. 지훈이라는 후배와 함께 수강했었는데 그는 쌍꺼풀이 진하고 나만큼이나 말랐으며 웃을 때 부끄러워하는, 딱 '사랑도 리콜이 되나요?'라는 영화에 나오는 레코드숍 직원 같은 친구였다.
평소에 음악 얘기를 지겨울 정도로 많이 했던 우리는 미술사 숙제를 하기 위해 덕수궁 미술관에서 열렸던 오르세 미술전을 보러 갔다. 보통의 대학생들처럼 우리는 낄낄대며 혹은 진지하게 그림들을 보았는데 난 터너의 작품 '바다의 폭풍'이 좋았고 그 친구는 르누아르의 '피아노 치는 소녀들'이 좋다고 했던 기억이 난다. 그 외에는 고흐나 밀레의 그림들이 있었던 기억이 난다.
책으로만 보던 작품을 직접 보았을 때 느낀 감정은 놀라움에 가까웠다. 특히 고흐의 작품에서는 일종의 음악성을 느낄 수 있었다. 나선으로 돌아나가는 무늬들이 나뭇잎에서 시작되어 숲을 이루고 하늘과 연결되며 같이 춤추는 것 같은 리듬감이 있다고나 할까. 그리고 다른 각도에서 볼 때마다 새롭게 보이는 우연인지 의도인지 알 수 없는 장치들, 그때의 기억들이 '짙은'이라는 이름을 만드는 데 영향을 주지 않았을까 싶다. 유화는 시작할 때 그 끝을 알 수 없는 경우가 많다고 한다. 그려봐야지 아는 것이다. 재료의 한계 또는 가능성일 수도 있고, 어쨌든 시간이 가면서 변화해간다는 것은 꽤 매력적이었다.

그런데 여기서 왜 파스텔화가 갑자기 나오는가. 파스텔뮤직이라서? 사실 파스텔화도 유화만큼이나 아름답고 멋지다고 생각하는데 여기서는 약간의 자아비판적 의미로 쓰기 위해서 좀 극단화시키려고 한다. 시작과 끝이 유화에 비해서 예상 가능하고 재료의 한계가 덜하며 명료하고 밝다.

파스텔화를 생각하면 나로서는 괜히 '에드가 드가'라는 이름이 떠오르는데 물론 그림도 그림이지만 이름 자체의 발음이 좋아서다. 어떻게 '드가'라는 성을 가진 사람에게 '에드가'라는 이름을 지어주었을까, 하는 생각으로 백과사전을 찾아보니 Edgar De Gas가 본명이고 한국말로 했을 때 이렇게 되는 것이다. 그런데 '에드가 드가'라는 이름을 자꾸 얘기하다보면 앞의 '드가'에서는 '가'음을 올리게 되고 뒤의 '드가'의 '가'는 음을 낮추게 되어 나도 모르게 우아하게 미소를 띠게 된다. 여러분도 한번씩 해보길 바란다. 마음이 행복해질 것이다.

아무튼 나의 음악 생활은 유화 '워너비(wannabe)'에서 파스텔화 느낌으로 흘러온 것 같다. 처음 발표했던 미발표 EP [Rock Doves]는 재료의 한계(?) 때문인지 축축하고 기름 냄새나는 작품이 되었던 것 같다. 일단 덧칠이 많이 된데다 그 덧칠들이 눈에 보일 정도로 덕지덕지 이루어진 것이다. 고흐의 그림처럼 멋진 작품이라고는 말 못하겠다. '워너비'라고 해두자. 그리고 1집 [짙은]은 그 유화적 느낌들이 조금씩 사라지면서 나름 선명해지고 밝아졌다. '손톱'이라는 노래를 비교해보면 잘 알 수 있을 것이다(미발표 작품을 구했다면 말이다). 그리고 이 앨범을 끝으로

형로 군이 입대하게 되었고 나는 혼자서 드라마 음악, 벨소리, 이런저런 음악들을 만드는 시기를 맞게 되었다. 이때 만들었던 노래들은 그전에 비해 훨씬 더 밝고 이른바 '사람들이 생각하는 파스텔뮤직'스러운 — 회사에서는 절대 그렇게 생각 안하겠지만 그때 대중들의 인식이 그랬다 — 음악이 되었다. 'December', 'Feel Alright' 등에서부터 시작해서 아주 나중에 나온 'Sunshine'이란 노래에서 그 정점을 찍지 않았나 생각한다. 그리고 2년이 지나 형로 군이 제대하고 낸 앨범 [Wonderland]에선 위의 노래들과 'TV show'라는 노래까지, 파스텔화스러운 노래와 'Wonderland', 'Save', '그런 너' 등의 유화적인 노래가 매우 불안한 느낌으로 공존하고 있다.

이른바 '음악적 견해 차이'로 형로 군이 자신의 솔로 커리어를 위해 질은을 나가게 되면서 혼자 작업한 앨범 [백야]는 내 나름대로 그 두 가지 느낌을 같이 보여주고 있다고 생각하는데 청자들의 생각은 어떨지 모르겠다. 어떤 사람은 너무 가볍다고 하고 어떤 사람은 너무 무겁다고도 한다.

7년 정도의 시간 동안 유화와 파스텔화를 오가면서 내 나름의 음악을 만들고자 해왔는데 이제 나만의 그림 세계가 만들어지고 있는 건지 아직도 잘 모르겠다. 언제나 앨범을 내고 나면 머리가 비어버리고 어떻게 노래를 만들어야 하는 건지 아무 생각도 나지 않는 것이다. 모르겠다. 야구선수들도 타석에 들어설 때마다 어떻게 공을 쳐야 할지 감이 안 오려나. 천하의 메시도 경기장에 들어설 때마다 '오늘은 골 운이 없을 거 같아'라고 생각하려나. 그래, 그냥 밥을 수십 년 먹어도 하루만 굶으면 배고픈 것과 같다고 생각해야겠다.

♭음악과 함께하는 삶

나는 평소에 무엇을 하는가. 많은 사람들이 이 점을 궁금해 한다. 사생활은 보호되어야 하고 게다가 자랑스럽게 얘기할 만한 생활도 없기 때문에 말을 아껴왔던 게 사실이고 알고 싶어 하는 사람들만큼이나 알고 싶지 않아 하는 사람도 많은 것 같은데 굳이 지면을 할애해서 얘기를 하는 이유는 외로워서일 것이다. 지나가다가 평소의 나를 발견한다면 조심스럽게 들어와도 좋다. 물거나 해치지는 않지만 친절하지 않을 수도 있다. 나는 가끔 온종일 한마디도 하지 않을 때도 있다. 요즘처럼 인터넷이 발달하고 스마트폰이 보급되어 있는 시대에 목소리라는 건 노래를 부를 때나 필요한 거 아닌가 싶고 수다를 떠는 그 즐거움을 가끔 느낄 때면 오랜만에 느끼는 그 흥분에 아찔할 때도 있다.

나는 그 누구보다 자연을 즐기며 사는 뮤지션인지도 모르겠다. 평일에 안산이라는 이름의 연세대 뒷산을 올라가본 적이 있는가. 어른들의 세계가 거기 펼쳐진다. 배드민턴, 제기차기, 턱걸이, 벤치 프레스를 하는 아저씨들, 절에 참배하는 사람, 약수 뜨러 온 사람 등등 '잉여'란 게 이런 거구나 생각될 만큼 출근하지 않는 사람들이 많다. 혹은 한강을 따라 걷기도 하는데 강아지를 데려온 수많은 사람들, 경주용 싸이클이나 이른바 생활 자전거를 타고 저 멀리 일산에서부터 도시의 경계를 넘어서 오는, 디킨스 소설에 나올 거 같은 방랑자들도 있다. 나는 이런 곳을 떠돌아다니며 음악을 듣기도 하고 쓸데없이 하루하루를 걱정하면서 운동을 하기도 한다. 좀 더 일상적으로는 상암동의 피트니스 센터를 꽤 규칙적으로 다니는데 이들의 대부분은 회사에서 지원해주는 복리 후생으로 운동을 하는데 그 점이 매우 부럽기도 하고 안쓰럽기도 하다.
그리고는 밥을 챙겨먹기 위한 고민이 시작되는데 혼자 해 먹기도 하지만 식당을 이용하는 경우도 많다. 기사식당 또한 재미있는 곳인데 그들은 서울의 어디선가 시작해서 이 시간 이 지점에 머무르다가 또 어디론가 흘러가게 되는 것이다. 식사를 마치고 어디로 갈지도 모르고 얼마를 벌지도 모르지만 굳이 자주 가는 식당이 있어서 각자 자신만의 식사 시간이 되면 그 식당을 가서 보통 '불백'이라고 하는 불고기 백반을 먹고 200원짜리 믹스 커피를 마시고 나가는 것이다. 개중에는 대화가 많이 이루어지는 식당도 있고 — '정치 얘기는 밖에서'라는 경고문이 붙어 있는 곳도 있다 — 이상하게 서로 한마디도 하지 않는 곳도 있다.
가끔 친구를 만나 커피를 마시는 그 시간은 매우 즐거운데 음악 얘기나 정치 얘기, 인생 얘기 등을 열심히도 떠들게 된다. 나는 음악하는 친구들은 워낙 많이 못 만나서 고작해야 형로나 머쉬룸즈의 보컬인 최완이라는 친구 정도가 같이 음악 얘기를 하게 되는 친구들이고 대부분은 회사를 다니는, 스트레스 많이 받아서 머리카락이 줄어들기 시작하는 아주 걱정이 되는 친구들이다. 마지막으로 자주 함께하는 사람들은 함께 연주하는 밴드 친구들인데 만나면 보통 연습을 하고는 음악의 실용적 영역, 실용음악학교에서 가르쳐주지는 않는 그 절박한 현실에 대해서 얘기한다. 음악가들의 현실이 얼마나 더 현실적이고 비음악적인지 깊게 알게 되면 다들 놀랄 것이다.

제목은 '음악과 함께하는 삶'이지만 사실 내 평소의 삶은 음악에서 벗어나려는 시간일지도 모르겠다. 소리에서 탈출해서 쉬고 싶은 것이다. 그때 바라보는 세상의 활동사진은 흥미롭고 유익하며 생각을 자극한다. 그러한 단상들이 음악을 할 때 다시 스며들어 가사를 만들어내고 멜로디를 선사한다. 물론 여기에서 여성의 이야기는 빠져 있다. 그토록 아름답고 선험적이며 태고로부터 존재해온 그 이야기들을 내가 함부로 얘기할 수 없는 것 아니겠는가. 주제가 '나는 평소에 무엇을 하는가'이므로 평소에 대한 이야기만 한 것이다. 그 외의 이야기는 상상에 맡기겠다.

♭평소를 넘어서

'평소'라는 단어는 참 예쁘다. '소'라는 단어를 얘기하면서 기분이 거대해진다거나 악해지기는 힘들 것 같다. 아무튼 요즘 나에게 평소를 넘어서는 가장 큰 순간은 공연의 순간이다. 지금 이 글을 쓰는 시기에는 8부작 공연을 하고 있다. 제목은 '우연의 음악'으로, 평소 좋아하는 폴 오스터의 소설 제목을 따온 것이다. 평소에 이른바 아방가르드한 공연 예술에 대한 동경이 있었던지라 이번에 소극장을 장기로 빌린 김에 해보고 싶던, 혹은 주위에서 훔쳐봤던 콘셉트로 공연을 하는 중이다. 전체적으로 흐르는 의도는 관객들에게 당황스러움을 주고 시선을 분산시키며 그 당혹감 이후 집에 돌아가서도 의문을 계속 가지게 되고 끊임없이 노래들을 생각하게 되며 벗어날 수 없게 만들겠다는 것이었는데, 실제로 그렇게 되는 것 같지는 않다. 지금까지의 결론으로는 반 발짝만 벗어나야지 한 발짝 이상 벗어나버리면 팬들이 오히려 내 음악을 더 지키고 싶어하고 순수하게 듣고 싶어 한다는 것이다.

공연을 할 수 있음에 감사한다. 평소도 참 좋은 곳이지만 만일 내가 평소에 머물렀어야만 한다면 그 깊고 푸른 아늑한 연못(沼)에 푹 잠겨버려서 다시 나오지 못했을지도 모르겠다. 난 플라톤이 얘기한 동굴의 비유를 좋아하는데 거기서 우리는 동굴에서 한쪽만 바라보며 빛에 비친 그림자만을 보고 그것이 진실이라고 생각하는 사람들이다. 그리고 탈출한 선각자, 빛을 본 사람이 돌아가서 얘기해줘야 한다고 하는데, 바로 그 얘기처럼 나도 지금 이 현실이 끝이거나 전부라고는 생각을 못하겠다.

그렇다고 영화 '매트릭스'에서처럼 '지금 현실이 다 거짓이다, 우리는 다 속고 있다', 이런 게 아니라 현실에 너무 오래 뿌리를 내리고 자꾸 눈으로 들여보다보면, 모니터를 오래 보고 글을 쓰다보면 눈이 침침해지고 멀리 있는 산과 하늘이 잘 안 보이는 것 ― 이 글을 쓰는 지금 내 상태가 그렇다 ― 처럼 진정한 아름다움을 잊게 된다는 뜻이다. 공연을 할 때 난 그 아름다움의 순간들, 순수하게 눈물이 흘러내리고 우리에게 감동이 지나가는 순간들, 우리의 본성 같은 것을 맛보게 된다. 그 순수하며 죄책감을 남기지 않는 순간을 경험하고 그 본성의 연못(沼)에 잠시라도 나를 적시고 나오기 위해, 또 팬들도 적셔주기 위해 수많은 시간을 준비하고 나를 다듬는 것이다.

♭파스텔뮤직에서의 5년

5년이 흘렀다. 파스텔뮤직과 계약을 하고 얼마 후에 5주년 콘서트가 있었고, 이제 10주년이라고 해서 돌이켜보니 그렇다. 그동안 한 장의 정규 앨범과 두 장의 EP, 꽤 많은 싱글들을 만들었고 수많은 공연을 했다. 파스텔뮤직과 어떻게 인연을 시작하게 되었는지 떠올려보자니 까마득하면서도 나도 모르게 미소를 띠게 된다.

파스텔뮤직 이응민 대표를 처음 만났던 날은 내가 회사에 데모 음반을 직접 들고 가서 접수시켰던 날의 다음다음 날쯤이었던 것 같다. 나는 당시에 일하던 곳에서 나와서 한두 달 만에 녹음을 하고, 마지막이라는 심정으로 음반들을 돌리고 다니던 신세였는데, 솔직히 파스텔뮤직에서는 발매하고 싶지 않았다. 당시만 해도 파스텔뮤직에 국내 밴드가 별로 없었고 인디 음악의 시장도 지금처럼 크지 않았으며 이쪽 세계를 잘 모르는 나로서는 '굳이 음악을 하려면 미래가 좀 보장된 상태에서 해야 하지 않을까'라는 생각도 있었던 것이다.
그런데 이응민 대표는 그날 우연히 회의실에 들어가서, 우연히 내가 접수한 데모 음반을 발견하고, 우연한 마음에 오디오에 그것을 넣고, 하필 시간이 남아서 음악을 들었던 것이다(훗날 그에게 들은 바로는 이런 일은 정말 잘 일어나지 않는다고 한다). 나중에 그는 '아. 이거야'라고 생각했고, 그 후 차 안에서 그 음악을 재생시켜놓고 가다가 바로 사무실로 전화를 걸어 이 친구와 미팅을 잡으라고 '하이톤'으로 지시했다는 것이다.
그렇게 나는 사무실에서 이응민 대표와 몇 가지 얘기를 나누게 되었고 당시에 있었던 오디션에 지원하라는 얘기를 듣게 되었다. 요즘처럼 휘황찬란하고 모두의 이목이 주목되는 오디션은 아니었지만 나름 공연장에서 관객들과 심사위원들을 앉혀놓고 이루어진 오디션이었다. 그리고 그 오디션에서 질은은 밴드 부분 우승으로 데뷔하게 되었던 것이다.

가능성 혹은 재능을 알아봐준 대표님과 직원들에게 고마운 마음을 전한다. 특히 주말에도 잘 쉬지 못하고 일을 했던 우리 직원들, 덕에 지금 이렇게 작품 활동에 매진할 수 있는, 혹은 일감에 치이는 상황까지 올 수 있지 않았나 싶다.

♭나는 어디로 가는가

모르겠다. 파스텔의 5주년 때도 10주년이 될 거라고 상상하지도 않았고, 그 즈음에 나는 이응민 대표를 붙잡고 생활고에 대해서 털어놓고 대책 마련을 요구했던 기억이 난다. 협상 혹은 대화의 결과는 특별한 게 없었지만 그만큼 절박하고 힘들었던 것이다. 지금 나는 음악을 직업으로 삼고 일단 눈뜨면 음악을 듣고 자기 전에 공연 셋리스트를 정리하고 시간이 날 때마다 기타를 치는 그런 사람이 되었다. 앞으로도 계속 이런 모습으로 살게 될지 아니면 이번 기회에 글 쓰는 것에 재미를 붙여 어색하지 않게 되고, 내 음악에 대한 글을 쓰는 수준까지 올라가서 사람들에게 음악을 듣는 프레임을 제시하고 강의까지 하는 사람이 될지도 모르겠다.

중요한 건 지금 내가 살아가고 있는, 예전에는 평소가 아니었지만 지금은 평소가 된 이 현실이 꽤나 즐겁고 할 만하며 감사하다는 거다. 언제나 그랬지만 음악을 할 수 있다는 것만으로도, 공연을 할 수 있다는 것만으로도 난 감사했고 앞으로도 그럴 것이다.

파스텔화든 유화든 그림은 그림일 뿐이고 나는 '짙은'이라는 이름 안에서 추상화를 그려가 볼 것이다. 그 그림을 이해하는 사람도 반갑겠지만 이해하지 못해도 그냥 감동을 받을 수 있는 사람이라면 그것도 반가울 것이다. 하지만 제일 반가운 것은 뭐니 뭐니 해도 내가 그린 그림을 보고 "에이, 저 정도는 나도 하지"라고 하면서 스스로 붓과 캔버스를 들고서 '햇살이 잎에 부서지는 동백숲(내가 특별히 좋아하는 숲의 장면이다)'으로 걸어 들어가는 사람일 것이다.

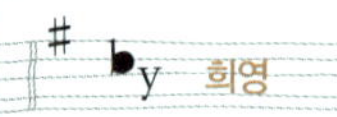

공간과 공간 사이에서 헤매다

All the leaves are brown and the sky is gray
I' ve been for a walk on a winter' s day
If I didn' t tell her I could leave today
California dreamin' on such a winter' s day

올 더 리브즈 아 브라운 앤 더 스카이 이즈 그레이
아이브 빈 포 어 워크 온 어 윈터스 데이
이프 아이 디든 텔 허 아이 쿠드 리브 투데이
캘리포니아 드리민 온 서치 어 윈터스 데이

–The Mamas & the Papas, 'California Dreamin'

열한 살, 태어나서 처음으로 직접 산 카세트 테이프는 마마스 앤 파파스 베스트 앨범이었어요. 학교랑 수영장을 오가며 워크맨으로 매일 들었죠. 그땐 영어도 못했으니까 그저 귀에 들리는 대로 '희영이 맘대로' 불렀어요. 존 필립스와 미셸 필립스가 추운 겨울, 뉴욕에서 따뜻한 캘리포니아를 그리워하며 만든 이 노래를, 이제는 다 커버린 제가 뉴욕 어느 거리에서 들으며 흥얼거리고 있어요.

♭꿈

어렸을 때부터 꿈꾸는 걸 좋아했어요. 공상은 그 중에서도 제일 좋아하는 거예요. 어린 나이에 혼자 미국으로 갔던 것도, 곡을 짓게 된 것도, 공상에서 현실로 이어진 것 아닐까 싶어요. 아티스트로서의 꿈과 현실 사이의 괴리가 느껴질 때면 순간 어디로 가야 할지 모르겠어요. 공연 전에도 제가 만든 세계 속에 들어가 있지 않으면 무대에서 자신감을 잃어버리곤 해요. 현실 속의 작디작은 제가 보이니까요. 곡을 쓸 때나 가사를 일기장에 적을 때나 저는 저만의 세계에 있어요. 그래서 가끔 다른 사람의 노래를 부를 때도 그 노래 속에서 저의 세계를 발견하지 못하면 진심을 다하지 못해요. 그런 의미에서 삶은 저에게 현실과 제가 꿈꾸는 곳 사이에서의 싸움이에요.

I hold your hand like an anchor to reality
Cause' I don't wanna drift away into the world
that is so scary

난 현실로 놓아진 닻처럼 너의 손을 잡아
무서운 세상으로 떠내려가고 싶지 않으니까

-희영, 'Call Your Name'

♭조지아

열여섯 살, 미국으로 와 첫발을 내디딘 곳은 남부 조지아주의 작은 시골 동네였어요. 들어본 적 있나요? 차를 타고 한참 나가야 다른 사람들을 볼 수 있는 그런 곳이요.
창문 너머로 보이는 끝없는 목화밭 사이로 집 두 채가 덩그러니 솟아 있었고, 그곳에는 저와 함께 살게 될 가족과 그 가족의 조부모님이 살고 있었어요. 한적하고 모든 것이 느리게 흘러가던 그곳에서의 시간이 제 첫 미국 생활이었다니, 제 얘기를 들은 지금의 미국 친구들도 신기해한답니다.
공기도 좋고 사람도 몇 없는 새로운 곳, 그곳은 저에게 파라다이스였어요. 그러나 한 달이 지나자 그곳은 지루하고 외로운 곳으로 변했어요. 집에서는 인터넷과 TV 시청이 허용되지 않았기 때문에 차도 친구도 없던 저는 시간을 때울 무언가를 찾고 있었어요. 그러다가 집안 구석에 있던 낡은 피아노에 눈을 돌렸죠. 한국에 있을 때는 피아노 연습이라면 질색을 하던 제가 말이죠.

어찌되었든 그곳에서 저는 처음 곡을 쓰기 시작했습니다. 처음 쓴 곡은 Bm-C-Dm의 코드 진행이었는데, 기억이 잘 나지 않아요.

I shoved all my dreams in a bag
Left all my folks behind

내 모든 꿈들을 한 가방에 집어넣고
내 가족들을 떠나서

-희영, Knew Your City

어학용으로 가져간 카세트 녹음기에는 매일 틈날 때마다 읊조린 멜로디가 늘어갔고 일기장은 가사집으로 바뀌었어요. 그리고 10년 뒤인 지금은 카세트 녹음기가 휴대폰 녹음 어플리케이션으로, 컴퓨터의 GarageBand 프로그램으로 바뀐 것 외에는 별로 변한 게 없네요. 외로움과 반쪽 사랑에 대해서 노래하고 있다는 것도요.

♭SUNY Purchase

조지아의 시골 마을과 텍사스에서 사춘기를 보내고 사정상 한국에 있을 때였어요. 제가 있어야 할 곳과 제가 있던 곳에서 고민하던 저에게 피아노를 가르쳐주던 선생님이 하신 말씀이 기억나요. 그 말씀은 결정을 미루고 공상 속에서만 있던 저에게 동기가 되었던 것 같아요.

"준비가 되기 전에 가지 않으면 평생 준비할 수 없을 거야."

그 후 무작정 미국으로 다시 갈 준비를 시작했어요. 전 꼭 그곳에서 음악을 배우고 싶다기보다는 음악하는 친구들을 사귀며 공연을 하고 싶었어요. 그러던 중 뉴욕주립대 펄처스란 학교를 발견했는데, 그곳에 팝 작곡과가 있고 뉴욕과 가깝다는 것을 알게 되었어요. 다른 몇몇 학교에도 제가 원하는 프로그램이 있었지만, 펄처스를 발견한 후 제가 가고 싶은 곳은 그곳뿐이었어요. 그래서 다른 곳은 지원하지 않고 되든 안 되든 한 곳에만 지원했죠. 그 이후 오디션용으로 데모 음악을 세 곡 보내고, 에세이를 쓰고, 인터뷰를 하고, 나중에는 30대 1이라는 경쟁률에 자신감을 잃고선 단념도 하고, 희망도 가지면서 시간을 보냈어요. 다행히도 펄처스는 한국인인 제가 컨트리 포크풍의 음악을 보낸 것을 특이하게 생각했는지 저를 뽑아주었답니다.
저는 제가 오디션용으로 보낸 음악이 컨트리 포크라고 생각하지 않았어요. 조지아에 있으면서 좋아하지도 않았고 지겹게 들어오던 음악이 컨트리 음악이었는데, 처음 학교에 간 날 프랭크라는 친구가 "네가 컨트리 음악을 하는 아시아인이니?" 하고 물어봐서 그제야 '아, 내가 하고 있던 게 컨트리 음악이구나' 하고 알게 되었죠. 알고 보니 제가 입학하기 전부터 이제는 저의 멘토인 짐 교수님이 학교에 소문을 낸 거였어요.

스물한 살, 제가 다니기 시작한 뉴욕주립대는 오랜 시간의 슬럼프를 해소할 수 있는 장소가 되었어요. 그리고 제가 하나의 인간으로서 그리고 뮤지션으로서 갇혀 있던 박스에서 나오게 된 계기이기도 했고요. 그리고 저는 새로운 뮤직 박스 안으로 들어갔어요.

그곳에서 보내게 된 3년 동안의 시간은 저를 뮤지션으로, 또 한 명의 성인으로 다듬어주었어요. 저는 조지아에서 살 때 쓰던 '크리스틴 강'이라는 이름에서 원래의 이름인 '희영 강'이라는 이름으로 바꿨어요. 여기에는 제가 평소 존경하는 뮤지션인 Neil Young의 딸인 척하려고 Hee Young이라는 이름으로 뮤지션 활동을 하게 된 거라는 농담 아닌 농담도 있고요.

다시 Hee Young이 된 저의 대학교 생활은 종교에 대한 고민으로 긴 시간을 보내기도 하고, 남자들 때문에 울기도 하고, 연습실 바닥에 멍하니 누워있기도 하면서 지나갔어요. 대부분의 시간은 연습실에서 보냈어요. 밤마다 몇 시간씩 그랜드피아노를 벗 삼아 곡을 쓰고 연습을 하고 소리지르며 노래하기도 하면서요. 지금 생각하면 매일 밤 몇 시간씩 혼자서 피아노와 보낸 셈인데, 외롭다고 느낀 적이 별로 없는 것 같아요.

지금은 혼자가 될 때마다 외로워지곤 하는데 신기한 일이에요. 제가 있고 싶은 곳에서 하고 싶은 음악을 마음껏 하고 있어서 그랬나 봐요.

그래도 미국 대학생활은 파티와 재미있는 시간으로 가득찰 시간인데 전 연습실과 제 방만 오가며 너무 심심하게 보낸 것 같아서 조금 후회가 되기도 하네요. 그때 음악에 대한 저의 마음이 그저 좋아하는 취미에서 내가 평생 할 일로 바뀌었고, 집과 학교를 버스, 기차, 지하철로 왔다갔다 하며 시간날 때마다 공연하러 다닌 부지런한 시간이기에 소중합니다.

♭짐의 피아노, Piano EP

학교를 다니면서 소중한 인연이 많이 생겼습니다. 특히 학교에서 만난 교수님들은 서슴없이 농담을 주고받을 정도로 친해서 성을 붙이지 않고 서로 이름만 부르며 지냈어요.

하루는 음악 그리고 미래에 대한 막막함에 풀이 죽어서 마냥 걷다가 교수님인 짐의 사무실에 얼굴을 내밀고 인사를 했는데, 그때 짐이 내 마음을 알았는지 잠깐 들어와 앉으라고 했어요. 그렇게 이야기를 시작한 지 5분도 채 안 돼서 저는 울음을 터뜨렸고, 짐은 자신이 힘들었던 때를 이야기해주며 저에게 집에 가서 제가 원하는 꿈을 열 가지 정도 적고 그 쪽지를 서랍 깊숙이 넣어두라고 했어요. 그리고 10년이 지난 후 다시 꺼내보라고 했지요. 그런 일이 있은 지 벌써 5년이 지났으니까, 쪽지를 다시 꺼내보려면 딱 이만큼의 시간이 남았네요.

짐은 그것 말고도 저에게 많은 도움을 줬어요. 연습실에 있는 피아노가 너무 허름하니까 사무실에 있는 그랜드피아노를 사용하라고 열쇠를 주기도 했죠. 짐 말고도 고마운 사람들이 더 있어요. 팝 음악만 생각하던 저에게 새로운 장르를 소개시켜주고, 늘 웃으며 제가 최고라고 말해주던 조엘, 다른 과임에도 불구하고 저에게 재즈 피아노를 2년간 가르쳐주고 큰오빠처럼 제 고민을 들어주던 재즈과의 찰스까지. 이 분들이 있었기에 제 기억 속의 대학은 참 따뜻한 곳이었어요.

뉴욕주립대의 펄처스 캠퍼스는 작은 예술학교예요. 댄스, 연기, 영화, 음악, 미술로 유명하죠. 학교를 다니면서 가장 주된 경험은 친구들과의 합작이에요. 저는 거의 늘 뮤직 빌딩에서만 생활하던 터라서 아쉽게도 다른 과에 다니는 친구들과의 합작은 없었지만, 재즈과나 스튜디오 프로덕션과의 엔지니어링, 프로듀싱을 전공하는 친구들과의 친분은 두터웠어요. 제가 학교를 다니면서 싱어송라이터로 성장한 것처럼, 친구들 또한 자신의 전공 분야를 살려서 꾸준히 성장해나갔어요. 제가 노래를 만들어서 부르면 프로덕션과 친구들은 녹음실에서 엔지니어링과 프로듀싱을 담당하고, 재즈과 친구들은 연주를 도맡았죠. 그때 만든 [Piano] EP는 그래픽디자인과의 친구가 사진을 찍고 디자인을 했어요. 그렇게 만들어진 앨범은 제가 학교에서 공연을 할 때마다 관객들에게 나눠주는 용도로 사용했어요. 그때 저를 가장 응원해주던 제 룸메이트들과 몇몇 친구들은 지금도 가끔 그 앨범을 들으면 제가 쑥스러워하면서 거실에서 노래해주던 모습이 생각난대요.

♭So Sudden EP

그렇게 즐거운 합작을 해오면서 졸업이 가까워질수록 좀 더 프로페셔널한 앨범에 대한 필요성이 점차 커져갔습니다. 그때 처음으로 생각난 사람은 현재 저의 프로듀서인 사울이었어요. 저에게 학교를 소개시켜준 The Age of Rockets의 멤버인 사울은 저와 인사를 나눈 사이기도 했고, 2008년 초 저의 사운드 트랙이었던 크리스 가르노의 프로듀서라는 점에서 언젠가 꼭 작업을 함께하고 싶은 사람이었어요. 인터넷을 통해 서로의 안부를 묻던 중 제가 제대로 된 앨범을 준비하고 싶다는 것과 음악에 대한 슬럼프에 대해 사울에게 토로한 적이 있었는데, 너무도 흔쾌히 언제든 기회가 되면 도와주겠다고 했죠. 그렇게 해서 사울에게 찾아가게 됐어요. 우리는 원래 한두 곡만을 함께 녹음하기로 했지만, 이야기를 나누다보니 마음이 맞아 망설임 없이 다섯 곡 전부를 함께 녹음하기로 결정했어요.

2009년 5월, 학교 기숙사를 떠나 처음 브루클린으로 이사를 오자마자 앨범 작업을 시작했는데, 그 시간 동안에는 한국에도 가지 않고 녹음에만 푹 빠져서 보냈던 것 같아요. 'Are You Still Waiting?'이란 곡을 작업할 때는 드럼 대신 주먹으로 책상을 치는 소리를 녹음하고, 제가 손꼽는 송라이터인 메러디스(Gregory and the Hawk의 멤버)와 함께 노래를 불렀어요. 그녀의 백업 보컬이 없었다면 그 노래가 지금의 완성도를 이룰 수 있었을지 의문이 드네요. 'Do You Know'란 곡을 작업할 때는 베이스 대신 사울의 목소리를 사용했고, 'Solid On The Ground'라는 곡을 작업할 때는 제 룸메이트였던 브랜든이 보컬 부스에 들어와 저를 웃게 만들어서 녹음된 웃음소리도 곳곳에 넣었어요. 한 곡 한 곡마다 그에 얽힌 에피소드가 담겨 있고, 기존의 녹음 방식과는 다른 새로운 시도가 있었기 때문에 더 특별했던 것 같아요. 이렇게 처음으로 편곡에 참여하고, 제 곡을 믿고 맡길 수 있는 프로듀서를 찾아 작업했기 때문에 작업을 하는 세 달간은 정말로 행복했습니다. 그때 작업한 앨범인 [So Sudden] EP를 들을 때면 저에게는 그해 여름이 생각나는데, 다른 분들은 어떤 계절이 생각나는지 궁금하네요.

베이스를 연주해준 크리스와 드럼을 연주해준 아담, 첼로의 벤, 믹스와 마스터링을 해준 댄까지 모두 같은 학교 음악과를 졸업하고, 더 유명한 분들과 작업하는 바쁜 친구들인데, 애송이인 저의 앨범에 선뜻 참여해 줘서 [So Sudden]이 만들어질 수 있었던 것 같아요.

미국에 있는 학교에 가서 음악하는 친구들을 사귀고 공연하는 걸 꿈꾸던 저에게는 그런 의미에서 꿈을 이루게 해준 앨범이 되었네요. 그리고 이렇게 만들어진 EP는 제가 파스텔뮤직을 만나게 된 계기가 되기도 했고요.

♭파스텔뮤직

뉴욕에 가기 전 2년간의 한국에서의 생활은 슬럼프에 빠진 기간이었습니다. 그만큼 우울하고 힘들기도 했지만 또 열심히 꿈꾸기도 했어요. 집에는 녹음한 카세트테이프가 점점 쌓여가고 있었고요. 전 그때 외국의 싱어송라이터가 내한 공연을 할 때면 꼭 찾아가보고는 했는데, 그 중 하나가 막시밀리언 헤커의 공연이었어요. 나중에 알고 보니 그의 음반을 파스텔뮤직에서 라이선스했고 그의 음악이 국내에 알려지기 시작하면서 내한 공연까지 하게 된 거였죠. 그 후 뉴욕으로 건너가 대학 생활을 하다가 방학을 맞아 한국에 왔는데 그때 친구의 소개로 타루 언니와 메신저를 통해 이야기하게 된 일도 있었어요. 이런 기억들은 소소한 사건들일 뿐이지만 그래도 파스텔뮤직과의 연결 고리가 그때부터 작용하고 있었지 않았나 하는 생각이 들어요.

[So Sudden]을 미국에서 발매한 후 리뷰어나 미국 레이블에 앨범을 보내면서 한국에서는 어떤 반응이 올까 하는 호기심에 파스텔뮤직에도 제 앨범을 보내게 되었어요. 그리고 어쩌면 끊어졌다고 생각했던 한국 음악 세계와의 관계가 파스텔뮤직을 통해서 다시 연결되었고요. 미국에서 음악을 시작해 그곳에 살면서 영어로 노래하는 한국인인 저의 경우 한국에서 봤을 때 이상하다 싶을 만한 구석이 많았는데도 파스텔에서는 오로지 음악의 힘을 믿고 국내 발매를 맡아 해주신 것 같아요.

이런 기억들을 뒤돌아보면 짧게 스치는 순간의 인연들의 힘이 나중에는 몇 배로 커지기도 하는 것 같아요.

♭4 Luv

2009년 미국에서 [So Sudden] 앨범을 발매하고 1년 남짓한 시간이 지난 후 2010년 9월부터 사울과 정규 앨범인 [4 Luv]의 작업을 시작하게 됐어요. 그리고 1년여의 시간 동안 사울은 잉그리드 마이클슨과의 투어를 하게 되어서 앨범 작업은 간헐적으로 진행되었죠. EP 앨범 녹음 직후 만든 'Buy Myself A Goodbye'라는 곡부터 2011년 초 한겨울에 만들어 앨범에 갑자기 넣게 된 'Winter Road', 그리고 앨범 녹음이 끝나기 직전에 만든 'Call Your Name'이라는 곡까지, 들을 때마다 내가 그 곡을 만들면서 어떤 감정을 느꼈고 어디에 있었는지 생생하게 기억나요. 저도 가끔은 제 이야기가 아닌 다른 이야기들을 해봐야겠다고 생각해요. 언젠가 자연스럽게 듣거나 읽었던 이야기를 저의 목소리를 통해 전달하고 싶을 때나 마땅한 아이디어가 떠오르지 않을 때 그러한 시도를 할 수 있겠지요.

제 음악을 귀담아 들어주시는 분들은 어쩌면 저의 친한 친구들만큼이나 저를 잘 알고 계실지도 모른다고 생각해요. 그리고 제 음악을 좋아해주시는 분들은 나의 마음을 이해하는 분들이 아닐까 생각하기도 하고요. 저는 아직도 지금의 현실에서부터 제가 꿈꾸는 곳을 향해서 고민하고, 뛰어가다가 넘어지고 때로는 뒷걸음치고 기어갔다가 길가에 멈춰 서서 옆 풍경만 바라보기도 하고, 저를 앞질러 가는 사람들 때문에 풀이 죽기도 하고 길을 잃은 것처럼 어디로 갈지 모른 채 마냥 걷기도 해요. 그렇게 걸어온 음악의 길은 저의 과거와 현재를 담은 이야기예요.

똑바로 걷거나 빠른 속도로 걷지 않는 제 이야기를 좋아해주는 여러분,
그리고 우리 사이의 큰 연결고리가 되어준 파스텔뮤직,
이제 우리 모두 함께 걷고 있어요.

무엇과 무엇 사이

이것은 분명히 나의 이야기이고
지금 이 순간에도 파스텔뮤직과 함께 이어져가고 있는 이야기이기도 합니다.
우리의 음악에 당신의 호흡을 나누어주고
이렇게 긴 이야기도 마다않고 읽어주는 당신이 있기 때문에
그렇게 수많은 노래들과 거짓 없이 솔직한 글들이 존재할 수 있는 것이겠지요.

♭#1 A Prologue

겨우내 발끝까지 움츠러들게 만들었던 추위도 조금씩 누그러들고, 오늘 아침 뉴스에서는 올봄의 개화 시기까지 지역별로 정확한 날짜를 들며 못 박아 전해주었습니다. 모르긴 몰라도 봄꽃들은 전부 약속한 것처럼 정확한 날짜에 꽃잎을 터트릴 것입니다. 모든 꽃들이 송이채 와르르 땅 위로 쏟아지며, 마치 오래 전부터 약속한 것처럼 그렇게 될 것입니다.
'때가 되면 기다리지 않아도 자연히 오나니.' 나는 오랫동안 이 글귀를 참 좋아했었습니다. 지금은 이 세상에 없는 여류 작가가 남긴 말입니다.

오늘 일정을 마치고 돌아오는 길 위에서, 스치듯이 보았던 가로수들은 아직도 뼈만 남아 앙상했습니다. 생기 없는 껍질과 갈라진 틈 사이사이마다 사실은 실핏줄 같은 생명력이 뿌리 끝까지 퍼져 있겠지만 나에게는 마치 죽은 것처럼 보입니다. 그래서 되살아나는 봄, 만물이 소생하는 봄이라고 하는 것이겠지요.
처음 이 글을 쓰도록 제의받았을 때에, 한차례 심한 몸살을 앓은 직후였고, 다소 무력감을 느끼고 있는 중이었습니다. 계절의 변화에 민감한 편인 나는 매년 이 시기가 되면 어쩔 수 없이 감정적으로도 몸살을 앓습니다. 마치 이리 휩쓸, 또 저리 휩쓸리면서 따뜻한 공기 속을 부유하는 느낌이랄까요? 어디로 가든 아지랑이와 꽃향기로 어지럽고, 하늘에도 술거품 같은 구름이 핍니다.
분명해요, 봄은 사람을 취하게 합니다.

거기까지 생각이 물처럼 흘러가 닿았을 때, 나는 익숙한 길모퉁이를 돌아 걷고 있었습니다.
어떤 운율을 떠올리면서 그 리듬에 발을 맞추고 있었는데 모퉁이를 도는 순간 칼날처럼 추운 바람이 휙 하고 불어왔지요. 순간 미처 감싸지 못한 목 언저리께로 소소리바람이 찬물을 끼얹듯 갑작스레 불어치면서, 다시금 나는 봄의 미열에서 벗어나 혹독한 겨울의 한가운데로 확 끌어당겨졌습니다. 겨울도 아니고 아직 봄도 아닌, 이토록이나 모호한 시간. 계절과 계절의 사이에 있는 지금.
'Beautiful Collision'이라고 했던가요?
광물성의 차가움으로 노래하는 동경했던 그녀의 목소리도 떠올랐고 겨울의 가혹함과 봄의 나른함을 동시에 느끼는 지금 이 순간처럼, 나 자신도 사실은 언제나 그 '무엇과 무엇 사이'에 있었습니다.

건널목에 멈춰 서서 신호를 기다리던 중, 또다시 옷자락을 여미게 하는 매서운 바람이 불어왔어요. 집까지 도착하려면 아직도 한참을 더 걸어가야 하고 방금 떠올린 '무엇과 무엇 사이'의 나 자신에 대해서 생각해보기에도 충분한 시간이 될 것 같았어요. 하지만 일부러 천천히 걷지도, 그렇다고 발걸음을 서두르지도 않았습니다.

♭#2

황달로 태어났고 깡말랐던 나는 예쁘지도 않고 딱히 잘난 데도 없었습니다.
거울을 볼 때면 빼빼 마르고 햇볕에 여기저기 그을린 선머슴 같은 말라깽이가 있었고, 10대 때는 여느 또래 아이들이 그렇듯이 거울 속의 자신이 견딜 수 없이 초라하게 느껴져 많은 시간 괴로워했습니다. 자라는 동안 내 마음 속에서는 하루에도 수백, 수만 가지의 질문들이 떠오르고 저절로 흩어지기가 반복되었는데, 의문만이 가득할 뿐 대답해주는 사람은 아무도 없었지요. 예를 들자면, 엄마와 함께 목욕탕에 가는 것은 어떤 기분일까? 엄마, 하고 소리 내 부르는 것은? 가족이 부모와 자식과 형제로서 함께 한 집에서 살아간다는 것은? 서로가 늙어가고 자라는 모습을 매일 매일 지켜본다는 것은? 하는 종류의 것들이었습니다.
자신에게 간절한 것을 너무나 당연하게 누리는 또래의 아이들과 결핍된 현실 사이에서, 나는 나름대로 자신을 지탱하기 위해 사력을 다했습니다. 그리고 결핍을 들키지 않기 위해서는 또래의 여느 아이들처럼 행동하고, 그들을 따라 해야 할 필요도 있었지요. 자연스럽게 가만히 관찰하는 버릇이 생겼습니다. 얼마 지나지 않아, 사람뿐만이 아니라 보이는 모든 것을 관찰하게 되었습니다.

학교에서 돌아오는 길, 처음에는 집 앞의 가로수를 바라보고 있었습니다. 오랫동안 자동차의 배기가스를 뒤집어쓰고 서 있었던 차도의 그 나무는 살짝 만져도 손끝이 시커멓게 번질 만큼 먼지투성이에 더러웠지만, 손톱으로 살짝 긁어내보면 상아색같이 밝은 빛의 원래의 제 몸 색깔이 드러나 보였습니다. 각각의 나무마다 어른의 어깨너비 남짓한 좁은 공간만을 허락받고, 오로지 그 안에서만 생명을 뻗칠 수 있게끔 되어 있었지요. 이 길의 끝까지, 그리고 다시 시작되는 길부터 또 그 길의 끝까지, 이 도시의 어디라도 길이 있는 곳이라면 모든 곳에 가로수가 함께 서 있는데. 나는 생각했습니다. 누가 이들을 돌보는 걸까?
사람이 아닌, 오직 신과 계절만이 그들을 돌보았습니다.

다음 날 학교에서도, 그 다음 날 체육 시간에도 나는 계속 생각했습니다. 그 가로수들이 원래부터 더러운 잿빛은 아니었을 거라고. 모르긴 몰라도 양지바르고 양분이 충분한 부드러운 흙 속에 뿌리를 내렸다면, 지금처럼 더럽고 앙상하지는 않았을 거라고요.
그러나 혹독함과 나른함, 작열감과 서늘함을 모두 견뎌내며 그 나무들은 곤궁함 속에서도 나보다 더 오래 살아남았습니다. 나는 조금씩 집중하기 시작하면서 사람에게 인사하듯이 나무에게 눈인사를 하고, 악수를 청하듯이 가로수의 틈에 손을 집어넣었습니다. 잠을 자려고 누워서도 바람이 잠든 나무를 흔들어 깨우는 소리를 들었습니다. 나는 오가는 길에서 만나게 되는 몇 그루의 나무를 혼자 비밀스럽게 돌보았습니다. 우리는 올해의 혹독한 겨울도 결국 살아남아 다음 봄을 볼 것입니다. 나무는 내 생각 속에서 점점 나 자신과 동일시되어갔습니다.

한겨울의 나무처럼 마른 내 몸과 잿빛 얼굴. 나는 어렸지만 볼품없는 내 몸 안에서도 차고 넘치는 생명력을 느꼈습니다. 땅 끝까지 뿌리 내릴 수 없다면 허공으로 뻗어나가, 부는 바람에 손사래라도 칠 것이라고 맹세했습니다. 그렇게 처음으로 자신에게 집중하기 시작하자, 보이는 모든 것이 자신으로 설명되고 드러났습니다. 아마 그때쯤부터였을 거예요. 겨우, 남을 관찰하고 흉내 내는 것을 그만두게 되었습니다. 자아와 주체를 느끼게 되었습니다.

♭#3

아직 여자도 아니었고 그렇다고 남자도 아니었던 그때, 하나둘씩 친구들이 며칠 전 첫 월경을 시작했다는 것을 귓속말로 비밀스럽게 알려주기 시작했을 때.

성교육 시간에 배웠던 성징들이 조금씩 내 몸에도 일어나기 시작하고 같은 반에 키가 크고 유독 성장이 빨랐던 남자 아이들 한둘은 이미 코밑이 거뭇거뭇해지기 시작했었지요. 먼저 첫 월경을 겪었던 친구가 일러주기를, 피를 흘렸던 다음 날 아침, '이제 정말로 여자가 되었다'며 가족들 모두에게 축하를 받았다고 말했습니다.

'여자가 된다.' 나는 계속해서 그 말을 곱씹어 생각하고 떠올렸습니다. '여자가 된다.' 그것은 무언가 신비로운 힘이 느껴지는 말이었습니다. 지금까지는 그저 아이에 불과했던 내가 한 단계 높은 위치로 격상되는 것이기도 했고, 어른이 되기 위해서는 반드시 겪어야 하는 통과의례와도 같은 것이었기 때문입니다. 이제 머지않아 친구들처럼 나에게도 여자가 되는 날이 닥쳐올 것이고, 그래서 매일 아침 이부자리를 들춰보며 애타게 기다리는 것입니다. 피를 흘리기를, 내가 피를 흘리기를!

그러나 한동안 아무 일도 일어나지 않자 기다림은 조금씩 그 열기가 식고, 잠잠해지며, 결국은 미미한 것으로 변했다가 흔적도 없이 사라져갔습니다. 나는 아직도 열셋, 짧은 곱슬머리는 늘 부스스하고 곧잘 멍하니 공상에 빠지며, 눈을 씻고 봐도 예쁜 데라곤 찾아볼 수 없는 예민하고 어두운 아이. 누가 봐도 나는 그런 아이였습니다. 그래도 나는 사랑받고 싶었습니다.

할머니는 진정 여장부셨습니다. 빨간색을 좋아하셨고 매일 서너 가지의 운동을 빼먹지 않으셨고 심지어 실제의 나이보다 다섯 살, 아니 열 살쯤은 젊어 보였습니다. 종종 늦은 밤에 안마를 할 때면, 그녀는 반쯤은 잠들고 반쯤은 깨어 있는 상태로 내가 태어나기 전 가세가 기울었을 때의 이야기와, 다시 집안을 일으키기 위해서 얼마나 오랫동안 갖은 고생을 마다하지 않았는지에 대해서 이야기해주셨습니다. 10남매의 막내로 태어난 할머니는 그 시대로서는 드물게 고등학교까지 졸업했고, 귀하게 자라 시집오기 전까지는 손에 물 한 방울 묻혀본 적이 없다고 하셨습니다. 나는 할머니가 한 손으로는 어린 큰아버지를 붙잡고, 등에는 아직 갓난아기인 아버지를 업고, 곧 태어날 고모로 인해 점점 더 불러오는 배로 머리에는 그날 팔아야 할 사과 광주리를 이고 기찻길을 걸어가는 모습을 상상했습니다. 아니면 오직 단벌뿐이었던 해진 바지를 입고 결혼식장에 갔다가 망신을 당했던 일이나, 십 원짜리 하나 안 쓰고 악착같이 돈을 모아 차렸던 주유소에 불이 나 모든 게 사라졌던 당시의 모습을 상상했습니다.

인생의 크고 작은 고비를 넘고 넘어, 이제 인생의 황혼기를 맞이하는 연세이지만 아직도 할머니에게는 마치 불같은 기운이 있었습니다. 그녀의 곁에 있으면 마음에서부터 우러나오는 듯한 열기가, 어떤 뜨거움이 전해져왔고 자라는 내내 가장 가까이에서 영향을 주었습니다. 그것은 약하고 보호받아야 할 소극적인 형태의 여성상과는 거리가 멀었습니다. 나는 할머니를 존경했으나, 가장 두려워하기도 했습니다.

그에 비해서 할아버지는 선비, 혹은 문인 같은 분이셨습니다. 할아버지는 그 누구보다도 먼저 나에게 내 이름을 쓰는 방법을 알려주셨고, 무언가를 읽거나 쓰고 계실 때가 많았습니다. 한번은 할아버지의 일기를 몰래 훔쳐본 적도 있었는데, 온통 한자투성이라 도저히 읽을 수도, 무슨 내용인지 알아볼 수도 없었습니다. 할아버지의 책장에는 두껍고 오래된 책들이 많이 있었는데, 대부분 종이도 이미 누렇게 변색되어 있고 인쇄도 일본식이라 글자들이 세로로 늘어서 있었지요.

할머니는 내가 할아버지의 책장에 손을 대는 것을 끔찍이도 싫어하셨기 때문에 나는 한 권씩 한 권씩 책장에서 몰래 빼와, 금서를 훔쳐보듯 숨어서 그 책들을 공들여 읽었습니다. 그때 내가 읽었던 것이 셰익스피어의 희극과 비극이었던 줄은 시간이 한참이나 더 지나고 나서야 알았습니다. 나는 제목도 모르고 그 책들을 읽었던 것입니다.

할아버지는 아주 어렸을 때부터 자라는 내내 줄곧 나에게 딱 한 가지 이야기만을 철학처럼 반복해서 말씀하셨는데, 이 이야기를 하실 때에만 내 눈을 똑바로 보셨습니다.

'어찌되었든 살아남아야 한다, 살아만 있으면 반드시 좋은 날이 온다'고.

지금 와 돌이켜보면, 나는 어린 나이에서부터 꽤 혹독한 가정교육을 받았습니다. '일하지 않는 자 먹지도 말라'라는 레닌의 사상에 입각하여, 항상 마루를 쓸고 닦거나 설거지를 하거나, 교복을 포함한 자신의 빨래는 손빨래해야 했습니다. 잘못을 하거나 대들면 군대식으로 얼차려를 받기도 했고, 모든 해야 할 일이 끝나면 방에 틀어박혀서 갖가지 공상을 하거나 책을 읽었는데, 그 길고 지루한 노동의 시간을 빨리 지나가게 해주는 데에는 노래만한 것이 없었습니다. 눈을 감으면 지금 서 있는 그곳이 바로 무대가 되었고, 마루의 저편 너머에 항상 수천의 관객들이 내 노래를 기다리고 있었습니다. 지금 생각하면 그래서 매일 몇 시간씩이나 노래를 부를 수 있었던 것 같습니다. 만약에 억지로 노래를 매일 그만큼씩 연습해야 했다면 절대 못 했을 거라고 생각합니다. 그렇게 처음, 이상한 노래와 울림이 시작되었습니다.

할머니는 그분의 성미처럼 강건한 교육 방식으로 나를 가르치셨습니다. 잘못하면 망설임 없이 매를 드셨고, 조금이라도 대들었다가는 말 그대로 두드려 맞고 발가벗겨져서 집 밖으로 쫓겨났습니다. 메주를 빚어 장을 담거나 김장을 하거나, 과실주를 담그거나 혹은 명절에도 여지없이 곁에 붙어 서서 잔심부름을 하거나 음식 만드는 법을 배웠습니다. 어리고 철없던 그때의 나는 얼른 어른이 돼서 이 집을 벗어날 수 있기만을 바랐고, 할머니는 내가 타고난 천성을 누르고 '집안의 천사'가 되기 바라셨습니다. 자라는 내내 '어디 계집애가', '너는 여자로 태어났으니'라는 말들이 꼬리표처럼 따랐습니다. 결국에는 여자로서 교육되는 인간, 집과 부모와 형제를 위해 모든 것을 희생하며 가족을 위해 사는 것, 그것이 바로 집안의 천사였습니다. 사랑받기 위해서 평생 자신을 잊고 누군가를 위해서 살아야 한다면 그것은 지겹도록 길고 가혹한 삶이 될 것입니다. 나는 두려웠습니다. 딱히 갈 곳도, 가고 싶은 곳도 없으면서 매일 그곳에서 도망치고 싶었습니다.

장래희망 란에 무언가를 적어넣어야만 했습니다. 주위를 둘러보니 모든 아이들이 연필 소리를 사각거리면서 각자의 꿈을 적어 넣고 있습니다. 툭하면 내 필통에 살아 있는 곤충을 넣어놓는 뒷자리의 그 애는 과학자, 이제 체르니 30번을 친다는 새침한 그 애는 피아니스트라고 쓰고 있습니다. 축구선수나 발레리나라고 적어넣는 아이들도 많이 보입니다. 무언가가 되라고 기대나 강요를 받은 적도 없고 무언가가 되고 싶다고 생각해본 적도 없어 당황한 나는 잠시 생각하다가 마지못해 그냥 '선생님/간호사'라고 적어 넣습니다. 그것들은 마땅히 존경받을 만한 직업이고 가짜 장래희망으로 삼기에도 훌륭해보였기 때문입니다.
아직은 꿈도 상상하는 미래도 없었던 그 무렵, 사실 내가 진심으로 되고 싶었던 것은 남자였습니다. 스스로 목숨을 끊는 오필리아보다 스스로의 의지로 싸우다 죽는 햄릿이 되고 싶었던 그때, 나는 스스로의 약함에 차탄하여 더욱더 강해지고 싶었습니다. 남자가 되고 싶었고 여성성이란 쓸모없는 족쇄로 여겨졌던 당시, 얄궂게도 생각지 못한 어느 날 밤 갑자기 피를 흘렸습니다. 축하도 없었고 기쁨도 없었습니다. 첫 월경이었습니다. 나는 여자가 되었습니다.

♭#4

그때는 아직 열일곱의 초봄. 눈길 닿는 곳 어디든 꽃눈이 맺히고 일몰은 보랏빛과 금빛을 하늘 위에 마구 엎질러 놓았습니다. 모든 아이들이 각자의 집으로 돌아가는 시간, 나 역시 가야만 하는 곳으로 발길을 이끌었습니다. 나는 버릇처럼 아주 천천히, 되도록이면 주변의 모든 것을 현미경으로 보듯 꼼꼼히 살피면서 길을 걸었습니다. 저녁이 되면 해 지는 곳에서부터 온순한 바람이 불어오고, 노을에 의한 빛의 산란과 함께 흙냄새까지 포근하게 안겨와 세상이 실제보다 훨씬 더 아름답게 보였습니다. 마치 신께서 계절을 색색의 물감으로 삼아, 매일 세상을 덧칠하는 것처럼 느껴졌습니다. 나의 신은 시인이며, 완벽주의인 예술가여서 세상을 아름다운 일들로 계속해서 재고하고 있었지요. 그것이 매일 슬프고 죽는 것을 무색케 하며, 나처럼 날개 없는 것들에게도 종종 안위를 허락해주었습니다. Unconditional Love.

저 멀리에서부터 한 여자가 눈에 띄었습니다. 그때의 나는 집 근처에서 낯선 여인을 보게 되면 드디어 어머니가 나를 만나러 온 것이 아닐까, 하며 순간적으로나마 착각을 하곤 했었는데, 내가 가까이 다가가자 그 여자는 하품을 하면서 허공에 손짓을 하고는 택시를 잡아탔습니다. 그리고 아무렇지도 않게 높은 음조로 종착지를 이야기하면서 내 눈앞에서 사라졌는데, 문이 닫히는 순간 줄곧 여자가 품 안에 안고 있던 봉투 안에서 사과 한 알이 떨어졌습니다. 사과는 그 뒤로도 몇 번인가 지나치는 자동차 바퀴에 채이고 깔려서 산산조각이 났는데, 나는 차가 지나가지 않을 때까지 기다렸다가 그 파편들을 주워 개미들이 다니는 길목에 놓아주었습니다. 사과 조각들은 일개미에 의해 조금씩 이동되어서 신선한 특식으로 여왕개미에게 제공되었을 것입니다. 그러면 온전치는 않아도 하등 의미 없는 것이 되지는 않을 테지, 나 역시 그렇게 되기를 바랐습니다.

며칠 후 같은 자리에서 교통사고를 당한 나는, 외상은 한 군데도 없이 머리를 다쳤고 두개골을 열어야 하는 뇌수술을 받았습니다. 그 일로 열일곱 내 몸에 큰 흉터가 생겼습니다. 고등학교 입학식을 며칠 앞둔 때였고 아직 초봄이었습니다.

♭#5

나는 그의 손을 잡는 것을 좋아했다.
그런데 그는 나의 정신을 붙잡아주었다.

–프랑수와즈 사강이 장 폴 샤르트르에게

육체적 고통은 실로 그 무엇보다도 강력한 것이었습니다. 모든 감정과 의지를 무너뜨리고 사리를 판단할 수 없게 하며, 세상 만물을 다 무의미한 것으로 만들어 오직 이 세상에 자기 자신과 고통만이 존재하는 것처럼 느껴지게끔 만듭니다. 그리고 그러한 고통 속에 있는 자신은 오직 두려움과 아픔을 느끼는 감각으로만 가득 차서 다른 감각들은 전부 바깥으로 밀어내버리게 되지요. 아버지가 아니었다면 내가 어떻게 혼자 그 시간들을 견디어낼 수 있었을까요? 아버지는 참으로 아버지다운, 자신만의 방법으로 나를 치료해주었습니다.

처음에는 아버지 역시 당황한 것이 틀림없었습니다. 수술이 끝나고 마취가 풀리면서 잠시 정신을 차렸을 때 본 아버지의 얼굴은 눈물과 두려움으로 형편없이 무너져 있었고, 수술이 잘 되었다고는 하나 뇌는 특히 민감한 부분이라 완전히 정상적으로 되돌아올 수 있을지 확신하기 어려웠기 때문입니다. 게다가 나와 함께 병실을 썼던 어린 소년은 나와 뇌의 같은 부분을 다쳐 수술을 받고 회복했지만 언어 구사 능력을 완전히 상실해 다시 처음부터 말과 글을 배우는 재활 훈련을 받고 있었습니다. 제 몸도 가누지 못하고 온 얼굴과 머리에 붕대를 칭칭 감은 나를 보면서 아버지는 그야말로 천 길 낭떠러지에 매달려 있는 심정이었을 것입니다. 나 자신조차도 내 삶은 이제 끝났다고 믿고 있었습니다. 극심한 고통 속에서 하루하루를 살면서, 영원히 노래도 할 수 없을 것 같았습니다.

아버지는 누가 봐도 매력적인 남자였습니다. 그는 호남형의 잘생긴 얼굴에 남자답게 솟은 콧날, 근육질의 울룩불룩한 몸과 큰 키의 사내였습니다. 할머니 대에서부터의 유전으로 나이보다 훨씬 더 어려 보였고, 모든 행동거지에 자신감이 있었으며, 아버지가 말을 하기 시작하면 모든 사람들이 웃으면서 그를 바라보았습니다. 그는 태생적으로 사람의 관심을 끄는 기질이 있었습니다. 그러나 아버지의 자신감은 남자다운 외모에서 만들어지는 것이 아니었습니다. 그는 천성적으로 낙천적이고 강한 마음을 가지고 있었으며, 아이와 노인에게 특히 다정하고 처음 보는 사람에게도 우스갯소리를 잘했습니다.

가장 먼저 아버지가 한 일은 주변을 밝게 만드는 일이었습니다. 낡고 큰 대학병원은 사람이 오래 머물 곳이 못 되었습니다. 아픈 사람이야 어쩔 수 없이 머물러야한다 쳐도, 멀쩡한 사람이 머물 곳은 더더욱 못 되었습니다. 병원 어디를 가든 크레졸 냄새에 숨이 막히고, 환자들의 신음소리만이 가득했습니다. 아마 그곳을 참아내기란 나보다도 아버지에게 더 힘든 일이었을 것입니다. 하지만 내가 기억하는 그때, 아버지는 항상 재미있어 죽겠다는 표정을 짓고 있었습니다. 괴로움이나 답답함을 내색하는 것은 단 한 번도 보지 못했습니다.

먼저 아버지는 간호사들을 포함해서 자주 만나게 되는 사람들에게 별명을 지어주었습니다. 키가 크고 덩치가 있었던 진선미 간호사는 각선미 간호사, 오랫동안 병원 생활을 하며 아픈 할머니를 돌보시던 옆 병실의 목소리가 큰 할아버지는 하동재첩국할배라고 부르면서요. 사람들은 금세 아버지에게 익숙해져서 그의 장난에 웃음을 터트렸습니다. 괴로움과 고통만이 가득 차 있던 내 정신에도 어느새 호기심과 웃음기가 새어 들어왔습니다. 각선미 간호사가 놔주는 독한 항생제 주사도 더 이상 못 견딜 만큼 괴로운 것이 아니었고, 온 복도가 쩌렁쩌렁 울리도록 시끄럽게 웃는 하동재첩국할배의 얼굴이 궁금했습니다. 얼른 일어나서 걷고 싶었습니다. 한 숟가락도 못 뜨던 미음 한 그릇을 억지로 뚝딱 다 먹어치웠습니다.

내가 겨우 혼자 힘으로 일어나 앉을 수 있게 되자 그 다음으로 아버지가 한 일은 더 놀라웠습니다. 당시에는 몰랐지만, 그는 내가 사고를 당해 큰 수술을 했고 지금 많이 아프다는 사실을 잠깐씩이라도 잊어버리게 하려 했던 것 같습니다. 아버지는 평상시와 하나도 다를 바 없이 예전의 모습 그대로 나를 대하기 시작했습니다. 아직도 비실비실한 나를 툭툭

치면서 장난을 걸다가 간호사에게 혼나기도 하고, 두 가지 메뉴 중 택일할 수 있게 되어 있었던 주말 저녁 특별식의 선택권을 절대로 그냥 양보해주지 않아서 우리는 항상 불꽃 튀는 가위바위보 승부를 했습니다. 병원에서 먹는 무염식에 질린 내가 컵라면이 먹고 싶다고 하자 (간호사는 절대 안 된다고 했지만) 우리는 늦은 밤 몰래 병실을 빠져나와 들킬까봐 서로 망을 봐가면서 컵라면을 먹기도 했습니다. 이런 우습고도 즐거운 사건들 속에서 나는 점점 더 고통스러운 치료와 병원 생활에 익숙해져 갔고, 가끔씩은 정말로 내가 아픈 것을 잊어버렸습니다. 의사들이 내 몸을 수술하고, 간호사들은 주사와 약물을 투여해주었습니다. 그리고 아버지는 내 곁에서, 나의 정신을 붙잡아 주었습니다.나는 의사들이 놀랄 만큼 빨리 회복해서 벚꽃은 이미 졌으나 가지마다 연둣빛 새순이 돋던 늦봄, 가발을 쓰고 뒤늦게 고등학교에 입학했습니다. 조금 늦었지만 아직도 봄은 봄이었습니다.

♭#6

힘과 풍부함. 그 어떤 무례함. 불규칙성. 숭고함. 비장감. 이런 것들이 예술에서 천재의 특성을 이룬다. 그는 미약하게 다가오지 않는다. 반드시 놀라게 하면서 다가온다.

-프랑스 철학자 드니 디드로

수술 뒤 종종 심한 두통을 겪었지만 오래가지 않았고, 나는 평소보다 더 많이 웃고 떠들고 달리며 내가 그 사고와 수술에서 살아남았다는 것을 만끽했습니다. 하지만 몸이 훌륭하게 적응해준 것에 비해서 이전과는 확연히 달라진 부분도 있었는데, 처음에는 눈치챌 수도 없을 정도의 약한 변화, 미세한 균열이었습니다. 그러나 당시 모든 감각이 극도로 예민해져 있던 나에게 있어 미세한 균열은 점점 더 강력한 무언가로 변하면서, 급기야는 세상이 흔들릴 정도의 위력으로 다가왔습니다. 막 비가 그친 새벽에 거리를 걷거나, 가로수의 갈라진 틈을 만지는 것만으로도 온몸이 떨려올 정도의 자극을 느꼈습니다. 나의 감각들이 일어나서 춤을 추는 듯했고, 시계의 초침소리 때문에 매일 밤 잠을 설치기에 이르렀습니다. 예민함이란 칼날처럼 날카로운 어떤 것이었습니다. 날카로운 칼을 손에 쥐고 아무것도 해하거나 상처 입히지 않기란 너무 어려운 일이었습니다. 자기 손에 쥔 칼로 스스로를 다치게 하지 않기 위해서는 반드시 무언가 집중할 수 있을 만한 거리를 찾아내야 했고, 계속해서 강제적으로 발휘되는 이 날카로움을 죄책감 없이 마음껏 휘두를 수 있는 표적이 필요했습니다. 그러나 나는 도무지 방법을 몰랐고 도와주는 사람도 없었습니다. 답답한 날들과 표현이 없는 삶은, 벌써부터 겹겹이 먼지처럼 쌓여만 갔습니다. 안개처럼 나를 감싸는 이 정체를 알 수 없는 열망은 애써 피하면 피할수록 선명해졌고 바라보면 이내 흩어졌습니다. 붙잡을 수 없었습니다.

아직도 노래를 해보겠다는 생각은 전혀 없었습니다. 스타가 되고 싶다거나 연예인으로서의 화려한 삶을 꿈꿔 본 적은 한 번도 없고, 나의 주제에도 맞지 않다고 생각했으니까요. 나는 꿈같은 일은 바라지도 않았고, 다만 눈앞에 집중할 수 있는 무언가가 간절히 필요했습니다. 이미 마음속에서 불이 나 견디기가 점점 더 어려웠기 때문입니다. 닥치는 대로 책을 읽는 것으로 열망을 속이고 있던 어느 날, 우연히 도서관에서 남미를 대표하는 여성 예술가 프리다 칼로의 그림이 인쇄된 책과 그녀의 삶에 대한 글을 읽고 심장이 흔들리는 충격을 느꼈습니다. 곧바로 방과 후 미술부에 등록을 하고 무작정 데생을 배우기 시작했습니다. 아, 이것이야말로 내가 원하던 바로 그 일이었습니다. 그 이후로 얼마간, 나는 정말 행복했습니다.

약간의 시간이 더 지나고 몇 시간 동안이나 한곳에 가만히 앉아서 석고상을 그리는 일에도 점점 익숙해져갈 때쯤, 나는 온갖 방면의 천재들을 바라보고 있었습니다. 그들은 미술뿐만 아니라 음악과 문학을 포함한 모든 예술계에 밤하늘의 별처럼 수놓아져 있었습니다. 어떤 천재는 반짝하고 빛을 내며 순간적으로 화르르 타올라 소멸하지만, 어떤 천재는 영원히 녹아들지 않는 양초의 촛불처럼 오랫동안 천천히 자신을 태우며 빛을 냈습니다. 더 놀라운 사실은, 그렇게 별빛처럼 빛나며 세상에 탄생한 예술 작품들은 창조자인 예술가 자신보다도 더 오래 살아남는다는 것이었습니다. 그 중 대부분은, 아직도 빛바래지 않고 이곳에 남아 여전히 우리들에게 놀라움과 환희를 주며, 사람의 생명보다 더 긴 예술적 향기를 지니고 있었습니다.

나는 특히 다빈치의 드로잉을 좋아했습니다. 전형적이고 주입식인 미술 교육법으로 '배운 그림'을 그리는 사람은 절대로 그러한 생동감 넘치는 장면을 잡아낼 수 없을 것이었습니다. 그는 포효하며 앞발을 구르는 말의 옆구리와 허벅지의 근육, 사람의 인체, 그리고 웃음과 회한이 동시에 담겨 있는 여인의 얼굴과 흉상을 주로 그렸습니다. 그것은 확실히 그의 천부적인 미술적 능력에서 말미암은 것이지만, 그 이전에 보다 뛰어난 관찰자적 재능이 선행되었기에 비로소 가능해지는 일이었습니다. 굳이 다빈치뿐만이 아니라도 수많은 작품들이 같은 이유로 나를 전율케 했고, 나는 그들의 작품을 갓난아기 받아들듯 가슴에 안고 둥지의 알처럼 품었습니다. 하지만 우습게도, 놀라울 만큼 빠르게 앎으로부터의 괴로움이 빗물처럼 스며들어오는 것이었습니다. 환희와 절망은 예술에서처럼, 현실에서도 짝을 이뤄 함께 다가왔습니다.

열병처럼 뜨겁던 흥분이 조금씩 가라앉기 시작하자 이제는 석고소묘 한 장을 완성하기 위해 몇 시간 동안 엉덩이를 붙이고 앉아있기조차도 힘든 일이 되었습니다. 게다가 동경해 마지않던 예술가들과 그 작품들에 비하면 나의 미술적 재능은 한 줄기 잡초처럼 보잘것없는 것일 뿐이었습니다. 나는 내가 보고 듣고 느끼는 이 모든 것들을 살아 있는 조각으로 영원히 새겨놓고 싶었는데, 내가 가진 이 조각칼은 너무 둔하고 끝이 뭉툭하여 조각은커녕 종이조차 자르지 못할 것 같은 느낌이 들었습니다. 나는 딱히 뛰어나지도, 특별난 재능도 없었지만 표현하고 싶은 것은 내 안에서 넘쳐날 정도로 많았습니다. 부끄러운 이야기지만, 아직 시작도 하기 전에 벌써 한계를 느껴버린 것이었습니다. 아무것도 그려지지 않은 새하얀 종이 위에 이미 표현의 한계가 그려져 있었습니다.

내가 방황하는 것이 겉으로 드러날 정도에 이르자 어느 날, 미술 선생님이셨던 그분이 나를 교실 바깥으로 불러냈습니다. 분명히 혼나거나 쓴소리를 들을 거라고 예상했던 것과 달리 선생님은 갑자기 로뎅의 말을 인용하시는 것이었습니다."모든 예술은 형제이고 그 밑바닥은 같다." 부드러운 바람이 물결치듯 불어오고 있었습니다. "나무를 보면 한 줄기에서 수많은 가지가 자라나서 제각기 다른 방향으로 뻗어나가는 것처럼, 모든 예술도 가지가 다를 뿐 그 뿌리가 같다." 나는 아직도 선생님이 무슨 말씀을 하시는지 몰라 당황한 채, 그 자리에 나무처럼 가만히 서 있을 뿐이었습니다. 이내 바람이 멈추었고, 우리는 한동안 그 자리에 말없이 서 있었습니다. 나는 도망치듯이 그 자리를 떠난 뒤 며칠 후에 선생님께 밤새 쓴 편지를 드리고, 두 번 다시 미술부로 돌아가지 않았습니다. 편지의 전문에는 '표현의 범위를 지금보다 더 넓히고 싶습니다'라는 이야기를 쓰고 '음악을 해보겠습니다'라는 문장으로 글을 닫았습니다. 선생님은 내가 조금 돌아서 가고 있다는 것을, 노래경연대회에 나가서 수상을 하고 그 상금으로 미술 재료를 구입하고 있었다는 것을 알고 계셨습니다.

♭#7

내가 얼굴을 모르는 내 어머니는 메조소프라노를 전공했다고 했습니다. 어릴 적부터 모든 상상력을 다 동원해 그녀가 무대에서 화려한 드레스를 입고 노래하는 장면들을 수도 없이 떠올렸지요. 내 상상 속에서 그녀는 믿을 수 없을 정도로 훌륭한 노래를 불렀습니다. 그녀의 얼굴을 상상하는 것보다 그녀의 노래를 상상하는 일이 나에게는 더 쉬웠습니다. 본격적으로 음악과 노래를 시작한다는 것은 나에게 있어 단순한 의미가 아니었습니다. 이제 어머니가 있었던 세계로 나 또한 발 디디는 것입니다. 그곳에서 수많은 궁금증이 풀릴 것이고, 운이 좋다면 언젠가는 내 존재의 근원인 그녀를 만나게 될지도 모릅니다. 그런 이유들이 나에게 강력한 에너지를 만들어주었습니다. 막상 무엇을 해야 하는지 몰랐고, 비싼 값을 치르고 레슨을 받을 수도 없었던 나는 그때부터 닥치는 대로 대회에 나가기 시작했습니다. 새로운 출발이었으나 외려 익숙한 길을 걷는 것 같았습니다. 두려움이 없었습니다.

어리고 미숙한 열정, 세상의 것이 아직 침입할 수 없도록 보호받고 그 속에서 순수한 열의를 양분 삼아 자라고 있는 꿈들이 도처에 있었습니다. 시작은 제각기 달라도 같은 장면을 꿈꾸는 '우리'들은 음악이라는 도구를 통해 자신을 표현하고 드러내는 데에 강력한 의지를 불태우고 있었습니다. 아직 어렸지만, 사람들의 생김새가 모두 다른 것처럼 우리들도 모두 다른 노래를 불렀습니다. 그 안에서의 경쟁은 본래의 삭막한 의미가 아니었습니다. 크든 작든 대회에서 만나는 모든 사람들이 나에게 자극과 호기심을 주었습니다. 나는 모든 노래들을 숨소리 하나 놓치지 않고 들으려 애썼습니다.

대회와 대회를 전전하던 중, 우연한 기회에 내 인생의 은사님을 만나게 되었습니다. 그는 현재도 교수로서 수많은 음악가들을 가르치고 있고, 그에게 나 역시 돈으로 그 값을 매길 수도 없을 만큼 훌륭한 음악 교육을 받았습니다. 값을 매길 수 없는 첫 번째 이유는 그가 음악 이론이나 기술에 대해서 가르치기보다 앞서서, 먼저 삶과 의지에 대해 가르쳐 주었기 때문이고, 두 번째 이유는 가난한 나에게 한 번도 레슨의 대가를 요구하지 않았기 때문입니다. 그렇게 성인이 될 때까지 몇 년 동안이나 그의 그림자 밑에서 나 자신을 연마할 수 있었습니다. 나는 그를 스승이라고 부르고 느끼며, 그 뒤로 누구도 스승으로 모신 적이 없습니다. 나는 그의 유일한 제자가 아니지만 그는 나의 유일한 스승이며 그로 말미암아 겨우 음악가로서의 길을 걸을 수 있게 되었다고 생각합니다. 갚을 길이 없습니다.

♭#8

시간은 흐르고 흘러, 몇몇의 크고 작은 사건들 속에서 어느새 나도 성인이 되었습니다. 스스로를 책임져야 하는 나이가 되자 자유는 무거운 것이었으며, 무엇을 하든 돈이 필요해졌습니다. 허나 돈은 살아가기 위해서 필요한 것이지 그 이상의 무엇이 아니었습니다. 나는 사치를 몰랐으며 심지어는 꾸밀 줄도 몰랐습니다. 그래도 돈은 필요했습니다. 필요가 내 행동의 방향을 정했고, 그렇게 해서 하루 대부분의 시간을 직장에 머물게 되었습니다. 그때 순전히 운이 좋아 나이에 비해서 꽤 괜찮은 수준으로 돈을 벌 수 있었는데, 처음 느끼는 경제적 여유가 주는 안정감이란 이루 형언할 수 없는 것이었습니다. 돈을 허투루 쓰거나 낭비를 하지는 않았지만 사지 못해 못 사는 것과 살 수 있지만 안 사는 것이 완전히 다른 것임을 그때 알았고, 그 이후로 얼마 동안은 자립의 기쁨에 취해서 다른 것은 생각지도 않고 매일매일을 살아가고 있었습니다. 하지만 그 시기 즈음하여 내 인생에 몇몇의 크고 중요한 사건들이 일어났는데, 그 일로 나는 송두리째 뿌리 뽑힌 것이나 진배없이 되었습니다. 바로 어머니를 만나게 된 것인데, 이 부분에 대해 나는 자세히 이야기하지 않기로 마음먹었습니다. 이 일은 사실 너무나 개인적이고, 나뿐만 아니라 다른 사람들에게도 상처가 될 수 있기 때문입니다. 그래서 이 부분만을 커튼 뒤에 살짝 가려 놓자고 생각했습니다. 퍼즐이 몇 조각 빠졌다고 해서 무슨 그림인지 알아볼 수 없게 되는 건 아니니까요. 어쨌거나 이 일을 계기로 나는, 음악과 음악가로서의 나 자신을 미워하게 되었습니다. 급기야는 내가 태어나 자란 이곳, 지금 사는 곳에서 떠나 될 수 있는 한 멀리

도망치고 싶다고 생각하기에 이르렀습니다. 그러나 나는 여전히 갈 곳이 없었습니다. 서글프게도 어릴 때와 똑같이, 딱히 가고 싶은 곳도 없었습니다.

한번 마음에 품었던 음악은 내가 어디로 도망치든 나를 찾아냈습니다. 재능은 잔인하고, 웬만한 각오나 결심쯤에는 동요하지 않았습니다. 이제 내 나이는 스물셋, 지어낸 스물세 가지의 이유로도 열망은 가려지지 않았습니다. 마치 즐겨 읽던 희곡의 주인공처럼, 마치 새벽녘처럼, 멀어지려 하면 할수록 음악은 점점 더 내 가까이로 다가왔습니다. 마침내 음악이 나의 조그만 방으로 왔습니다. 그는 셰익스피어의 등장인물처럼 한쪽 무릎을 꿇고 손등에 입 맞추듯이 내 노래 위에 입 맞추며 물었습니다. 사랑스러운 잿빛, 너의 소원이 무엇이기에 이토록 밤 지새워서 노래 부르느냐고. 그러면 나는 도둑질을 하다가 들킨 사람처럼 깜짝 놀라며 꿈에서 깨어나는 것이었습니다. 이윽고 눈물이 천장을 가득 채우고, 기어코 다하지 못한 멜로디들은 마음속에서 가시처럼 돋아나서 나를 찔렀습니다. 사람들 사이에 웃으며 서 있기 위해서 고독함을 등 뒤에 숨겼습니다. 표현이 없는 삶은 또다시 먼지처럼 쌓이고, 어머니와 음악을 따로 따로가 아니라 하나인 것처럼 혼동했습니다. 아주 가끔씩만 그 일을 잊었습니다.

♭#9

그러니까 그 나이였어…… 시가 나를 찾아왔어. 몰라, 그게 어디서 왔는지,
모르겠어, 겨울에서인지 강에서인지. 언제 어떻게 왔는지 모르겠어,
아냐 그건 목소리가 아니었고, 말도 아니었으며, 침묵도 아니었어,
하여간 어떤 길거리에서 나를 부르더군,
밤의 가지에서, 갑자기 다른 것들로부터,
격렬한 불 속에서 불렀어, 또는 혼자 돌아오는데 말야.
그렇게 얼굴 없이 있는 나를 그건 건드리더군.

-파블로 네루다 '시' 중에서

전에 한 번 그랬던 것처럼 내가 또다시 도망치자, 오로지 문학만이 내 숨어들어 갈 궁지가 되어주었습니다. 멜로디 없이도 작가는 이야기로 노래를 만들어 부르고 나는 나열되어 있는 단어 속에서 자신을 위로하고 상처입힐 말들을 사금 캐듯이 찾아냈습니다. 내키지 않는다면 아무도 초대하지 않아도 되는 나만의 아늑한 궁지. 나는 문학을 그렇게 느끼고 있었습니다. 나는 버지니아 울프를 읽었습니다. 지금은 고인이 된 박완서 작가의 산문집과 프랑수와즈 사강을 읽었고, 마르그리트 뒤라스와 캐서린 맨스필드도 알게 되었습니다. 파블로 네루다의 별빛 같은 시들과 피천득 시인이 원문의 아름다운 운율을 그대로 느낄 수 있게 번역한 셰익스피어 소네트집에 열광했습니다. 기형도 시인의 시에 온몸을 떨었으며 라이너 마리아 릴케를 찬미했습니다. 슈테판 츠바이크를, 오스카

와일드를, 폴 오스터를 동경했고 파스칼 메르시어나 오르한 파묵, 로버트 슈나이더와 레이먼드 카버의 신간이 출간되면 잠자는 것도 잊고 이야기에 빠져들었습니다. 그러나 미술 선생님이 전해주셨던 로뎅의 말처럼 모든 예술은 하나의 뿌리를 가지고 있기에, 깊이 심취할수록 본래 하나인 그 근원에 다가서게 되는 것이었습니다. 어떤 작가의 글들은 정말로 그 운율이 마치 음악처럼 들려오는 듯했습니다. 그것은 어떨 때는 장대한 심포니이기도 하고, 어떤 때는 연인이 내 곁에 누워 귓가에 속삭이는 멜로디 같기도 했지요. 나는 손으로 잡을 수도 없고, 사진으로 남겨놓을 수도 없는 그 노래들을 기록해두고 싶었습니다. 그래서 노래를 하는 대신, 직접 노래를 만들기 시작했습니다.

처음에는 단순히 서로 어울리는 책과 음악을 짝짓는 것으로 시작되었습니다. 예를 들자면 사강의 책을 읽으면서 파트리샤 카스를 듣는다든지, 릴케의 시를 읽으면서 드뷔시를 듣는다든지 하는 식이었습니다. 나아가서는 나에게 고귀한 감격을 안겨준 작가를 위해서 나도 음악을 만들어주고 싶다고 생각하게 되었지요. 5월에 태어나고 5월에 세상을 떠나 영원한 5월의 소년으로 불리는 피천득 시인을 위해서 노래를 만들었습니다. 그것은 '5월의 당신은 꽃보다 빨리 피어나서, 사람들 사이를 스쳐 지나며 계절을 옮겨요'라는 가사로 시작되는 노래였지요. 그것이 직접 시인의 손에 전해질 선물이 아니더라도 그 행위 자체만으로도 나는 충분히 기쁘고, 아주 약간은 보답한 것 같은 기분이 들었습니다. 사실은 계속해서 음악의 언저리에 있기 위한 핑계이기도 했고, 오히려 그 누구에게가 아니라 나 자신에게 더 선물 같은 일이었습니다.

음악가에게 있어서 무대란 반드시 그가 있어야 할 자리이자, 돌아가야 할 곳이 아닐 수 없습니다. 그때 즈음하여 나 역시 무대가 못 견디게 그리워지기 시작했습니다. 또래의 친구들보다 나이에 비해서 빨리, 크고 작은 여러 무대에 설 수 있었던 나는 얼굴로 쏟아지는 조명의 뜨거운 열기와 마이크의 적당히 기분 좋은 무게감이 참을 수 없이 그리워하고 있었습니다. 눈을 감으면 나와 드럼이 밤새도록이라도 할 수 있을 것처럼 포바를 주고받고, 내 스캣에 이어 곧바로 피아노가 솔로잉을 시작했습니다. 우리는 스윙을 라틴으로 연주하기도 하고, 웃음이 터져 나올 정도로 책임감 없는 카덴차로 연주를 끝내기도 했지요. 그러나 그리운 것은 그리운 대로 남겨두고 나는 당장 해야 할 일들을 하며 살아갈 뿐, 내 삶에 그런 무류한 열정은 다시는 없을 것이라고 생각했습니다. 파스텔뮤직의 연락을 받기 전까지는요.

나는 우선 여러 번 거절의 의사를 밝혔습니다. 음반을 내고 싶다는 생각을 한 적은 있어도, 가수로서 살아가는 나를 상상할 수도 없었고 썩 잘할 자신도 없었기 때문에요. 사실 이전에도 다른 몇 군데의 소속사와 계약을 망설였던 적이 있었습니다. 나는 슈퍼스타가 되고 싶지도 않았고 인형처럼 어여쁜 아이돌도 못 되었기 때문에 서로의 견해차는 좁혀지지 않았고, 이번에도 같은 해프닝이 될 거라고 치부해버리고 있던 차였습니다. 내게 처음 연락을 해왔던 그는 — 김근우님. 그는 파스텔뮤직에서 8년 동안 근속하며 음원 유통과 마케팅을 담당했고 지난 해 공덕에 만복국수를 개업해 사장님이 되었습니다 — 내 연락처를 알아내기 위해서 꽤 애를 쓴 모양이었습니다. 지금 생각하면 아무것도 아닌 내게 십 수번씩이나 설득의 전화를 걸어와주고, 결국 만나게 되기까지 인내해준 파스텔뮤직에 마음 깊은 곳에서부터 감사함과 애정을 느낍니다. 나를 찾아내주어서 정말 고맙습니다.

♭#10

제가 평생 한 일이라고는 그저 파바로티 같은 개런티 높은 대가들에겐 가혹했고 프로모션을 잘할 수 없는 실력 있는 신인들에게는 후했던 것 말고는 없습니다.

-음악평론가 해롤드 숀버그

모든 예술 창작물은 내면 깊은 곳의 미세한 움직임으로부터 파동되어 탄생합니다. 가장 하찮아 보이는 시구 한 줄도 그런 과정을 거치지 않고 갑자기 생겨날 수는 없게끔 되어 있지요. 현시대의 우리들은 '생각하지 말고 행동을 하라, 생각을 많이 하면 할수록 결국에는 뒤처지게 되는 법이다'라고 모든 상황을 통해서 끊임없이 교육받습니다만, 예술은 다릅니다. 오로지 깊은 사유의 언저리에 가 닿은 사람에게서만 예술적 그 무엇이 만들어지고 태어납니다. 예술가는 바보스러울 만큼 충분히 고민하고 차라리 괴로울 만큼 생각합니다. 그래서 어느 순간 관습과 규율이 침입할 수 없는 내면의 깊은 곳에 도달하게 되면 비로소 사유의 결정체를 스스로 알아볼 수 있게 되는 것이지요. 그것은 아름다운 외모나, 몸에 걸치는 것에서 비롯되는 자신감과는 비교조차 할 수 없을 정도로 강력한 힘을 발휘하게 합니다. 함부로 사용해서는 안 되겠지만, 잘만 다룬다면 그것을 칼처럼 휘두를 수도 있겠지요.

이 시대는 끝없이 위로받길 원하며, 또한 돈을 내고서라도 상처받길 원하는 사람들로 가득 차 있습니다. 시장의 거의 모든 콘텐츠는 어떤 방식으로든 사람들을 자극시키는 데에 주력하고 있고요. 매일 점점 더 딱딱하게 굳어가는 마음에 일부러라도 생채기를 내어서 붉은 피가 흐르는 것을 확인하려는 마음, 내가 살아 있고 아직 느낄 수 있다는 것을 존재증명하려는 의지를 기반으로 많은 소비가 이루어집니다. 사람은 누구나 본능적으로 끊임없이 위로를 찾는데, 위로와 자극을 동시에 원하는 이유는 누구나 다친 만큼만 치유받을 수 있기 때문입니다. 더 많이 위로받고 싶은 사람은 더 깊이 파인 상처가 필요할 것입니다. 그래서 반드시 자극과 놀라움, 일종의 충격과 상처가 위로받고 치유하는 데 있어서 반드시 선행되어야 하는 필요조건이 되기도 하는 것입니다. 그러나 또 한편으로는 그렇지 않은 경우도 있습니다. 밝은 빛이 그림자를 생겨나게 하듯, 그것은 마치 수면을 기준으로 한 수면 위와 수면 아래의 세계처럼 서로 완전히 다르고, 조금씩 찰랑거리며 서로에게 흠집을 냅니다.

당신이 알고 있는 몇몇 음악가를 떠올려보세요. 아마 어렵지 않게 누군가를 생각해낼 수 있을 겁니다. 당신에게 충격과 자극을 안겨주지 않고도 보드랍게 당신을 감싸주던 그 음악을요. 마치 어린 시절 낮잠 잘 때 어머니가 배를 덮어주시던 담요처럼 포근하고 가벼웠던 그 음악을요. 퇴근길이나 하교할 때, 세상의 소음 속에서 지친 당신을 보호해주기도 하고 매일 무심하게 걷던 똑같은 길 위에서도 문득 나무의 움직임과 온도와 바람을 느끼게 해주었던, 떠올릴 수 있는 모든 장면들에 당신만의 BGM이 되어주었던 그 노래, 그 음악을 생각해보세요. 우리는 단지 계속해서 당신에게 그런 음악을 들려주고 싶은 것입니다. 당신과 우리가 하나도 다르지 않다는 것을 음악 속에서 느끼게끔 하고 싶은 것입니다.

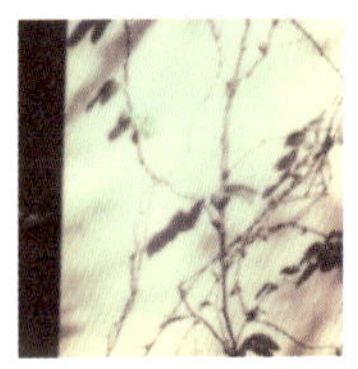

♭#11 An Epilogue

우리는 모두 목적지가 어디인지 모른 채 이 여행을 합니다. 그러나 정처 없이 걷는 때도 있고 눈앞의 어딘가를 목표해서 정신없이 뛰어가는 때도 있지요. 나는 두 개의 건널목과 한 곳의 학교 앞을 지나 어느새 집 앞에 다다랐지만, 생각에 골몰하다보니 너무 많은 풍경을 놓친 것 같아 일부러 크게 빙 돌아 동네를 한 바퀴 더 걸었습니다. 겨우내 오가며 많이 보았지만 무슨 나무인지도 몰랐던 나뭇가지에 갑자기 흰 꽃잎이 눈부시게 피어올라서, 이제야 알아보고 '아, 목련이었구나. 벚나무였구나' 하며 혼잣말을 했습니다. 지금은 가지만 앙상해서 아무도 알아봐주지 않는다 하더라도 자기 자신만은 스스로 무슨 꽃과 열매를 피우는 나무인지 잊지 않아야 하겠지요. 그러면 계절이 돌아왔을 때 비로소 가지 끝까지 꽃잎을 터트릴 수 있을 테고, 지나던 모든 사람들도 향기에 취하며 이제야 겨우 당신을 알아볼 것입니다. '때가 되면 기다리지 않아도 자연히 오나니.' 나는 오랫동안 이 글귀를 참 좋아했습니다. 올해의 겨울은 끝나지 않을 것처럼 참 길었지만 그렇다고 봄이 영영 못 올 것은 아니었습니다.

♭#12

나에게도 이미 가족 같은 파스텔뮤직의 10주년을 기념하는 이 책에서, 나는 한 명의 음악가가 어떤 길을 걸어 이 음악 집단의 한 명으로서 자리 잡게 되었는가를 이야기하고 싶었습니다. 그러나 할당된 분량은 한정되어 있고, 실제로 일어났던 모든 일들을 면밀히 다 전하지 못한 것이 조금 아쉽다면 아쉬운 것 같아요. 이것은 분명히 나의 이야기이고, 지금 이 순간에도 파스텔뮤직과 함께 이어져가고 있는 이야기이기도 합니다. 우리의 음악에 당신의 호흡을 나누어주고, 이렇게 긴 이야기도 마다않고 읽어주는 당신이 있기 때문에 그렇게 수많은 노래들과 거짓 없이 솔직한 글들이 존재할 수 있는 것이겠지요. 긴 글을 닫으며, 이렇게 지면 위에 나의 이야기를 할 수 있는 공간을 마련해주고 도와주신 분 모두에게 감사함을 전합니다. 써내려가는 모든 챕터마다 마치 무대에서 느끼는 것과 같은 가슴 저릿함을 느꼈으며, 나 자신에게도 보물 같은 경험이 되었음을 고백합니다. 파스텔뮤직과 모든 음악가들을 축복하고, 또 존경합니다.

PLUS

너에게, 전하고 싶은 이야기

여태껏 수고한 파스텔뮤직에게
그리고 파스텔뮤직과 함께하고픈 당신에게

#01

Thanks to Pastel Music

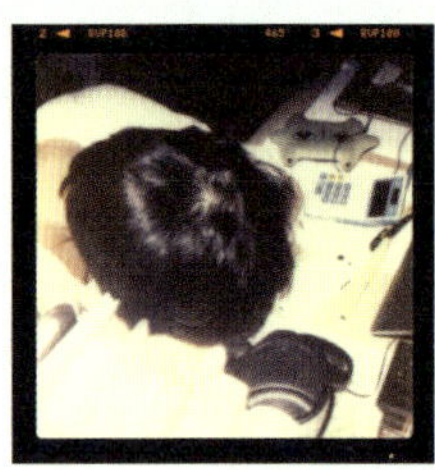

암튼 잘. 파스텔뮤직도 잘. 나도 잘_ 소설가 김연수

지나고 보니, 그 무렵에 청춘이 끝났다는 것을 알게 되는 때가 있는데 내게는 그런 경우가 아마도 2008년 6월 1일이 아닌가 싶다. 그날 새벽에 나는 효자동 입구에 서 있었는데, 갓 집권한 이명박 정권은 소고기 수입 반대 시위를 하기 위해 거기 모인 사람들에게 물대포를 시원하게 쏘고 있었다. 시위대를 가로막은 전경버스 뒤에서 직선으로 물줄기가 날아왔다. 나는 발치까지 물줄기가 떨어지는 것을 보고 이크, 옷이 젖겠다 싶어서 몇 걸음 뒤로 물러섰는데 그게 청춘에서 뒤로 좀 물러서는 발걸음의 시작이었다.

정치적으로 보자면 뭐, 그렇다는 것인데, 이걸 음악적으로 풀자면 데미안 라이스와 리사 해니건이 이제 다시는 함께 노래를 부르지 않을 것 같다는 예감이나 재주소년의 노래가 더 이상 내 얘기처럼 들리지 않는다는 느낌이 불현듯 들면서부터랄까. 안 그래도 이제는 돌아와 거울 앞에서 선 누님이 된 듯한 분위기인데, 이렇게 파스텔뮤직이 벌써 만든 지 10주년이나 됐다며 나한테 글을 청탁하니 만감이 교차하면서 두 눈에는 눈물이 고인다, 라고 쓰고 싶지만 어쩐지 지난 10년 잘 들었다는 흐뭇함만 부쩍 느껴진다. 잘 듣고, 잘 놀고, 잘 좋아하고, 잘 아파하고…… 암튼 잘. 파스텔뮤직도 잘. 나도 잘.

그리고 이제 우리는 잘 나이가 들어가고 있는 모양이다. 옛날에 내가 쓴 글을 읽으면 그때는 아직 물대포도 마다하지 않을 시절이었는데 어떻게 이런 사실을 알고 있었지 싶을 때가 있다. 예컨대 10년쯤 전에 나는 어느 글에선가 '청춘은 들고양이처럼 재빨리 지나가고 그 그림자는 오래도록 영혼에 그늘을 드리운다'는 문장을 쓴 적이 있는데, 다시 볼 때마다 놀랍다. 시간이 지난 뒤에야 스스로 이해되는, 이런 문장을 과연 내가 썼다는 말인가? 그렇다면 나는 혹시 천재……일 리야 없겠지만, 암튼. 꼭 그렇지는 않다고 하더라도 그런 게 청춘의 본질이라는 생각은 든다. 지금은 이해받을 수도, 이해할 수도 없을지도 몰라. 하지만 계속해보는 거야. 뭐, 그런 마음가짐 말이다.

파스텔뮤직에서 나온 예전 음반들을 들을 때도 그런 느낌이 든다. 어쩐지 청춘 안에 있으면서 청춘의 그림자를 노래하는 듯한 음악 때문이다. 나의 삼십대를 지배했던 사운드트랙의 주제가 바로 그런 것이었는지도 모른다. 이해받을 수도, 혹은 스스로 이해할 수도 없는 그림자의 시절을 노래하는 것. 예컨대 레이첼스와 올라퍼 아르날즈와 WEG와 MONO, 또는 푸른새벽이나 소규모 아카시아 밴드와 짙은의 세계. 시간이 조금 흐른 뒤에야 왜 그런 노래를 불렀는지, 혹은 음악을 만들었는지 스스로 납득하게 되는 그런 세계 말이다. 하지만, 동시에, 그러므로, 나이가 든다는 건 또 얼마나 좋은 일인가! 시간이 흐르면 이해할 수도, 이해받을 수도 있다니 말이다.
덕분에 청춘이 끝난 뒤에야 오히려 청춘이 더 생생해진다. 이런 천재적인 선견지명이라니. 혹시 파스텔의 뮤지션들도 다들 천재……일 리야 없지 않을 수도 있는 것이긴 하지만, 암튼. 내가 좋아하던 파스텔의 친구들도 이제는 잘 나이가 들고 있다는 게 이젠 놀랍지도 않다. 왜냐하면 이미 나는 나한테 놀랐으니까. 아무리 들어봐도 파스텔뮤직 10주년 기념 음악처럼 들리는 에피톤 프로젝트의 '우리의 음악'을 듣다보니 그 친구들이, 또 내가 잘 나이가 들어간다고 하더라도, 청춘이 끝나고 오히려 더 청춘이 되는 시절이 찾아온다고 하더라도, 사랑을 미워하지는 말아야겠다는 생각이 든다. 나는 사랑을 미워하지 않겠으니 파스텔뮤직은 다음 10년에도 조금도 달라지지 않은 노래를 들려달라.

파스텔뮤직, 10주년_ 음악평론가 차우진

홍대를 기웃거린 게 99년 즈음이었다. 퍼플레코드에서 처음 산 앨범이 켄트의 [Isola]였는데 그 뒤로 퍼플레코드는 일주일에 한 번씩 들러야 하는 곳이 되었다. 그렇게 몇 해가 지나는 동안 나는 졸업을 하고 취직을 했다. 그 사이 퍼플레코드는 오랜 단골 가게가 되었고, 향음악사와 함께 내겐 한국과 해외 인디 록의 게이트키퍼가 되었다. 그러다가 거기서 파스텔뮤직의 앨범을 찾았다. 아마도 레이첼스의 라이선스 앨범이었을 것이다. 열아홉에 우연히 보고 반한 에곤 쉴레의 그림이 표지로 있어서 더욱 기억에 남는다. 하지만 더 인상적이었던 건, 이 '콘셉트'가 레이첼스와 직접적인 연관이 없었기 때문이었다. 파스텔뮤직에서 '기획'한 라이선스 앨범이라는 점에서, 파스텔뮤직이라는 이름이 좀 궁금했던 것 같다.

그래서인지 이후에 파스텔뮤직의 음반들을 접할 때마다 눈여겨봤다. 말랑한 느낌의 인디 팝과 웅장한 스케일의 포스트 록을 카탈로그에서 볼 때마다 재미있는 회사 혹은 내 취향과 가까운 회사라고 생각했다. 그러다가 '우리는 속옷도 생기고 여자도 늘었다'네의 앨범이 나왔을 때, 그 전신 격이었던 진공악단의 음원을 밀림닷컴에서 내려받아 CD에 녹음해서 듣고 다니던 나는 당장 이 레이블을 '홍대에서 가장 재밌는 레이블'로 꼽기로 마음먹었다.

사실 파스텔뮤직의 카탈로그는 다른 레이블과는 다르다. 카바레나 비트볼처럼 장르적으로 특화되었다는 인상보다는 '히트한 몇 앨범들' 덕분에 말랑한 스타일의 팝을 전문으로 하는 회사로 보이기도 한다. 하지만 내가 볼 때 파스텔뮤직의 특징이자 강점은 '감수성'에 있다. 장르보다 감각에 집중하는 특성상 '취향'을 좀 더 파고드는 것 같다. 요컨대 포스트 록과 인디 팝과 라운지를 아우르는 건 '서정적인 취향'이다. 이 점에선 내 취향과도 꼭 맞았다.

그래서 레이첼스와 막시밀리언 헤커, 스윙잉 팝시클과 나오미 앤 고로, 익스플로전스 인 더 스카이와 아르코, 사비나 야나토우와 이노센스 미션이 상이한 장르와 국적과 스타일에도 불구하고 하나의 카테고리로 묶일 수 있는 것이다. 이 대중성이야말로 내가 파스텔뮤직을 재밌게 생각하는 이유다. 덕분에 나는 2002년 무렵, 사회 초년생의 어설픔과 고단함을 비껴갈 수 있었다. 단골 바에서 이 음악들을 틀며 낯선 손님들과 친구가 될 수 있었다. 예쁘고 귀여운 여자애와 데이트도 할 수 있었다. 그러니까 이 음악들은 여러모로 '짧았던 좋은 시절'을 생각나게 만든다. 그게 벌써 10년 전이라니, 아득하니 새삼스럽게.

Last Things Last(결국 마지막까지 남는 것들)_ 작가 김동영(생선)

그때 모든 걸 잃었다고 말한다면 그건 오버겠지만 실제로 내가 느끼기에 나의 인생은 거의 끝장난 것 같았다. 5년간 다니던 직장에서 실직을 당했고 3년을 만나던 애인도 다른 사람 품으로 떠났다. 의지할 그 무엇도 내겐 없었다. 마치 한 발자국만 뒷걸음질치면 바로 아래로 떨어질 절벽 위에 아슬아슬하게 서 있는 기분이었다. 그때 이곳은 내가 있을 자리가 아니라고 생각했고 내가 쓸모없는 존재 같았고 내겐 미래에 대한 아무런 가능성이 없어보였다. 내가 결정할 수 있는 건 그리 많지 않았다. 하지만 나는 나의 미래를 위해 아무것도 결정하고 싶지 않았다. 다 부질없는 짓거리라는 생각만 했다. 그때 내가 생각해낸 유일한 아이디어는 이곳을 떠나 사라져버리는 것이었다. 그래서 다시는 돌아오지 않을 것처럼 가진 모든 걸 팔아 미국으로 긴 여행을 떠났다. 그때 내 나이 서른 살이었지만 가진 것도 이뤄 놓은 일도 거의 없었다. 이런 무모한 결정을 주변 사람들은 걱정과 동정 어린 시선으로 바라봤지만 그 누구 하나 말리거나 명확한 대안을 제시하는 사람이 없었다. 어차피 그들이 내게 해줄 수 있는 일은 아무것도 없었다. 나의 불행은 지극히 개인적인 불행이었을 테니깐.

그렇게 무모할 수가 없었다. 마치 가진 것이 없기에 잃을 것이 없다는 생활이었다. 내가 처음으로 한 일은 내 나이만큼 오래된 중고차를 산 것이었고 그 거지같은 차로 240일 동안 미국 전역을 돌아다녔다. 목적지는 없었다. 내가 멈춰서는 곳이 나의 목적지였다. 하지만 이상하게 목적지가 없음에도 불구하고 자주 길을 잃었고 헤매기 일쑤였다. 그건 항상 길 위에서 스스로 어디로 가야 할지 결정하지 못했던 이제까지의 내 인생처럼 항상 갈팡질팡했기 때문이었을 것이다. 물론 난 혼자였다. 내 마음에 담기도 벅찬 방대한 풍경과 끝도 없이 연결된 길에서 오는 고립감 그리고 지독한 외로움과 고독함을 꾸역꾸역 삼키면서 나는 그 감정들을 연료 삼아 낯선 길을 달렸다. 그곳에는 날 아는 사람 하나 없었고 내가 머물 집도 없었다. 마치 스스로의 의지를 시험하듯 앞으로만 난 길을 달리고 달렸다.

나의 가난함은 숨길 수 있었다.
나의 약함도 애써 강한 척할 수 있다.
나의 배고픔도 아닌 척할 수 있는 것이다.
하지만 나의 외로움은 숨길 수 없는 감정이었다.
그건 아무리 숨기려 해도 내 얼굴에 그대로 각인되어 감출 수 없었다.
어떤 도시에서 만난 사람은 날 보자마자 왜 울고 있냐고 묻기까지 했다.
나는 그때 울고 있지 않았다.
다만 지쳐 있었고 외로움에 찌들어 있었을 뿐이었다.
이렇게 외로움은 숨길 수도, 아닌 척할 수도 없는 감정이었다.

하지만 난 그 지독했던 8개월을 치열하게 견뎌냈다. 마치 스스로를 세상과 분리시킨 것처럼 말이다. 난 외로움을 얼굴에 담고 살았지만 한편으로는 그 외로움이 미지의 곳으로 가게 만드는 이유이기도 했다. 그때 내 편이 되어준 건 단 하나뿐이었다. 그건 한국을 떠나올 때 가방 깊숙이 싸가지고 온 음악들이었다. 그것들은 조수석에 숨을 죽이고 앉아 낯선 땅에서 헤매고 있는 내게 노래를 불러줬다. 그 길의 배경음악이 되어 가끔은 기분 좋은 표정을 짓게 만들었고 가끔은 스스로의 감정에 빠져 눈물을 흘리게 만들었다. 오로지 음악만이 나와 함께 그 긴 시간을 온전히 같이했다. 여행이 끝난 지금도 나는 막히는 강변북로에서 낯선 풍경 위로 바람을 타고 노랫소리가 들리는 것만 같은 착각을 하고, 가끔 카페나 라디오에서 무심코 흘러나오는 그 노래들에 잊고 있던 여행을 생각해내기도 한다. 그렇게 그 음악들은 내게 소중한 것이었다. 그것들은 날 앞으로 가게 만들었고 가끔은 멈춰 서서 한 박자 쉴 수 있게 만들었으며 홀로 지나온 길을 되돌아보게 만들기도 했다.

그렇게 방황에 가까운 여행은 끝났다. 운이 좋았는지 나는 그 여행을 통해 여행 작가가 되었다. 그 여정을 담은 책에 여행에서 들었던 노래들을 넣고 싶었다. 하지만 노래들의 저작권 같은 문제들이 있었기에 그 일은 거의 불가능해보였다. 그때 도움을 주고 내 꿈에 귀 기울여줬던 사람이 파스텔뮤직의 이응민 사장님이셨다. 이름도 알려지지 않은 내게 아무 조건 없이 모든 음원을 사용할 수 있는 권리를 주선해주셨다. 그래서 책을 읽는 독자들도 내가 그랬던 것처럼 내가 쓴 글을 읽고 그 노래를 들으며 내가 갔던 여정과 감상과 직접 본 적 없는 풍경들을 더 깊게 느낄 수 있었을 것이라 나는 지금도 믿어 의심치 않는다. 지금 생각해봐도 가장 완벽한 기획이었고 유익한 후원이었다.

벌써 5년이 지났다. 나는 서른다섯 살이 되었다. 그렇다고 그때 이후 나의 많은 것이 달라진 건 아니다. 여전히 불안하고 앞으로 어떻게 될지 모르는 불안한 미래를 품고 살아가고 있다. 하지만 그때 나와 함께했던 음악을 들을 때마다 인생의 막장이었던 당시의 시간을 내 인생의 좋은 시절로 덧칠해서 살아갈 수 있다. 그건 온전히 나의 것이 되었고 덤으로 그 기억에 실려 노래들은 책의 일부분이 되었고 더불어 인생에서 가장 빛나는 순간이 되었다. 더 많은 시간이 흐르고 내가 더 이상 불안해하지 않는 어른이 되어도 그 노래들은 끝까지 살아 남아 반짝이며 내 인생의 BGM이 되어 내 귓가에서 여전히 흐를 것이다.
결국 마지막까지 남는 건
나의 불안과 함께 흐르는 나의 노래들일 것이다.

너도 떠나보면 나를 알게 될 거야 (2007년 12월)

델리 스파이스의 매니저, '항상 엔진을 켜둘게'의 작사가, 그리고 이제는 '생선'이라는 필명으로 더 유명한 대중음악가이자 작가 김동영의 미국 여행기. 어릴 적부터 꿈꿔 온 미국 여행을 마치고 세상에 내놓은 책에는 14곡의 음악들이 여행 당시의 추억을 고스란히 담은 채 담겨 있다. 때로는 영화 속 배경음악처럼, 때로는 친구처럼 230일간의 여행을 함께한 동반자. 지극히 개인적인, 하지만 그래서 더욱 방랑벽을 자극하는 이 위험한 리스트를, 다시 한번 들춰본다.

♬ 추천곡

500 Miles The Innocence Mission

: 늘 집이 그리웠고 엄마가 보고 싶었다. 하지만 난 집에서 너무 멀리 떨어져 있었다. 그래서 이 노래를 들을 때면 잠시 차를 세워두고 집이 있는 방향을 나침판으로 찾아 바라보며 담배를 피우고 내가 두고 온 모든 것들을 그리워했다. 그리고 서른 살 남자가 고백하기에 부끄러운 일이지만 가녀린 그녀의 목소리를 듣고 있으면 난 늘 눈물을 흘리며 감정들을 추슬러야 했다.

First Breath After Coma Explosions In The Sky

: 길은 말이 없다. 왜냐하면 길은 생물이 아니기 때문이다. 인간이 필요에 의해서 만들어낸 발명품 중 하나일 뿐이다. 그리고 길은 새로운 시작이 되기도 하고 끝을 의미하기도 한다. 하지만 어디가 시작이고 어디가 끝인지 정해져 있지는 않다. 시선이 향하는 곳이 길의 시작이 되기도 하고 멈춰서는 곳이 끝이 되기도 한다. 나는 이 노래를 들을 때면 아무 말 없는 끝없이 펼쳐진 길이 떠오른다. 그리고 이 노래를 통해 생명력이 없는 길에 숨을 불어 넣는다. 그러면 길은 마치 살아 숨쉬는 생명체처럼 나를 어디론가 향하게 유혹한다.

Koop Island Blues(Feat. Ane Brun) Koop

누가 어디서 이 노래를 찾았을까? 내가 이 노래를 처음 들었을 때 든 생각이었다. 얼마나 이 노래를 반복해서 들었던가? 구슬프게 울리는 먼지 쌓인 멜로디와 처량한 네온 조명 같은 여자 보컬의 노래를 듣다 보면 지독하게 외로워져서 내 몸뚱이라도 팔고 싶어진다.

Sovay Andrew Bird

: 이 노래를 듣고 있으면 집에 있어도 집에 가고 싶어진다. 아니면 비 오는 날 사람 없는 도서관 열람실에 앉아 비 내리는 소리와 이 노랠 들으며 평생 읽지 않을 것만 같은 책들의 제목을 만지작거리며 눅눅한 책 냄새를 맡고 싶다.

The Octuple Personality And Eleven Crows World's End Girlfriend

: 베이징에서 이들의 공연을 본적이 있었다(왜 서울도 아닌 중국 베이징에서 그들의 공연을 볼 수 있었는지 지금도 의문이다. 그렇다고 그들이 중국에서 인기가 있어 보이지도 않았다). 공연장은 옛날 가옥을 개조한 작은 갤러리 같은 곳이었다. 지독히 추운 날씨 때문인지 관객도 그리 많지 않았다. 고개를 숙이고 연주하지만 마치 음악이 저절로 흘러나오는 것만 같았다. 그들의 음악은 아름다움 그 자체였다. 이상하게 밴드도 관객들도 공연 내내 움직임이 없었다. 우리는 그 공연이 이루어지는 동안 모두가 흑백 사진 안에 갇힌 피사체가 된 것만 같았다. 언젠가 기회가 되어 멤버들을 만난다면 '더 아름다워지라'고 말해주고 싶다.

생활 속의 음악, 하지만 전혀 일상적이지 않은_ 배우 김혜나

배우 일을 하다 보면 참 많은 사람과 작품을 만나게 된다. 그 중에는 처음부터 배우로 시작해서 오랫동안 작품 활동을 하는 사람들도 있지만 색다른 배경을 가진 사람들도 있다. 평범한 학생에서 어느 날 돌연 연극 무대에 뛰어든 사람, 사회운동을 하다가 배우가 된 사람도 있는가 하면, 음악을 만드는 뮤지션으로서 사랑받던 사람이 인상적인 연기를 보여주는 경우도 있다.

정성일 감독님의 영화 '카페 느와르'에서 만났던 요조라는 친구도 내겐 참 신선한 느낌으로 다가왔다. 자연스럽게 헝클어진 머리에 검은 가죽 재킷이 잘 어울리는 사람. 가만히 있어도 자유로움이 느껴지고 무심하게 있다가 살짝 웃는 미소가 인상적이던 친구. 촬영할 때도 그렇지만 영화가 완성되고 나서 더 관심이 가는 사람들이 있는데 요조도 조금은 그런 느낌. 사실 영화를 통해 알게 되기 전까지 요조의 음악에 관심을 갖고 들어본 건 아니고 그냥 '홍대 여신'이 별명인가보다. 여신이래… 뭐 이 정도. 정작 만나보고 이렇게 털털한 여신도 있구나 싶어서 반가웠다. 개인적으로 음악을 열심히 찾아 듣는 시간들은 현실에서 뭔가를 잊고 싶을 때, 마음을 다독이고 싶을 때가 많다. 그럴 때 들으면 참 위로가 되는 목소리가 있고 음악이 있는데, 영화를 계기로 알게 된 요조의 음악을 듣다가 점점 그 친구가 소속된 레이블이 궁금해졌고, 그곳에 다른 뮤지션들의 음악도 차츰 알게 되면서 파스텔뮤직은 내 생활 속 BGM이 됐다.

길을 걷거나 자전거를 타고 한강을 달리거나 집에서 책을 읽거나 누군가를 기다릴 때, 시나리오를 읽고 그 감정을 주체 못해서 크게 한숨을 쉬고 싶을 때, 일이 안 풀려서 머리를 짓누르는 두통에 데굴데굴 굴러다닐 때. 딱 적절한 음악들이 하나둘씩 튀어나오는 신기한 경험을 했다고 해야 하나. 어쩌면 내가 받고 있는 이 무게감을 음악을 만드는 이 사람들도 비슷하게, 아니 어쩌면 더욱 혹독하게 거치며 몸으로 감당하고 결국 이런 멜로디를 만들어낸 건 아닌지. 그렇게 우린 비슷한 가시밭길을 맨발로 성큼성큼 밟고 지나가고 있고, 젊음과 청춘이라는 허상 앞에서 일그러지고 허물어져가는 기억에 난 생채기를 꼭꼭 숨기려고 애쓰는 건 아닌지.

누군가는 파스텔의 음악이 달콤하고 예쁘다고 하던데 나는 별로 그렇게 느끼지 않는다. 아무렇지 않은 일상 속에 흩뿌려져도 참 잘 어울리는 음악 같지만, 그렇다고 해서 그 일상이 의미 없는 시간의 연속인 것은 아니니까. 봄바람이 불어올 때의 싱그러움, 그 뒤로 사랑이 지나고 나서 다가오는 쓸쓸함이 있고, 저 마음 밑바닥까지 뚫고 내려갈 것만 같은 외로움이 있다. 일상은 그만큼 평온하지만 전혀 평화롭지 않고 삶은 무심하지만 전쟁 같은 갈등의 연속이다. 그렇게 거친 파도처럼 밀려오는 생활의 단편을 파스텔뮤직의 음악은 담고 있다.

어쩌면 10년이 지나도 사람들의 삶은 크게 달라지지 않을 것이다. 늘 그 자리에 있었던 것처럼. 파스텔뮤직의 음악도 지금처럼만 그 자리에 있어주길 바라고 있다. 내가 변하듯 음악이 바뀌면 아마 적응하기 힘들 거야. 그냥 그렇게 있어줘요. 변하지 말아요. 파스텔뮤직.

당신의 더 많은 이야기_ 패션 매거진 '얼루어' 피처 디렉터 허윤선

마감이 끝난 후 돌아오는 밤은 적막하다. 파스텔뮤직의 뮤지션들이 쓴 책에 대한 짧은 원고를 부탁한다는 전화를 받았을 때, 내가 생각했던 원고는 파스텔 그린이나 파스텔 옐로우처럼 청아한 것이었다. 기억에 남는 인터뷰의 순간과 좀처럼 인터뷰를 하지 않는 아티스트를 향한 기다림에 대한.
그러나 문득 깨달았다. 내가 파스텔뮤직에 기댔던 때는 내 일상이 가장 밝고 빛나는 때가 아니라, 지금처럼 조금 지치고 외로울 때였다는 것을 말이다. 사람들은 흔히 아티스트가 행복한 것보다는 조금 불행한 것이 낫다고 한다. 고통은 아프고 쓰린 어떤 것이지만 사람의 마음과 정신이 한 번도 닿지 않은 곳으로 인도하기 때문이다.

파스텔뮤직의 아티스트들이 행복한지 불행한지에 대해서는 전혀 모른다. 인터뷰이로서 내 앞에서 섰을 때, 그들은 늘 미소 지었으므로. 그러나 음악을 들으면 알 수 있다. 그들도 우리처럼 세상의 모든 감정을 안다는 것을.
눈부신 재능을 타고난 사람도 모든 감정을 겪어낸다. 아마 그들은 아티스트의 예민한 감성을 가졌을 테니 좀 더 호되게 겪을지도 모른다. 음악이 주는 치유의 힘은 그곳에서 나온다. 나도 너와 같다는 것. 내 이야기가 바로 너의 이야기라는 것.

지금 새벽의 케이블에서는 몇 번이고 거듭된 영화 '세렌디피티'가 나오고 있다. 사실은 이 영화를 싫어하지만 이 영화의 주제가 된, 운명 같은 인연과 선물 같은 순간들에 대해서 종종 생각한다. 내가 진심으로 파스텔뮤직의 음악을 들었던 건 음악 리뷰 기사를 위해 'Not For Sale' 스티커가 붙은 CD를 플레이어에 넣을 때가 아니라 어느 낮과 밤에 라디오에서 그 노래가 흘러나왔을 때였다. 비록 음악을 듣는 것이 얼마간 일이 되더라도, 그들의 음악을 들을 땐 한 사람의 리스너가 되고 싶다.
새벽, 사랑했던 사람에게 작별을 고하기 위해 천천히 동이 터오는 창백한 도로를 달릴 때도 그 먹먹한 가슴을 기댔던 건 당신들의 음악이었다.
아직 윤곽도 형태도 알 수 없는 이 책에 그 새벽이 담겨 있을 것 같다.
당신의 이야기가 또 나의 이야기니까.

파스텔과 술 한잔해보시렵니까_ JOH 대표 조수용

파스텔뮤직이라는 이름을 들어본 것은 아마도 2009년이었던 것으로 기억한다. 내가 참여하던 웹사이트 디자인 심사에서 처음 들어보는 음반 회사 이름이 올라온 것이다. 사실을 고백하자면 그때 나에게 파스텔뮤직이라는 회사는 '처음 들어보는 작은 음반사' 정도의 느낌이었다. 그런데 기억에 선명히 남는 좋은 느낌은 일명 '인디스럽다'는 느낌으로 남기 쉬운 음반사가 '메이저스럽게도' 매우 세련되고 당당하게 그들을 표현하고 있다는 것이었는데, 기존에 알고 있던 언더그라운드, 인디 음악에 대한 편견과는 달랐던 첫 만남이었다. 단지 웹사이트 디자인이 대단해서 놀랐다기보다는 이 정도 규모의 회사가 자신들의 방식으로 표현하고자 하는 그 의지가 남다르게 느껴졌던 거다. 원래 스스로를 언더그라운드라고 정의하는 집단이 좋아하는 표현 방식이 있기 마련인데 파스텔뮤직에는 그게 없어 보였다.

두 번째 만남은 몇달 전 우리 회사 회식에서부터 시작되었다. 우연히도 회사 디자이너들이 파스텔뮤직의 음악을 무척 좋아하고, 또 그런 사람들과 같이 일할 수 있는 기회를 가지고 싶다는 막연한 이야기를 나누는 술자리였는데, 꼭 그런 기회를 만들어보겠노라고 약속을 했던 것이다. 그 후 기묘한 인연으로 이응민 대표와 만나 나눈 이야기들은 사람과 사람의 관계를 만들어준 소중한 기회였다. 이응민 대표를 만나고 난 후 처음 파스텔뮤직을 만난 느낌이 다시금 떠올랐다. 잘 모르는 어려운 이야기를 심오하게 이야기하는 다른 세상 사람일 것만 같았던 그는 너무 '인간미' 넘치는, 지하실의 음악보다는 사람을 좋아할 것 같은, 언제라도 저녁에 술 한잔하고 싶은 그런 사람이었다.

나는 늘 다양한 분야의 비즈니스를 대할 때 '브랜드'의 프리즘으로 본다. 또 나는 가장 바람직한 브랜드 상을 '의식 있는 소수'를 지향하는 대중적인 브랜드라 생각한다. 이번에 그런 브랜드를 하나 더 만난 것 같다. 가장 자기 색깔이 분명한 뮤지션들과 주관 있는 음반을 내고 있지만 늘 대중을 지향하고, 그들을 좋아한다는 이유만으로 서로 통할 것 같은 느낌을 가진 '파스텔뮤직'이라는 브랜드 말이다.

파스텔뮤직의 음악을 들으며 내게 생긴 변화_ 웹툰작가 반달토끼

파스텔뮤직 10주년!

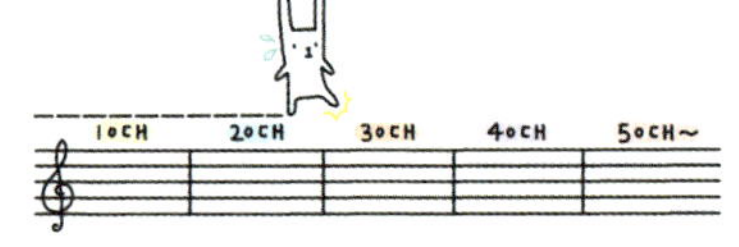

그 사이 내 나이 앞자리가
2에서 3을 바라보게 되었다.

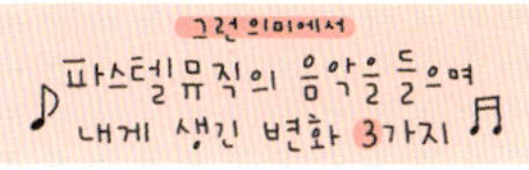

1. 다양한 장르의 음악을 듣게 되었다.

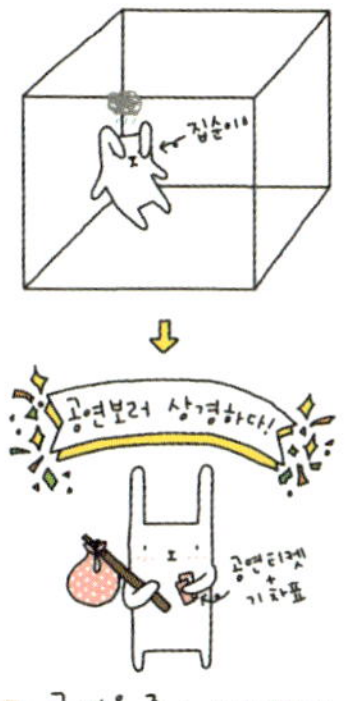

2. 공연을 즐기게 되었다.

3. 음악으로 그림을 그리게 되었다.

#02

레이블에서 일한다는 것

이 책의 독자들 중에서도 꽤 많은 젊은이들이 레이블 혹은 문화 계통에서 일하기 위해 어떤 준비를 해야 할까, 어떤 일들을 하고 있을까 하는 궁금증을 가지고 있을 것이다. 그에 대한 간단하고 주관적인 답변을 몇 가지 하려고 한다.

음악 생활인_

음악 관련 업계에 오래 몸담은 사람이라면 레이블에서 일하고 싶어 하는 팬들이 3, 4년 사이 부쩍 많아졌다는 것을 느끼고 있을 것이다. 스태프 공고를 내면 늘 예상을 웃도는 수의 지원서가 도착하곤 한다. 대학생부터 어느 정도 나이가 든 직장인까지 신입 사원과 경력 사원을 따지지 않고 도전하는 지원자가 많아진 것이다. 그도 그럴 것이, 2007년 이후부터 홍대 음악 씬은 규모 면에서 큰 성장을 이루었고, 디지털 미디어가 나날이 성장해나가고 있는 시점에서 오히려 기술이 새로운 문화를 만들어내고 있다. 그중 콘텐츠가 모든 산업 전반의 핵심이 되면서 새로운 산업 트렌드가 되었다고 해도 과언이 아니다. 물론 그 안에서 음악 콘텐츠에 대한 관심도 역시 뜨겁다.
파스텔뮤직도 그 커다란 변화의 흐름 속에 있었고 레이블의 외형적 확장은 당연히 한계를 맞이했다. 우리의 문제는, 우리와 비슷한 분위기의 레이블 혹은 밴드의 출현이 비슷한 시기에 이루어졌다는 것. 그렇기 때문에 좀 더 새로운 방법으로 음악을 소개하고 만들어내는 일에 대한 고민이 많아졌다. 자연스럽게 새로운 뮤지션들을 영입하게 되고, 더 많은 스태프가 필요하게 됐다. 그리하여 2006년부터는 적극적으로 새로운 인원을 충원하게 되었다.

음악이 만들어지는 곳. 뮤지션들이 생활하고 움직이는 곳.
즉, 레이블에서 일어나는 일들에 대해서 많은 이들이 궁금증을 갖는다.

레이블의 업무는 사실 외부에서 바라보는 것만큼 단순한 구조로 이루어져 있지 않다. 콘텐츠는 외부로 계속 퍼져나가야만 하기 때문에 유통을 해야 하고, 그 콘텐츠에 대한 권리 문제도 법적인 정함이 있다. 우리가 흔히 보는 모든 콘텐츠 역시 누군가의 손길을 거친 것임은 두말할 나위가 없다.
이 책의 독자들 중에서도 꽤 많은 젊은이들이 레이블 혹은 문화 계통에서 일하기 위해 어떤 준비를 해야 할까, 어떤 일들을 하고 있을까 하는 궁금증을 가지고 있을 것이다. 그에 대한 간단하고 주관적인 답변을 몇 가지 하려고 한다.

음반 유통팀, 음원 유통팀_

요즘에는 음반이나 음원을 CJ Media, 네오위즈 인터넷, KT 뮤직 등과 같은 전문 유통 업체에 맡기는 추세이기 때문에 보통의 레이블에는 유통팀이 없는 경우가 많지만, 파스텔뮤직은 레이블 설립 초기부터 이 모든 것을 내부에서 직접 담당했기 때문에 일부를 외부 유통팀에 맡기더라도 전반적인 유통은 꼭 자체적으로 소화해오곤 했었다.
직접 유통이 이루어지는 경우에는 재고 관리부터 음반 상태에 대한 점검까지, 외부에 위탁하는 경우보다 장점이 훨씬 많기 때문에 지금까지 이 시스템을 유지하고 있으며 이제는 파스텔뮤직만의 고유한 업무로 자리 잡고 있다.

음반 유통팀의 경우는 음반을 직접적으로 관리하는 업무로, 회사의 자산을 직접적으로 관리하고 있다고 할 수 있다. 우선적으로 재고 관리, 외부 거래처 관리 및 계약, 앨범 발매에 따른 업무들을 도맡고 있기 때문에 성격적으로 세심함을 요구한다. 더불어 외부 업체와의 회의나 만남이 잦은 부서이므로 사람을 만나는 일에 스트레스를 덜 받아야 함은 물론이다.

음반 유통팀과 더불어, 온라인 음원 유통팀의 경우는 과거에는 없던 파트가 새로 신설된 셈이다. 인터넷을 통해 음원을 사서 듣는 일이 음반을 사서 듣는 일보다 훨씬 더 증가했기 때문에 온라인 음원 유통팀도 내부에서는 중요한 위치를 차지하고 있다. 또한 음반과 음원 모두 발매가 되는 동시에 얼마만큼 많은 곳에서 어느 정도 노출되는지가 매우 중요한 포인트이니만큼 외부의 거래처들과 협업해서 일할 수 있는 기획력도 동시에 필요로 한다. 또한 음원 유통 업체(SP)들 중 영세한 규모의 업체들이 사라지고 대형 업체들 위주로 업계가 정리된 이후에 매년 음원 사용료 및 요율 분배에 관한 사항들에 관한 이슈가 많다. 또한 최근 들어 애플의 아이튠즈가 한국 내 서비스를 고려하고 있다는 소식이 들리면서 국내 음원 유통 시장은 또 다른 전기를 맞이하고 있다. 클라우드 서비스가 눈에 띄게 성장해가고 있는 시점에서 외부 상황에 대한 적극적인 숙지가 필요한 업무가 바로 온라인 음원 유통팀이다.

더불어, 음반과 음원 모두 파스텔뮤직만의 특징이 많은 카탈로그에 대한 이해를 필요로 하며, 직접적으로 매월 자금 거래를 해야 하는 업무를 담당하고 있기 때문에 책임감과 세심함이 요구된다고 할 수 있다.

지원자 tip

파스텔뮤직의 경우 음반의 목록, 즉 카탈로그의 양이 타 레이블에 비해 꽤 많은 편이다. 그리고 시간이 지남에 따라 그 권리 관계가 바뀌는 경우가 많기 때문에 그것들을 관리하고 정리할 수 있는 꼼꼼하고 세심한 면을 필요로 한다. 온라인 음원 담당자의 경우 현재 서비스되는 음원 사이트들에 대한 이해와 미디어 환경 변화에 따른 이슈를 자주 체크하고 그 흐름에서 뒤쳐지지 않도록 노력하는 센스가 필요하다.

매니지먼트팀_

2007년 이전, 파스텔에는 매니지먼트 시스템이 없었지만 매니지먼트 시스템을 가져온 이후에 확실히 업무에 가속도가 붙기 시작했다. 매니지먼트팀은 미디어를 통해 많이 알려진 대로 뮤지션과 가장 긴밀한 체제를 갖고 있고 방송국의 홍보 분야와 밀접한 연관이 있다. 매니저가 없던 시기에는 각 레이블의 기획 담당자가 직접 방송국을 돌며 홍보를 하곤 했는데 라디오, 신문, 텔레비전 등 매체에서 전문적으로 스케줄을 관리하고 방송국 내의 인맥을 관리하는 매니저들하고 같은 효과를 기대할 수는 없는 일. 레이블에서 이들의 역할은 대단히 중요하다.
하지만 레이블에서 가장 구하기 힘든 스태프가 바로 매니저다. 매니저 업무는 밤낮, 주말도 없이 뮤지션이나 외부 스케줄에 따라 움직일 수밖에 없기 때문에 그 힘든 일을 해낼 수 있는 사람이 생각보다 많지 않은 까닭이다.
다른 엔터테인먼트의 매니저들과 달리 뮤지션이 많은 레이블의 매니저들은 공연에 관련된 전문적인 지식이 요구된다('요구된다'라기보다는 파스텔뮤직의 특성에 맞게 매니지먼트팀이 '진화했다'고 말하는 것이 맞겠지만). 공연이나 행사장, 방송에서 이들은 뮤지션들의 악기 세팅이나 연주가 잘 이루어지도록 외부 스태프들과 원활하게 대화하고 상황을 늘 주시해야 한다.

지원자 tip

외부, 특히 신문, 라디오, 방송국 등 매체에서 만나야 할 사람이 무척 많으며 모든 뮤지션의 스케줄을 함께해야 하므로 책임감을 가장 필요로 한다. 더불어 매니저들에게 있어서 가장 중요한 덕목은 '시간 지키기'다. 시간을 지키지 않는 뮤지션은 있어도 시간을 지키지 않는 매니저는 없다. 이 두 가지와 더불어 지치지 않는 체력과 근성 또한 중요하다.

음반기획팀(A&R)_

많은 이들이 선망하는 직종인 음반기획팀은 'A&R'이라는 이름으로 총칭된다. 입사 지원시 가장 치열한 경쟁률을 자랑하기도 하지만 아이러니하게도 일을 시작하게 되면 가장 많이 포기하게 되는 직종이기도 하다. 음반 한 장을 준비하기 위한 시간은 짧게는 6개월, 길게는 1, 2년 이상 걸리기 때문에 일을 시작하고 1, 2년이 지나서 성과가 없다고 생각하면 금세 일을 그만두는 일이 종종 발생한다.

Artists and Repertoire의 줄임말인 A&R의 역할은 한마디로 규정하기 어려울 정도로 많다. 이것이 이 직종의 매력적인 특징으로 작용하기도 한다. 네이버 지식 사전을 검색해보면 "레코드회사 제작부에 소속되어 신인 아티스트의 발굴, 레코드 기획·제작, 제작 관리, 곡목 관리 등을 하는 스태프를 가리킨다. A는 아티스트(Artist), R은 곡목(Repertoire)의 줄임말로 이들을 총괄하여 관리하는 사람이라는 뜻"이라고 기재되어 있는 것을 발견할 수 있다.

이 업무는 신인 뮤지션을 새로 영입할 수 있는 권한이 있는 동시에 기존 뮤지션들의 색깔을 함께 만들어갈 수도 있다. 앨범 아트워크부터 앨범 전체의 분위기, 보도자료, 홍보 카피, 홍보의 방향성, 앨범뿐 아니라 공연 전체에 대한 준비들을 담당하기 때문에 그만큼 그들의 어깨는 무거우면서도 가장 큰 보람을 느낄 수 있다.

하지만 회사의 의견과 뮤지션의 의견을 조율하면서 팬들의 입맛도 맞출 수 있는 중간 지점을 제시한다는 의미에서 이들은 늘 스트레스와 싸울 수밖에 없다. 판매량이나 홍보, 노출에 따라서 새 앨범이 나올 때마다 촉각을 곤두세워야 하고, 그 성패에 따라서 회사 내부의 평가가 갈리는 일도 일어나기 때문이다. 그리고 요즘처럼 대중들의 취향이 상향평준화 된 때에 그들의 까다로운 입맛을 맞추는 일이 어디 쉽겠는가?

더불어 인터넷 환경 하에 많은 일들이 이루어지기 때문에 우리 음반뿐 아니라 타 레이블 혹은 엔터테인먼트 쪽의 움직임이나 분위기에 대해서도 숙지하고 있는 것이 좋다.

파스텔뮤직은 해외 음악을 소개하는 일도 하기 때문에 국내 로컬 팀의 A&R뿐 아니라 해외 파트의 담당자를 따로 두고 있다. 해외의 음악을 소개하는 일이니만큼 당연히 외국어 실력만큼은 유창해야 한다.

대부분 이메일이나 전화 업무가 주된 일이지만 종종 내한하는 해외 뮤지션도 있을 뿐더러 해외 음반의 경우 라이선스 계약부터 발매, 음반 발매 후의 상황 보고 등을 모두 디테일하게 리포트해야 한다. 해외 업무의 경우는 계약 내용에 따라 국내에서 벌어지는 마케팅 및 기타 많은 부분이 달라지므로 영문 계약서에 대해서 정확히 인지할 수 있어야 한다. 더불어 그간의 음반 발매에 대한 히스토리를 알고 있어야 하며, 해외 쪽의 발매 상황에 대해서도 늘 주시해서 국내 상황에 맞춰 라이선스 발매하는 것을 늘 염두에 두어야 한다.

이미 눈치챘겠지만 국내든 해외든 기본적으로는 뜨거운 관심과 애정에서 업무의 성패가 판가름나는 경우를 많이 보았다. 역시 A&R이 갖추어야 할 가장 큰 덕목은 뮤지션과 그 음악에 대한, 무한하다 못해 주체하지 못할 애정과 관심. 그것이 아닐까 싶다.

지원자 tip

지원하고자 하는 레이블의 음반에 대한 정보는 기본적으로 숙지하자.
소위 말하는 카탈로그에 대한 이해가 그 첫걸음.
그리고 본인이 좋아하는 음악에 대해서 잘 설명할 수 있을 것.
음악뿐 아니라 다른 문화 영역 및 새로운 트렌드에 대해 지속적으로 관심을 가지고 잘 살펴보는 것도 중요하다. 왜냐하면 새로운 음반이 나올 때 도서나 영화, 미술, 상업 제품 등과 협업하여 마케팅하는 경우가 많기 때문에 실질적으로 업무에 도움이 된다. 그리고 서류 지원 시 유의사항은 '자기소개서'다. 자기를 얼마만큼 잘 표현했는지를 보면 자기가 담당하는 뮤지션을 세상에 어떤 식으로 내보낼 것인지도 알 수 있지 않겠는가!

공연팀_

4, 5년 전부터 뮤지션들의 공연 시장이 확대되고 있다. 그랜드 민트 페스티벌과 지산 밸리 록 페스티벌, 그린플러그드…. 각종 페스티벌들이 하나 둘 등장하기 시작하며 10대부터 30대를 아우르는 문화 소비의 첫 번째 주자로 공연이나 페스티벌이 각광받고 있다. 이에 따라, 많은 레이블에서 공연 자체에 대해 무게감을 싣고, 뮤지션들에게도 공연에 대한 비중이 이전보다 더욱 늘어난 것이 사실이다.
파스텔뮤직 내 공연팀은 2년 전 신설된 부서로 뮤지션이 늘어난 만큼 좀 더 양질의 공연을 만들려는 목적이 크다. 전반적으로 공연 자체의 양이 늘어나고 있는 추세이므로 주위의 상황을 살피는 것은 물론이요, 현장에서 일어나는 테크니컬한 면에서도 실제적인 경험이 필요하다. 뮤지션들이 사용하는 악기라든가 선호하는 앰프의 종류, 그들의 보컬 특성이라든가 무대 세트에 대해서는 뮤지션만큼 알고 있어야 실수가 없다. 더불어 각 무대마다 밴드나 세션들이 조금씩 변경되는 경우가 종종 있는데 그것들을 사전에 숙지하고 있는 것도 도움이 된다.

각 기업체들도 뮤지션을 섭외한 기획 공연을 많이 만들고자 하는 추세에 있으므로 공연 분야에 대한 전망은 점점 더 넓어지고 있다. 파스텔뮤직 역시 진에어와 함께 '그린 콘서트'라는 정기 공연을 2년 동안 매월 진행하고 있으며 매진 사례를 기록해왔다. 이 밖에 크고 작은 일회성 공연과 행사는 물론, 각 뮤지션마다 신보 발매에 따른 대형 공연부터 작은 소극장 시리즈 공연, 페스티벌 참여에 이르기까지 1년 내내 공연에 대한 크고 작은 이슈가 회사 내에서 매우 주요한 사안이 되고 있다.

지원자 tip

현재 국내의 공연 시장은 굉장히 활발하게 움직이고 있다. 따라서 그 흐름을 적절히 캐치할 수 있어야 한다. 공연은 단발적인 일회성 행사인데다 실시간으로 이루어지는 퍼포먼스이므로 민첩한 결단력과 판단력이 요구된다.

또한 사무실 내부가 아닌 외부에서 해야 할 일이 많고, 공연 시즌에는 외부 현장에 나가 있을 일이 많으므로 체력적으로도 소모되는 경우가 종종 있다. 이때마다 컨디션이나 페이스 조절은 개인의 역량.

디자인팀, 회계팀_

소기업들의 특징이 그렇듯, 디자이너와 회계 파트는 파스텔뮤직에서 각 1명씩을 두고 있다. 우선 디자인팀의 경우, 회사의 이미지를 처음으로 한눈에 보여주는 업무를 담당하고 있기 때문에 내부에서 가장 고충이 많은 팀에 속한다. 그러나 디자이너의 손길이 바로 회사의 아이덴티티를 보여주는 것이므로 그간의 디자인을 숙지해보는 동시에 자신의 개성을 팍팍 곁들여 새로운 느낌을 물씬 줄 것. 그보다는 일이 없을 때와 일이 넘칠 때의 체력과 정신 상태의 강약 조절은 기본이다.

회계팀의 경우는 회사 내 자금을 담당하는 동시에 1년 예산, 각 앨범 및 공연 정산을 담당하는 중요한 업무이다. 레이블의 특성상, 자잘한 현금 거래 및 은행 거래가 잦고 매월 이루어지는 뮤지션 정산만 해도 엄청난 수이기 때문에 꼼꼼함과 기존의 정산 흐름에 대한 파악이 중요하다. 그 무엇보다 인디 음악을 즐길 수 있는 사람이라면 더욱 플러스!

지원자 tip

디자인팀의 경우, 앨범의 디자인을 진행할 때 필요한 일러스트레이터, 사진작가 등의 특징을 알고 나만의 데이터베이스를 만들어가면 도움이 된다. 디자인이 진행되기 전부터 이러한 의견을 개진하고 그 의견을 초석 삼아 진행할 수 있도록 주도적으로 해나가면, 추후 본격적인 디자인 작업이 이루어질 때도 큰 어려움 없이 표현하고자 한 느낌을 디자인에 반영할 수 있다. 회계팀의 경우, 계약서와 관련 업무에 대해 이해하고 있어야 한다.

현실_

'레이블에서 일을 하게 된다면'이라는 이상적인 문구로 시작된 이 글은 어쩌면 가장 마지막인 '현실 들여다보기'부터 시작해야 할지도 모른다. 실제 인턴사원으로 입사한 대다수가 몇 개월 버티지 못하고 사라지고 만다. 아마 그것이 그들의 음반 업계에서의 처음이자 마지막 경험이었을 것이고, 대신 조금 더 나은 조건이라거나 조금 더 쉬운 일을 찾아 떠났을 것으로 짐작된다.

음반 업계의 녹록지 않은 현실은 이미 기사를 통해서 많이 접했겠지만, 일터가 이곳인 우리 같은 사람이 체감하는 것은 더 극명하다. 2003년을 거슬러 2012년이 된 지금, 음반 판매량은 거의 10분의 1 수준으로 줄어

들었다. 대신, 온라인 음원 판매가 있지 않느냐고 반문하는 사람이 있을 것이다. 온라인 음원 곡당 600원이 아닌 정액제 판매 시 한 곡당 레이블에 들어오는 금액이 얼마인지 짐작이 가는가. 요즘에는 거의 한 달 40곡의 정기 결제를 많이 사용하므로 그것을 예로 들어보자면, 3,500원을 40곡으로 나누면 된다. 87.5원 정도가 나오는데, 이것을 다 갖게 되느냐고? 아니다. 보통 수익에서 30~35%, 곡당 30원 정도가 레이블에 분배된다. 그리고 거기에서 계약 요율만큼 뮤지션에게 분배하게 되는 것이다. 대체 몇 곡을 팔아야 먹고 살 수 있을지 짐작이 가는가? 아이돌이나 메이저 가수가 아닌 이상 수십만, 수백만 곡이 팔리지 않고서는 온라인 음원 시장에서 뮤지션이나 제작자가 수익에 대해서 기대하기는 어렵다. 애초부터 온라인 음원 시장 형성의 단초를 마련한 대기업들이 거의 대부분의 수익을 취하고 그것의 알맹이를 제공한 제작자나 뮤지션들에게는 정말로 형편없는 수준의 분배만 있을 뿐이다.

때문에 이곳의 화두는 '살아남기'다.
저작권의 수익이나 음반 인세, 실연권 등 많은 수익이 있다 치더라도 유의미한 수익은 결국 음반의 판매뿐이다(단, 작곡이나 작사 등을 직접 하는 싱어송라이터의 경우로 한정짓는다). 그것만이 뮤지션들이 가장 많은 분배를 받을 수 있는 방법이자 실질적으로 몸으로 느낄 수 있는 가치이기 때문이다. 이런 현실을 이해할 수 있고 이 안에서 함께 살아남기 위한 방법을, 조금은 행복하고 즐겁게 찾고 싶은 사람이라면 공채 기간이 아니더라도 망설이지 말고 적극 지원하기를 권한다.

Pastel Music
10 years
Anniversary

도움 주신 분

SPRING COME RAIN FALL

안녕, 낯선 사람

GEAR LOUNGE

허미라 사진작가님